读史观天下·廿五史解读

南朝史解读

華龄出版社

责任编辑　佟景宸　孟淑贤

图书在版编目（CIP）数据

南朝史解读/白玉林，曾志华，张新科主编。-北京：华龄出版社，2006.7

（读史观天下：廿五史解读）

ISBN 7-80178-389-1

Ⅰ.南…　Ⅱ.①白…②曾…③张…　Ⅲ.中国-古代史-南朝时代-纪传体-通俗读物　Ⅳ.K239.104.2

中国版本图书馆CIP数据核字（2006）第073417号

书　　名：南朝史解读

本册主编：曾志华

撰 搞 人：潘定武　刘　宁　何如月　刘惠卿

出版发行：华龄出版社

印　　刷：北京市兆成印刷有限责任公司

版　　次：2006年9月第1版　　2006年9月第1次印刷

开　　本：660×960　1/16　　印张：17

字　　数：249千字

定　　价：25.00元

地　　址：北京西城区鼓楼西大街41号　　邮编：100009

电　　话：84044445（发行部）　　传真：84039173

前　言

中国的历史记载从先秦时代萌芽、发展，此后历代不绝，犹如一条长河，奔流不息。中国是世界上最早用文字记载历史的国家，“唐虞三代，《诗》、《书》所及，世有史官，以司典籍”[①]。从殷商时期的甲骨文到周代的金文，历史记录逐渐发展。西周共和（前841）开始，我国历史有了明确的纪年。春秋以后，不仅周王朝有史官史书，各诸侯国也有自己的史官史书。《春秋》、《左传》、《国语》等历史著作相继问世。《春秋》一字褒贬，寓意深刻，对后来的史书产生了深远影响。《史记》的出现，无论从史学意识、史学目的、史学编纂，还是史学规模、史学语言等，都是对先秦史学的一次系统总结，同时又开辟了史学的新道路，是中国史学史上的一次革命。而后来的史学，基本都是沿着司马迁开创的史学道路继续前进，所谓“二十四史”、“二十五史”，就是以《史记》为代表的纪传体形式的不断发展。正如黑格尔所说：“中国历史作家的层出不穷，继续不断，实在是任何民族所比不上的。”[②]

“历史是现实的一面镜子”，阅读史书，以史为鉴，可以鉴往知来。司马迁曾指出历史的“自镜”作用：“居今之世，志古之道，所以自镜也。”[③]唐太宗李世民更是重视历史著作的认识作用，曾提出著名的“三镜”说法：“以铜为镜，可以正衣冠；以古为鉴，可以知兴替；以人为鉴，可以明得失。”[4]生活在当代的人们，不可能割断与历史的联系。在认识历史的同时，提高自己认识社会的能力。从自己民族的早期经典中寻找可依靠的东西，不断校正前进的方向，故而史籍中记载的先民的生活智慧、精神信仰、价值原则就是中华民族走向未来的宝贵的精神财富和凭借。

历史具有劝善惩恶的榜样作用，同时也是一个民族精神的集中体现。唐代史学理论家刘知几在《史通·史官建置篇》论述历史的作用时说：“史官不绝，竹帛长存。则其人已亡，杳成空寂。而其事如在，皎同星汉。用使后之学者，坐披囊箧，而神交万古，不出户庭，而穷览千载，见贤而思齐，见不贤而内自省。”史书中记载了大量的历史人物，他们所体现出的人性的善恶、美丑，无疑成为后人的警示牌。“富贵不能淫，贫贱不能移，威武不能屈”是我们民族人性的精华所在。这是一种根植于现实人生社会、却又超越一般生命意义的道义精神。

历史具有重要的人生教育价值。李大钊说：“吾人浏览史乘，读到英雄豪杰为国家为民族舍身效命以为牺牲的地方，亦能认识出来这一班所谓英雄所谓豪杰的人物，并非有与常人有何殊异，只是他们感觉到这社会的要求敏锐些，想要满足这社会的要求的情绪热烈些，所以挺身而起为社会献身，在历史上留下了可歌可泣的悲剧、壮剧。我们后世读史者不觉对之感奋兴起，自然而然的发生一种敬仰心，引起‘有为者亦若是’的情绪，愿为社会先驱的决心亦于是乎油然而起了。”[5]历史如同一部百科全书，教人如何处世、如何做人，一个具有丰厚历史知识的人，才有可能成为一名真正的智者。

阅读史书，是传承中华民族优秀文化的重要途径。特别是我国当前正处于大变革、大转型时期，同时又受到全球化浪潮的冲击，继承优秀文化传统的意义更显深远而重大。我们要从史籍中汲取精华，建设和谐社会。“修己以敬”，实现个人身心和谐；“亲亲”，实现家庭和谐；“仁者爱人”，实现群体和谐；“天下为公”，实现社会和谐；“不违农时，……斧斤以时入山林，数罟不入洿池”，实现人与自然的和谐。

阅读史书，我们还可以清楚地看到，社会历史是不断发展变化的，尽管有时出现曲折乃至于暂时的分裂，但它的总趋势是朝着统一的方向前进；尽管有时有外敌入侵，但志士仁人不屈不挠，保家卫国。经历了许多磨难的中华民族始终屹立在世界的东方。

中国的史书浩如烟海，有正史、杂史、野史等，有编年体、国别体、纪传体、纪事本末体等。如何去读史书？我们认为首先读正史，从纪传体入手。它们是中国历史记载的主体和主流，可以从整体上认识中国历史发展的基本线索和脉络，认识古今之变的基本规律。第二，读史要善于发现问题，思考问题，并且解决问题，从而达到思想的觉醒和提高、精神的陶冶和升华。孔子曰：“学而不思则罔，思而不学则殆。”第三，读史要有史学意识。我们应把它们放到中国史学发展的历史长河中去认识，以历史的眼光去挖掘历史典籍的思想意义，去认识历史典籍的作用和价值。第四，读史要有现代意识。历史已经过去，成为一种传统，但它并没有凝固，而是一个继续流淌着的跨时间的文化流程，对今天和未来发生重要作用。读史就是要立足现实，审视历史，继承优秀的传统，以史为鉴，为今天的现实服务，把握好历史传统与现实社会的关联。开卷有益，我们都能从丰富的历史典籍中得到教益，得到启迪。

本丛书首先从“二十五史”入手，因为它们是中国历史著作的代表，也是中华民族文明进程的直接记录。本书以历史事实为依据，采用答问的形式，从典籍中提炼出有代表性、有价值的问题，并用原典中所载内容进行了简明扼要的回答，以期达到“原汤化原食”的目的，赋予死的冷冰冰的资料以活的热乎乎的生命。其内容涉及政治、经济、文化、社会生活各个方面；在语言上，采用明了易读的白话文，既避免了一般史书的枯燥，又无随意发挥“戏说”之嫌。真实的故事、精彩的解读将把你带进中华历史的悠悠长河，让你感受朝代交替的残酷无情，领略帝王将相的雄才大略，惊叹古代文化的灿烂不息，使你了解中国历史的大略，深刻体会读史的乐趣。

坐观千年风云之变幻，笑谈古今世事之沉浮！

编　者

2006 年 5 月

---

①《后汉书·班彪传》

② 黑格尔:《历史哲学》中译本 161 页，三联书店 1956 年

③《李大钊史学论集》第 247 页，河北人民出版社 1984 年版

④《史记·高祖功臣侯者年表》

⑤《旧唐书·魏征传》

南朝史简介

《南朝史解读》主要参考“二十五史”中的《南史》、《宋书》、《梁书》、《陈书》和《南齐书》编撰而成，介绍了南朝宋、齐、梁、陈的历史。

《南史》共八十卷，是唐朝人李延寿在其父李大师固有成果的基础上所撰，它是合南朝宋、齐、梁、陈四朝历史为一体的纪传体历史著作，所记录的历史起自南朝宋武帝刘裕永初元年（420），止于陈后主陈叔宝祯明三年（589），对南朝四代一百七十年的历史作了较为详细的叙述。

李大师是相州（今河北临漳县）人，曾参加隋朝末年窦建德的农民起义军政权，官至尚书礼部侍郎，为南朝末期由隋入唐的历史学家。由于南北朝时期各朝代都比较短暂，所以用断代方式写成的各朝史书都是彼此孤立的，在内容方面显得冗杂重复，各朝之间又缺乏有机的联系，更有甚者，各史书之间还有矛盾之处。鉴于此，李大师打算仿照《吴越春秋》的模式撰写编年体的南、北史，打通各代，可惜未能完成而病故。

李大师去世以后，其子李延寿继承父亲遗志，继续编撰南、北史的工作。李延寿，字遐龄，生年不可考，约卒于唐高宗仪凤年间（676～679），是唐朝初年的历史学家，曾任符玺郎等职。唐太宗时，他曾先后参加《隋书》纪、传、志和《晋书》的编写工作，还参与过唐朝“国史”的编纂。李延寿在其父的基础上，改编年体为纪传体，将《宋书》、《南齐书》、《梁书》及《陈书》四书进行删节，重新编纂，著成《南史》，此书于唐高宗显庆四年（659）被朝廷批准流传。

《南史》有本纪和列传，无表、志，其中本纪十卷，列传七十卷，共八十卷。本纪中包括《宋本纪》三卷、《齐本纪》二卷、《梁本纪》三卷和《陈本纪》二卷。列传中除专传外，还有“类传”九种。其编撰方法按朝代顺序、帝王在位先后，以各朝帝王、宗室、诸王、大臣等为主线编为纪传，突出门阀士族的地位。相对于南朝四史来说，《南史》打通朝代，改以历史时限为断代，删去了很多空洞的奏章诏表等材料，增加了一些唐代以后很难见到的史料，自然有它很多的优点。但是，《南史》也有一些缺陷，比如由于对南朝四史中的史料删节过多，虽然在叙事方面更加清晰突出，但也删节了一些重要的史料，甚至有删节致误者；由于《南史》无表和志，所以对于典章制度涉及不多；另外，《南史》中还有一些内容和《北史》重复。就其风格来说，《南史》文字简明，事增文省，在史学上占有重要地位。

《宋书》是一部纪传体断代史著，为南朝沈约所撰，记述南朝刘宋王朝自刘裕至刘准七代帝王近六十年的历史，全书一百卷，其中纪十卷，志三十卷，列传六十卷。沈约（441～513），字休文，吴兴武康（今浙江德清县西）人，是南朝著名的史学家、文学家和声律学家，去世后被谥为“隐”，因此后世亦称“隐侯”。沈约修《宋书》主要参考了何承天、徐爰等所著宋史旧本，删节了与晋史相重复的内容，并加入了一些其他史料。该书成于南齐时期，以资料繁富而著称于史林，是研究刘宋一朝历史的重要参考文献。志的部分内容尤其丰富，纪传则叙事详密，其中又收录了大量诏令、奏疏、书札及文章，虽嫌冗长，但有多方面的史料价值。

《南齐书》为齐梁皇族萧子显所撰，原书六十卷，今存五十九卷，其中帝纪八卷，志十一卷，列传四十卷，所缺一卷为《自序》。该书原名《齐书》，后为了区别于李百药所著《北齐书》，改称为《南齐书》，主要记述南朝萧齐王朝自齐高帝建元元年至齐和帝中兴二年共二十三年的历史，是现存关于南齐最早的纪传体断代史。作者萧子显，字景阳，南兰陵郡南兰陵县（今江苏常州西北）人，是南朝历史学家和文学家。《南齐书》文字简洁，文笔流畅，叙事完备。

《梁书》和《陈书》是姚察及其子姚思廉两代人所撰，《梁书》主要记载自梁武帝萧衍建国至梁敬帝萧方智亡国共五十六年间的历史，《陈书》主要记载了自陈武帝陈霸先即位至陈后主陈叔宝被隋文帝灭国首尾三十三年间的历史。姚察，字伯审，吴兴武康人，南朝历史学家。历经梁、陈、隋三朝，入隋后于文帝开皇九年受命编撰梁、陈两代历史，未及完成就去世了，其子完成了这一工作。《梁书》五十六卷，其中帝纪六卷，余者为列传；《陈书》共三十六卷，其中帝纪六卷，列传三十卷，二者皆无表、志。所不同者，《陈书》内容比不上《梁书》那样充实，本纪和列传都过于简略。

目　录

1. 南北朝在我国历史中处于什么地位？

我国历史自东汉以后直到隋朝之前，除了西晋短暂的统一之外，基本上处于动荡、分裂与对峙的状态。西晋咸宁六年（280），魏、蜀、吴三国分立的局面终于结束。然而，司马氏统一中国的历史仅仅维持了三十余年，316 年，西晋政权在持续的混乱中宣告完结。次年，南迁的司马氏在建康（今南京）建立新的政权，是为东晋。北方自西晋末年陷入混乱后，先后有十多个政权分割一方，直至 439 年北魏太武帝拓跋焘最终统一北方。而南方东晋政权持续一百余年后，420 年，刘裕取而代之，建立宋王朝。其后一百六十年间，江南经历了宋、齐、梁、陈四个朝代的更迭，至 589 年，取代北方北周政权的隋文帝杨坚消灭陈朝，统一中国。狭义上的南北朝时期即是指自 420 年至 589 年一百六十年的历史。

南北朝时期，由于长期处于动荡与对峙状态，政局混乱，战争频繁，因而历来被认为是我国历史上有名的乱世，并被看作是一个历史倒退时期。其实，客观地说，南北朝时期的社会历史总体仍然保持了进步。尤其是宏观地看，南北朝上承秦汉魏晋，下启隋唐，在民族融合、经济发展、政治制度等各个方面都表现了一种历史过渡时期的特点。

首先，在民族融合方面，自魏晋时期，北方就出现了数次民族大迁移。到北朝时期，作为统治北方的民族鲜卑族，在先进的汉文化影响下，封建化过程和民族融合的步伐都大大地加快了。其中，北魏孝文帝改革和北魏末年各族人民大起义，在民族融合过程中所起的作用更为突出。原来的匈奴、羯、氐、羌、鲜卑、乌桓等各少数民族名称，也在以汉族为基础的民族大融合的熔炉中逐渐消失，成为历史名词。魏晋时期的南方各族，除汉族外，主要有七越、蛮、傒、俚等族。其中以越族、蛮族为最大。六朝政权采取种种措施，招抚聚居山里的少数民族。少数民族人民出山以后，有不少与汉族人民错居杂处，加速了民族融合的进程。到南北朝后期和隋唐之际，蛮族人民亦已基本融合至汉族之中了。至隋唐时期，史书上已难于找到这些少数民族的名称。因此可以说，自魏晋至南北朝四百年间，是继春秋战国以后一次更为波澜壮阔的民族迁徙和民族融合的时期。各少数民族在先进的汉族文化影响下，自觉或不自觉地接受汉化和封建化，这不仅有利于边远地区和落后地区的经济开发，同时也使汉族吸收了不少新鲜血液，大大地增强了以汉族为主干的中华民族的活力。更重要的是，魏晋至南北朝的民族融合，在中原王朝处理民族关系上开创了一代风尚。隋唐前期，国内民族关系是我国古代历史上较好的时期，这与魏晋南北朝的民族融合是密不可分的。

其次，南北朝时期出现了新的经济区域。北方的辽西地区和凉州地区早在“十六国”时期即已得到较好的开发。原先荒凉落后的面貌产生了很大的改观。南北朝时期，长江中下游地区和两广、福建地区的经济开发，也取得了突出的成就，并且加快了我国经济重心南移的历程。流徙至江南的侨民与土著居民一道开发江南。当时开发的地区，大体是先江苏、浙江，再安徽、江西、湖北、湖南，然后是福建和两广地区。而南朝政权虽屡屡更迭，但基本上都以和平方式进行。农民起义虽较频繁，但除东晋末年孙恩、卢循起义稍具规模外，其他多影响较小。这种比较良好的社会环境，为经济生产的持续发展提供了客观条件。因此，东晋至南朝三百年间，南方经济发展的步伐实际大大快于秦汉。到陈朝时，江南已是“良畴美柘，畦畎相望，连宇高甍，阡陌如绣”，成了当时全国最大的经济最发达的新开发区。这些新的经济区域的开发，为全国经济中心的南移和隋唐经济文化的高涨奠定了良好的基础。

再次，自魏晋至南北朝时期，封建割据和长期动乱的状况，虽然使得这个时期政府机构变化剧烈，但这一时期政府机构的组织及其演变，又呈现出明显的承上启下与继往开来的特点。汉代的“三公九卿制”到唐代“三省六部制”的演变，集中体现在这一时期。这是魏晋南北朝政治制度方面最重要的变化。杜佑在《通典·职官四》中说：“魏晋以下，任总机衡，事无大小，咸归令仆。”尚书省的出现起始于魏。南北朝时，尚书省内部组织则逐渐向六部发展。从“三公九卿制”到“三省六部制”是我国封建社会中央政治机构的重大变化，魏晋南北朝正是“三公九卿制”向“三省六部制”过渡的重要时期，为隋唐“三省六部制”的形成和确立奠定了基础，有利于隋唐时期统治的巩固和封建国家的统一。另外，从文化上看，自魏晋至南北朝在儒、道合流的同时，佛学的强劲渗入并与中国传统思想文化互融互动，也为后期儒、释、道三教合一奠定了基础。

因此可以说，南北朝时期中国历史的发展虽然是曲折的，但仍然处在不可阻挡的发展趋势中。就总体而言，这一历史时期在分裂中有融合，在破坏中有建设，并带有鲜明的承上启下、继往开来的特点，是中国历史上一个很有特色并具有独特历史地位的时期。

2. 南朝的更替情况如何?

我国中古历史自西晋短期统一之后，很快又转入分裂与混乱之中。317 年，司马氏南迁建康（今南京），建立东晋。而早在 304 年，匈奴族刘渊即在北方建立汉政权（后改称赵）。此后一百余年，北方先后出现十多个汉族和少数民族统治的政权，史称“十六国”。因此，自司马氏南迁后，中国历史南北对峙的形势实已奠定。不过，直至 420 年刘裕废黜晋恭帝司马德文，建立宋政权，而北方大部分地区则已处于鲜卑族拓跋氏的魏政权范围之中，南北分裂的局面才最终明朗。因此，习惯上是将 420 年刘宋建立至 589 年隋统一中国间一百六十年的历史时期称为南北朝。

420 年，于晋末动乱中逐渐强大起来的刘裕，终于废晋帝而自代，建国号宋，是为宋武帝，仍建都于建康，揭开了南朝的历史。刘宋政权后期，出现了皇室骨肉相残的局面，而皇朝外戚萧道成得势之后，在 479 年将他亲手扶植的小皇帝宋顺帝赶下龙座，自己称帝，建立齐王朝。然而，齐高帝萧道成死后，齐王朝很快又重蹈宋的覆辙，在王室内讧之中，萧齐仅仅维持了二十三年就匆匆结束，取而代之的是萧衍建立的梁王朝。萧衍本是齐皇室同宗，依靠军功起家。502 年，他利用皇室纷争夺取了政权，萧衍即梁武帝。梁朝中后期政治渐趋腐败。侯景之乱后，梁王室同样出现火并，而在平乱中强大起来的陈霸先则逐渐受人拥戴。557 年，梁敬帝萧方智不得不通过禅让的方式将政权移交给陈霸先，陈朝建立。武帝陈霸先、文帝陈蒨（qiàn）都堪称有作为的君主，但皇位传至以荒淫无道著称的陈叔宝（即陈后主），陈政权已变得不堪一击，而北方已取代北周的隋文帝杨坚，终于在

589年大举南下，消灭陈朝。至此，经历了宋、齐、梁、陈四朝的南朝宣告结束。

3. 刘裕北伐为什么半途而废?

刘裕任东晋北府统帅之时，曾有两次北伐行动。一次是晋安帝义熙五年（409）的征讨南燕，一次是义熙十二年的出兵后秦。

义熙五年，南燕王慕容超出兵掠夺淮北之地，东晋边境再度告急。刘裕上表后，即于四月从建康出发，沿水路北上，击败燕军主力于临朐（qú，今属山东），包围其都城广固（今山东青州西北）。次年二月，慕容超被俘获，南燕灭亡。刘裕本次北伐不仅大获全胜，而且进一步充实了自己的实力。

义熙十二年，后秦君主姚兴死。八月，刘裕兵分五路，大举北伐。朱超石等向阳城，王镇恶等向许昌、洛阳，傅弘之等趋武关，王仲德自巨野入河，沈田子等由汴入河。晋军各路所向皆捷，沿途望风归附。项城、许昌、成皋、洛阳连被攻克。晋军粮道一度被秦军阻断，百姓闻知，竞送义租。义熙十三年初，刘裕领兵自彭城沿河西进，击退北魏兵的骚扰，很快兵分两路长驱关中。八月，王镇恶攻克长安，后秦主姚泓降晋，后秦灭亡。此次北伐，由于兵力雄厚而且深得中原百姓的支持，所以进展顺利。本来，刘裕大可以乘胜前进，平定陇右，恢复西晋旧有江山。但此时刘裕的心腹刘穆之病死于建康，刘裕担心朝廷有人趁机夺取执政大权，于是无心继续北伐。刘裕留下王镇恶、沈田子等人辅助其幼子刘义真镇守长安，自己匆匆东还建康。

刘裕因急于个人利益、速成篡位之事，而使二次北伐半途而废，令关中父老百姓失望。刘裕撤还时，三秦父老诣门流涕。更为严重的是，义熙十四年，沈田子诬杀王镇恶，长史王修杀死沈田子，刘义真又诛杀王修，大夏赫连勃勃乘机大败晋军，刘义真仓皇南逃，关中领地全部丢失。

4. 刘裕是如何当上皇帝的?

刘裕（363～422），即宋武帝，为南朝刘宋王朝的开创者。刘裕字德舆，小名寄奴，彭城（今江苏徐州）人，世居京口（今江苏镇江）。

刘裕能够代晋称帝，既有一定的时代际遇，更是凭其能力与实力。刘裕出身贫寒，种地、渔樵、卖履诸事皆做。初为晋冠军司马。晋安帝隆安三年（399），孙恩起义，刘裕被辅国将军刘牢之征为参军，讨伐孙恩有功。安帝元兴三年（404），又与北府刘毅、何无忌等起兵于京口，征讨篡位之桓玄。刘裕大破桓玄，桓玄败亡。次年，刘裕等迎立安帝复位，被授镇军将军，都督荆司等十六州军事，复领青、徐、兖三州刺史，镇守京口。安帝义熙四年（408），刘裕入朝辅政，为侍中、录尚书事、扬州刺史。第二年，征讨南燕（十六国之一），于义熙六年灭南燕。不久授官太尉、中书监。义熙八年，刘裕西征，消灭其政治上强大的对手、荆州刺史刘毅。后又破成都，平蜀。还建康后，推行土断等富国便民政策，禁止豪强强占山泽，依界土断侨民。义熙十一年，又讨平荆州刺史司马休之，并北伐关中。义熙十三年消灭后秦。次年还于彭城，受相国、宋公，赐九锡。不久，刘裕派遣王韶之弑杀安帝，改立恭帝。晋恭帝元熙元年（419），刘裕晋爵为宋王，移镇寿阳（今安徽寿县）。元熙二年，刘裕入建康，恭帝被迫禅位。刘裕代晋成功，立国号宋，是为宋武帝。

5. 宋武帝其人及其统治政策如何？

420 年，刘裕废东晋建宋，年号永初。因其出身庶族而被人称为“寒人掌权”。

其实，正是刘裕的贫寒出身，对他的个人品质有着很大影响。称帝之后，刘裕仍然相当节俭。史称他“清简寡欲，严整有法度，未尝视珠玉车马之饰，后庭无纨绮丝竹之音”。刘裕的确能够身体力行，戒除奢靡淫乐之风。其衣着简朴，常常拖着木屐，出行散步，左右随从不过十多人。以致其孙孝武帝刘骏讥之为“田舍公”。

刘裕不但为人简朴，而且执政前后都曾制定过一些利国便民的政策。晋义熙年间曾实行土断，禁令豪强夺占山泽，使一时“财阜国丰”、“豪强肃然”。即位后，较能勉于政事，免除百姓部分苛捐杂税，并放还征发的奴隶。刘裕又纠正晋末置官滥乱，严格限定州郡官员人数。此外，还对东晋刑法进行改革，下诏“刑罚无轻重，悉皆原降”。刘裕又能注重教育，改善社会风气。因此，刘裕堪称一位有为帝王。虽然在争权途中有过自私之举，并在即位不久即毒杀晋恭帝司马德文，但后来南朝历史上所以能出现“元嘉之治”的小康时代，不能说不与宋武帝刘裕的开国奠基之功有着密切的联系。

6. 宋少帝刘义符为什么很快被废?

宋武帝刘裕即位后不满两年，即于永初三年（422）五月病卒。其长子刘义符即位，是为宋少帝。次年，改元景平。

刘义符（406～424），小字车兵，因生时刘裕已年过不惑，因此备受宠爱。晋元熙元年（419）立为王太子，永初元年被立为皇太子。刘义符擅长骑射，精通音律，但缺乏其父的才能，且无心于朝政。即位之后，贪于逸乐，游戏无度，导致朝政昏乱。景平元年，北魏进攻金墉城。不久，滑台、金墉、虎牢等地相继失守，河南被北魏攻占。

景平二年（423），辅政大臣徐羡之、傅亮谋划废黜刘义符。徐羡之等以中书舍人邢安泰、潘盛为内应，檀道济、谢晦领兵居前，将正在华林园游戏作乐的少帝玺绶收缴。刘义符被废为营阳王，幽禁于吴郡。不久，徐羡之等又命人将其杀死，而与傅亮等人拥立刘裕第三子刘义隆为帝。刘义隆即宋文帝。

7. 宋文帝的统治政策是怎样的?

424年，宋少帝刘义符被执政大臣所废，刘义隆（407～453）被拥为帝，即宋文帝，年号元嘉。宋文帝与当时主宰北方的北魏太武帝拓跋焘，都堪称有为君主。司马光称拓跋焘“性俭率”，“明于知人”。而论刘义隆则说：“上聪明仁厚，勤于听断”，又称“文帝勤于为治，子惠庶民，足为承平之良主。”可谓基本符合史实。

宋文帝即位后，大体延续了武帝刘裕的统治政策。他在给其弟刘义恭的信中说：“天下艰难，国家事重，虽曰守成，实亦未易。隆替安危，在吾曹耳。岂不可感寻王业，大惧负荷！……汝性褊急，志之所滞，其欲必行，意所不存，从物回改。此最弊事，宜念裁抑。……凡讯狱，多决当时，难可逆虑，此实为难。至讯日，虚怀博尽，慎无以喜怒加人，能择善者而从之美自归己，不可专意自决，以矜独断之名也！……声乐嬉游，不宜令过，蒱（pú）酒渔猎，一切勿为。供用奉身，皆有节度，奇服异器，不宜兴长。”宋文帝的这封信，实际叙述了其勤俭治国的政治思想。文帝在位期间，曾多次下诏减免租税，又大力鼓励农桑，号召臣民“咸使肆力，地无遗利，耕蚕树艺，各尽其力”。

正是因为刘裕、刘义隆父子的前后努力，扭转了晋末以来的衰世局面，使得南方出现了少有的繁荣。尽管史书对宋文帝统治时期的“元嘉之治”不免夸大，但此时的稳定与发展的确是可喜而且难得的。

然而，由于宋文帝急欲北伐收复失地，统治末期曾因大起兵戎而导致深赋厚敛，天下骚动。“元嘉之治”也一去不返。元嘉三十年（453），宋文帝欲废太子刘劭不成，反被刘劭所弑。

8.“元嘉之治”是怎么回事?

元嘉是宋文帝刘义隆的年号（424～453）。宋武帝刘裕建宋后，采取了一些鼓励生产、增加收入、减轻农民负担的措施。刘裕第三子刘义隆即位后，继续实行刘裕的政策。他多次下令奖励农业生产，要求各地官吏督领农耕，以农业生产的好坏作为奖惩官吏的重要标准。宋文帝还重视兴修水利，元嘉期间修复了芍陂、六门堰、马人陂等许多堤堰。元嘉十二年（435），丹阳、吴兴一带发大水，他调拨数百万斛（hù）大米赈济灾民。文帝又清查户口，以增加收入，并重视选拔官吏，奖惩分明。由于刘裕、刘义隆父子一系列的便民政策，使宋初政治比较稳定，社会经济逐渐繁荣。据《宋书·孔季恭传》载，自晋末义熙十一年（415）司马休之被刘裕打败出奔后秦，至元嘉末年，近四十年间战争不起，政策宽简，休养生息，百姓安居乐业，经济繁荣富庶，以致家有余粮，夜不闭户，堪称一时之盛。当时之江南，地广民丰，良田沃野，一年丰收，可抵数年之用。虽有水旱灾害，百姓也不致流离失所。史称宋文帝在位的三十年为“元嘉之治”。

9. 宋孝武帝刘骏其人如何?

刘骏（430～464），为宋文帝第三子，原封武陵王。刘宋元嘉三十年，刘劭杀父自立，刘骏等起兵讨伐。不久，刘劭被诛，刘骏即皇帝位，年号孝建，是为宋孝武帝。即位之初，继续平定动乱。后亲揽朝政，不欲权在大臣，而诸事多委中书舍人戴法兴等。刘骏曾实行土断以及吏治改革，但总体并无大的作为。而在位期间，先后诛杀众多王室成员，包括南郡王刘义宣及其十六子、武昌王刘浑、竟陵王刘诞、海陵王刘休茂、南平王刘铄等人。大明三年（459）平刘诞后，竟下令屠尽广陵（今江苏扬州）男子，致使无辜死者三千余人。刘骏为人，又好侮狎群臣，且奢靡浪费，尤重财利，曾讥刘裕为“田舍公”，较之其父祖，实不可同日而语。

10. 宋前废帝刘子业为什么被杀?

464 年，宋孝武帝刘骏卒，长子刘子业即位，是为宋前废帝。

刘子业是南北朝历史上有名的暴虐恣睢、荒淫无道的帝王。因做太子时不为孝武帝所宠，即位之后，为泄愤而执意要掘刘骏的陵墓。太史劝谏后，仍泼粪于陵墓之上，并大骂其父为“齇（zhā，即酒糟鼻）奴”。刘子业之残暴，可谓骇人听闻。他不但前后诛杀其叔、祖、兄、弟无数，包括刘子鸾、刘子师、刘敬猷、刘敬先、刘敬深等等，而且将其叔祖刘义恭（刘裕第五子）及其四子杀死之后，又将刘义恭四肢除去，肠胃挑出，并挖出眼球，和以蜜汁，称之为“鬼目粽”。因惧怕叔父湘东王刘彧（即后来宋明帝）谋反，而将他关入泥坑，喂以猪食。刘子业又将刘宋元老、时年八十的沈庆之杀害。及至诛杀宠臣戴法兴，大臣人人震恐不安。

刘子业的荒淫也匪夷所思。他竟假传其姑母新蔡长公主死亡，然后将其纳为贵嫔。又命其叔伯兄弟的妻子聚于堂上，强迫左右臣下对她们进行侮辱。南平王刘铄的寡妻江氏抗拒，刘子业立即诛杀其三子。其姐姐山阴公主不满于只有驸马一人，刘子业即为其配备面首三十人。

刘子业的倒行逆施，使得朝野惶惶。年仅十岁的晋安王刘子勋被迫起兵。刘宋宿将柳元景等谋废不成，全家被诛。465 年十一月，刘彧密结主衣（掌帝王玩服之官）寿寂之等人，在刘子业淫乐之时将其诛杀，刘子业时年十七岁。刘子业之亡，诚如《南史》所言：“兼斯众恶，不亡其可得乎！”

11. 宋明帝刘彧的统治如何？

465年底，前废帝刘子业被杀后，宋文帝十一子、湘东王刘彧被立为帝，改元泰始，是为宋明帝。

明帝即位后，晋安王刘子勋拒绝罢兵，并于浔阳（今江西九江）称帝。刘子勋兵败后，刘彧又将其兄弟十人一并赐死。孝武帝二十八子至此尽皆不存。而因刘宋内讧，致使淮北之地全为北魏侵占，南朝疆域退至淮河以南。

宋明帝在位期间，宠臣阮佃夫、杨运长以及中书舍人胡母颢等人相继专擅朝政，内外混乱，货赂公行，府库日益空虚，百官俸禄断缺，而内宫奢靡之风却日甚一日，致使天下骚动，百姓困迫，刘宋王朝更加衰微。刘彧不但疑忌宗室，而且猜忌功臣。吴喜在讨平晋安王时立有大功，但因颇得三吴民心而被赐以药酒。又一次，刘彧夜梦豫章太守刘愔反叛，遂立即将其杀戮。明帝后期，身体多病，以太子幼弱，深恐死后诸弟于太子不利，于是将其诸弟几乎全部诛杀，唯有桂阳王刘休范因为愚蠢平庸而得以保命。泰豫元年（472），又疑心后兄王景文对太子不利，而将其赐死。当年，明帝病卒，太子刘昱即位，是为宋后废帝。

12. 宋后废帝刘昱为什么被弑？

宋后废帝为刘宋末期的昏暴之君。

472年，十岁的刘昱即位后，其叔父刘休范因未能入为宰辅，在典签许公舆的策动下，举兵谋反。萧道成奉命平定了叛乱。之后，以萧道成为中领军，执掌朝政。元徽四年（476），建平王刘景素又被形势所迫，于京口起兵。不久，再被萧道成等讨平。至此，刘宋王室内部成员已所剩无余。

此时刘昱的命运本已掌握在权臣萧道成之手，却又荒于朝政，贪于游乐，并且残暴不仁。出游之时，有时住于客店，有时露宿道旁，而且往往命从者手执戈矛，遇有行人及牲畜，立即加以屠戮。对军国大事懵懂无知，却精于裁剪等小道。在朝廷之中也为所欲为，群臣稍有违逆，即遭杀身之祸。一次恶作剧中，曾因一箭命中萧道成的腹部（箭头已去），而更加被早欲夺权的萧道成所嫉恨。元徽五年，萧道成终于命亲信王敬则将刘昱杀死。

13. 宋顺帝刘准是怎样丧失政权的？

477年，萧道成杀掉后废帝刘昱，即迎立十一岁的安成王、宋明帝刘彧的第三子刘准为帝。刘准即宋顺帝，年号升明。萧道成辅政，此时的宋顺帝完全成为萧道成的傀儡玩物。

升明元年十二月，荆州刺史沈攸之因不满于萧氏专政而起兵。萧道成则乘势进一步控制朝廷，并实行内外戒严。不久，司徒袁粲谋杀萧道成失败，反被诛灭。沈攸之也于次年初兵败被杀。萧道成继续清除异己后，取代刘宗已是水到渠成。升明三年（479）四月，萧道成晋爵为齐王后，立即派王敬则等包围刘准的宫殿。刘准惊恐之中，藏身于佛盖之下。王敬则牵出刘准，刘准哀求不要杀他。王敬则称，齐王只是要将他迁于别宫，无意杀害，并称当年刘氏取司马氏政权也是如此。刘准闻言哭诉："愿后身世世勿生帝王家！"萧道成即废宋顺帝为汝阴王，自立齐政权，改年号为建元，刘宋灭亡。当年五月，被废仅一个月的刘准即被萧道成借口作乱而杀害。

14. 齐高帝萧道成是如何当上皇帝的？

萧道成在刘宋王室因自相残杀而导致日趋混乱、衰败之际，以军功起家，很快形成代宋之势。

萧道成（427～482），字绍伯，祖籍东海兰陵（今山东枣庄），东晋后世居晋陵武进（今属江苏）。萧道成出身庶族，而其父萧承之为刘宋皇朝外戚。萧道成初为中兵参军，后于宋明帝末年任南兖州刺史，以防御北魏。从此，萧道成"收养豪俊，宾客始盛"。泰始六年（470），明帝因为闻知萧道成久在军中，民间又谣传其有天子之相，因此疑惧，将其召回朝廷，改任散骑常侍、太子左卫率。472年，明帝刘彧卒时，诏命萧道成与尚书令袁粲、护军将军褚渊、中领军刘勔共掌机要。萧道成正式进入刘宋政权的中枢。后废帝刘昱时，萧道成连续平定刘休范、刘景素等数次内乱，被升为中领军，又加尚书左仆射。477年，萧道成杀后废帝，更立幼主刘准，于是大权独揽，坐镇东府，位加司空，录尚书事。此时，荆州刺史沈攸之和司徒袁粲等人企图以武力阻止萧道成代宋之势，但都兵败身亡。顺帝升明三年（479）四月，萧道成晋爵齐王之后，立即废宋顺帝而自立，建国号齐，年号建元。萧道成即齐高帝。萧道成自我总结说："吾本布衣素族，念不到此，因借时来，遂隆大业。"应当说，萧道成的代宋建齐，与刘裕代晋一样，既凭实力，又得机遇。

15. 齐高帝的统治如何？

479 年，齐高帝萧道成建立齐政权，标志着南朝历史上第二个王朝开始。

萧道成称帝之时曾说："使我临天下十年，当使黄金与土价同。"的确，在亲眼目睹了刘宋王朝后期因为骨肉相残和侈靡堕落而很快亡国的现实之后，萧道成很想有所作为。他即位后，禁止宗室诸王封山占水，减免百姓租税，安抚流民还乡从事生产。又整顿户籍制度，废止将帅私自招募部曲。对于从军征战未被录用，以及乡土沦陷的士庶，则下令量才任用。又曾下诏兴修学校，"精选儒官，广延国胄"。齐高帝还身体力行，提倡节俭，他击碎据说可以避邪的玉饰，又下令将后宫原用金制或铜制的栏杆，一律改用铁制。又把乘舆上的黄金装饰除去。齐高帝不但首先不用豪奢精细之物，而且"欲以身率下，移风易俗"。鉴于刘宋王室内讧的严重教训，他又特别注意教育子孙相互团结。史称"齐高帝基命之初，武功潜用，泰始开运，大拯时艰"。

然而，南齐初年的许多政策还未来得及正式实施或取得成效，齐高帝即于建元四年（482）三月病卒。

16. 齐武帝萧赜的统治情况如何？

482 年，齐高帝萧道成病故后，长子萧赜（zé）即位，是为齐武帝。

齐武帝统治时，延续了萧道成的一些改革措施，如屡次减免赋役，又多次奖励农业生产，劝勉农桑，"相土揆时，必穷地利"。萧赜又重视发展教育，恢复百官禄田奉秩，以稳定社会统治。鉴于北强南弱的形势，齐武帝继续执行与北魏通好的政策。以上种种，不同程度地促进了社会经济的发展与政治的稳定。但因部分政策执行不当，也曾引起民愤。如在清查户口的过程中，因官吏作弊导致农民起义。但总体而言，齐武帝统治的永明年间（483～493），社会局面较为安定繁荣，因此被称为“永明之治”。

史称：“永明之世，十许年中，百姓无鸡鸣犬吠之警。都邑之盛，士女富逸，歌声舞节，袨服华妆，桃花绿水之间，秋月春风之下，盖以百数。”不过，虽然齐武帝的统治大体值得肯定，但此时齐皇室已经出现侈靡之风，如齐武帝后宫就充盈女子万余。《南史》称萧赜“刚毅有断，政总大体，以富国为先”，然而又“颇喜游宴、雕绮之事”。直至卒前，方才下诏禁绝游宴玩好。

“永明之治”持续时间较短，永明十一年（493），萧赜卒后，萧昭业即位，南齐很快陷入混乱之中。

17. 齐郁林王萧昭业为什么统治短暂?

齐武帝萧赜即位后，立长子萧长懋为太子（史称文惠太子），太子于永明十一年初病卒，萧赜立长懋长子萧昭业为皇太孙。当年，萧赜卒，萧昭业即位。此时，武帝堂弟西昌侯萧鸾辅政。

萧昭业也是南朝有名的荒淫君主，声色犬马，无所不好。即位后，立即肆意挥霍钱财，赏赐动辄数十百万。萧昭业每见钱则说：“以前想用你一文而不可得，今日能用你不?”齐武帝时，府库积钱数亿万计，不到一年，几乎全被萧昭业挥霍一空。萧昭业为了寻欢作乐，让何皇后与宠妃们取出宝器，相互投击。宝器被击碎，萧昭业乐不可支。萧昭业荒于朝政，朝中大小事宜都取决于辅政、镇军大将军萧鸾。而大权在握的萧鸾则早已野心勃勃。后来，萧昭业疑心萧鸾心存不轨，谋划让萧鸾出镇西州，但未及实施，萧鸾已先发制人，于隆昌元年（494）七月假传太后之诏，废萧昭业为郁林王，并引兵入宫将其诛杀。萧鸾立萧昭业之弟萧昭文为帝。

18. 海陵王萧昭文为什么被废?

494年七月，镇军大将军萧鸾杀郁林王萧昭业，另立萧长懋的第二子、十五岁的新安王萧昭文为帝。

萧昭文即位后，即封萧鸾为骠骑大将军、开府仪同三司、录尚书事，都督扬州刺史。萧鸾更加大权独揽，萧昭文一言一行都得经过其批准。一次，萧昭文想吃蒸鱼，太官令竟以没有萧鸾恩准为由，加以拒绝。

萧鸾权势日重，朝野无不知其图谋篡逆之心。此时，有人劝高帝萧道成第七子、鄱阳王萧锵入宫，发兵辅政。萧锵犹豫不决之际，萧鸾得到消息，立即派兵包围萧锵宅第，萧锵被杀。武帝萧赜第七子萧子懋闻知萧锵被杀，随即谋划起兵，但被人出卖，萧子懋旋即遇害。于是萧鸾大肆诛杀，南平王萧锐、晋熙王萧銶、宜都王萧铿等相继被害。当年十月，萧鸾晋爵宣城王后，再次假太后之诏，废萧昭文为海陵王，而以自身代之。毫无权力可言的萧昭文在位仅四个月即被废黜，废后不足一月，又被萧鸾杀害。

19. 齐明帝萧鸾是什么人?

494 年十月，萧鸾废黜在位的萧昭文，自立为帝，改年号建武，是为齐明帝。

萧鸾为齐高帝萧道成次兄萧道生之子，字景栖，小名玄度。因其父早卒，为萧道成所养育。萧道成即位，封他为西昌侯。齐武帝萧赜时，萧鸾为侍中，领骁骑将军，后迁尚书左仆射，领右卫将军。武帝卒时，遗诏授萧鸾为侍中、尚书令，为萧昭业辅政。后因与萧昭业相互猜忌，并且早有废立之心，于是于隆昌元年（494）七月废萧昭业，立其弟萧昭文。数月之后，萧鸾又夺萧昭文之位，取而代之。

明帝萧鸾精于吏治，作风俭约，但为人严酷，猜忌多虑。即位之后，继续诛杀皇室同宗。武帝萧赜诸子萧子卿、萧子敬、萧子隆、萧子真、萧子明等十数人全被杀戮。高帝、武帝子孙，所剩寥寥。萧鸾因不是高帝亲生，又靠篡位称帝，加之屠戮过重，因而终日处于惴惴不安之中，迷信道术，身着绛衣，服饰皆为赤色，企图以此压倒邪气。每次出行，总要占卜利害；患病之时，也讳莫如深。永泰元年（498），萧鸾终于在疑惧中病死。死前告诫其子萧宝卷："切记隆昌（萧昭业）之教训，做事不可在人之后。"

20. 东昏侯萧宝卷是如何被杀的?

498年七月，萧鸾病死，太子萧宝卷即位，是为南齐第六代帝王。

萧宝卷是南朝又一个有名的昏君。在做太子时，即不喜读书，经常以捕鼠为乐，以至通宵达旦。明帝死后，他下令速葬，经大臣劝谏，方才延迟一月。又临丧不哀，且纵乐不休。萧宝卷不理朝政，贪于游玩，而又不欲人见之，所经道路，居民全被逐开，犯禁者格杀勿论，沿途百姓困苦不堪。萧宝卷生活又极尽奢靡，不但大起仙华、神仙、玉寿等宫殿，穷极绮丽，而且为其宠妃潘氏制造金莲贴地，让其行走莲上，美其名曰“步步生莲花”。几乎百无一是的萧宝卷却有一项擅长，即是杂技。他不但对诸多杂技项目进行发掘和总结，而且还有名目创新。萧宝卷为贪于个人逸乐，不但给百姓带来极大灾难，而且往往致使臣下疲于奔命。

萧鸾死时，遗命由始安王萧遥光、尚书令徐孝嗣、尚书仆射江祏、左将军萧坦之、侍中江祀和卫尉刘暄共同辅政。但因萧宝卷肆意诛戮，六辅政先后被杀。老臣宿将被逼之下，也纷纷起兵反抗或降于北魏。永元二年（500）底，雍州刺史萧衍趁机发动兵变，包围建康。萧宝卷众叛亲离，次年初，侍将王国珍联合宦官将其诛杀。萧宝卷死时不足十九岁，死后被赠以恶谥“东昏侯”。

21. 为什么说齐和帝是一个傀儡?

齐东昏侯永元三年，萧宝卷被诛。三月，萧衍在江陵立十岁的萧宝融为帝，是为齐和帝。

萧宝融为明帝萧鸾第八子，建武元年（494）被封为随郡王。永元元年（499）改封南康王，出镇荆州刺史，都督九州军事。永元二年，长史萧颖胄奉命举兵，以萧衍为前锋都督，进军包围建康。萧宝卷被废后，萧衍扶植萧宝融即位，改元中兴。以萧颖胄为尚书令，萧衍为尚书左仆射，都督征讨诸军。此时，萧衍已经大权在握，并且权力日重一日。和帝萧宝融完全成为其手中之玩物。十二月，萧衍为大司马、录尚书、骠骑大将军等职。次年初，又晋位相国，并加九锡，随后晋爵梁王。三月，梁王萧衍在诛杀萧齐皇室众多成员之后，挟齐和帝至姑孰（今安徽当涂）。萧宝融被迫禅位于萧衍，齐亡。梁朝开始，萧衍改元天监。天监元年（502）四月，萧宝融退位为巴陵王。随即又被萧衍命人赐以生金，迫使自尽。萧宝融在饮酒一升之后，被郑伯禽折磨致死。

22. 萧衍是如何当上皇帝的?

502年，萧衍代齐，建立梁朝，是为梁武帝。梁武帝也是南朝寿命最长、在位时间最久的皇帝。萧衍同样是靠军功起家，凭实力夺得江山的。

萧衍（464~549），字述达，南兰陵（今江苏武进西北）人。其家世本为南朝王、谢、袁、萧四大望族之一，但祖辈官位并不显赫。直到其父萧顺之时，才出现起色。萧顺之为萧道成族弟，为萧道成代宋立下汗马功劳。萧顺之于齐武帝萧赜时任侍中、领军将军等职，封湘县侯。萧衍自幼好学，文武兼通，初任法曹参军，后迁卫将军王俭东阁祭酒。深得王俭器重，升任户曹掾。萧衍后又转入齐竟陵王萧子良府中，为著名的文人集团"竟陵八友"之一。不久，随竟陵王镇西，任咨议参军。

此时，齐武帝萧赜死，郁林王萧昭业昏庸无能，萧鸾积极谋废。萧衍抓住机会，全力帮助萧鸾。萧鸾得萧衍等人之助，先后废杀郁林王萧昭业与海陵王萧昭文，夺位成功。齐明帝萧鸾建武二年（495），萧衍凭其智谋挫败北魏的进攻，威名传至敌国。萧衍因功任司州刺史，威望日高。明帝因此猜忌，萧衍被召回，任太子中庶子，又出镇石头城。萧衍遣散部曲，韬光养晦。建武四年，萧衍接替兵败的雍州刺史曹虎，任辅国将军，监雍州事，镇守襄阳（今湖北襄樊）。498年，萧鸾死后，东昏侯萧宝卷即位，不理朝政，辅政的始安王萧遥光等六人先后被杀。萧宝卷又任用佞幸小人，朝政日益混乱。萧衍借机积极发展军事实力，为日后行动打下坚实的基础。齐永元二年（500）十月，萧宝卷诛杀萧衍之兄、尚书令萧懿，又密谋袭击萧衍。萧衍立即策划起兵，并于第二年初自任征东将军，进军建康，声讨萧宝卷。三月，东昏侯被废，萧宝融被萧衍扶立为帝。萧宝融名为皇帝，实为傀儡，萧衍实际已控制萧齐政权。一年之后，萧衍依照惯例，演绎前代禅让故事，取得帝位，建立梁朝。南朝历史由齐入梁。

23. 梁武帝时期统治政策与社会发展情况如何?

梁武帝萧衍自502年代齐建梁，至549年卒，统治南朝四十八年。

萧衍自幼好学勤奋，文武兼备，堪称南朝最具全才的帝王。他曾对萧齐宗室说过："单凭武力并不能得天下，如果没有期运，虽有项羽之力，也终将败亡。"与前代开国之君相比，梁武帝除了诛杀齐代末帝萧宝融之外，对萧齐王室其他成员不但不予滥杀，而且量才录用。

梁武帝统治前期，颇能留心政务，对宋齐以来种种弊端都有所纠正。即位之初，即将宫女两千人赐予将士，并下诏遣放后宫其他宫女。萧衍废止了齐末酷刑乱役，禁绝侈靡习俗。并且身体力行，穿布衣，食菜蔬，倡导节俭。梁武帝不但能虚心纳谏，举贤任能，而且还注重采纳民意，广开言路。他特地于公车府设置"肺石函"，接受百姓投诉。萧衍还大力整顿吏治，选择长吏，尽量做到廉平。为加强控制，梁武帝更换异己，任用亲信，恩威并行。同时，梁武帝还能最大限度地兼顾各阶层的利益，以调和士、庶之间的矛盾。梁武帝鉴于前代皇室自相残杀的教训，对皇族子弟和权贵后裔尽量宽纵。不过，萧衍虽优容于权贵，却苛刻于百姓，只是后来接受劝谏，用法才有所宽缓。

为进一步巩固统治，梁武帝又大兴儒学教育，制作礼乐，并且自身始终好学不止，博通经史佛玄，著作甚为丰富。

梁武帝的统治，尤其在前期，重视农业生产，又注重发展文化事业，因为一系列较好的改革措施，使得上层集团内部相对稳定，整个社会也出现了繁荣与发展。整体而言，梁武帝统治四十余年，南朝出现了继刘宋元嘉、萧齐永明之后的第三个小康局面。北齐高欢也称赞："江东复有一吴儿老翁萧衍者，专事衣冠礼，中原士大夫望之以为正朔所在。"但因连续的与北魏之间劳而无功的战争，造成劳民伤财，不但削弱了梁朝的国力，而且埋下了隐患。对宗室的纵容，也导致了政治的腐朽日益滋生。更主要的，还是梁武帝本人随着年事增高，由开明逐渐昏庸，佞佛独断，好大喜功，终于招致了灭顶之灾的"侯景之乱"。

24. 梁武帝是如何崇佛的?

梁武帝萧衍崇信佛法。一称帝就于建康皇宫内外建造佛寺，并组织群臣对宣传神灭论的范缜进行围攻。而且随着在位时间日久，梁武帝对佛教的笃信日深。他不仅潜心于佛教经义，而且亲自注释佛典数百卷，又经常身披袈裟，亲临重光殿和同泰寺讲法。萧衍又创立所谓三教同源说，称孔子、老子都是佛祖的弟子；佛教是日，儒、道是众星，三教之中，佛教最高。并称“道有九十六种，唯佛一道为正道”，实际已将佛教定为国教。

梁武帝又以苦行僧自居，早晚都去佛寺礼拜，屡次设救苦斋、四部无遮会、无碍会等，宣扬做功德之事，替百姓祈求福音。普通八年（527），萧衍第一次舍身同泰寺，意欲出家为僧，四天之后方才回宫。大通三年（529），萧衍再次舍身同泰寺，群臣出资一亿将其赎回。中大同元年（546），他又第三次舍身同泰寺，群臣出资二亿才将其赎回。第二年，萧衍舍身念头无法断绝，又于同泰寺一住一月有余，臣下再次费资一亿将其赎回。梁武帝数次舍身佛寺，近乎愚狂，但却并非做作，确实显示了一心向佛的诚意，然而这一切却并不能给国家和百姓带来任何好处。相反，由于佞佛，全国遍建庙宇佛塔，僧尼人数猛增，额外加重了百姓的负担。而且由于梁武帝的佞佛与纵容显贵，使得政治日益腐败，国家陷于危险之中。

25. 梁武帝北伐为什么损失惨重?

梁武帝统治的前期是南朝社会较为安定的时期。但是，南朝和北魏之间的战事仍然时有发生。梁天监二年（503），北魏进攻义阳（今河南信阳）。天监四年，北魏攻取梁汉中地。同年十月，梁武帝任命其弟临川王萧宏为都督，率军北伐。次年，梁军攻克了一些城市，萧宏进驻于洛口（今安徽怀远西南）。北魏派遣中山王元英、大将邢峦统军还击，梁军所攻克的城市，又被北魏夺去。本来萧宏所领军队“器械精良，军容甚盛，北人以为百数十年所未之有”，但大敌当前，萧宏怯懦畏缩，不敢进战，其谋主吕僧珍竟首先提出退军的主张。北魏得知情况，送给萧宏以妇人巾帼，并作歌嘲讽道：“不畏萧娘与吕姥，但畏合肥有韦虎（指梁将韦睿）。”诸将请求进攻寿春（今安徽寿县），萧宏反而下令，前进者斩。一天夜里，洛口遭暴风雨袭击，萧宏竟以为敌军发起进攻，吓得与几名骑兵仓皇逃遁，将士也随即溃散。北魏军队乘势追击，梁军丢盔弃甲，只顾奔命，死者达四五万之多。这次北伐，因为梁军主谋人物的懦弱无能，结果造成大败。北魏军队则继续乘胜东进，围攻钟离（今安徽凤阳东北），幸赖守军死战，名将韦睿等率领大军及时援救，才扭转了岌岌可危的形势。

26. 萧梁二次北伐为什么仍然失败?

梁武帝第一次北伐失败后，梁魏僵持于两淮一带。梁武帝为阻止北魏南下，于天监十三年（514）修筑浮山堰（今安徽凤阳县境），工程浩大，堪称空前，却因淮水暴涨而轰然倒塌。

后来，北魏发生六镇起义，政权内部也矛盾重重。梁武帝见有机可乘，打算组织北伐，统一北方。大通二年（528），萧衍即以投降南朝的北魏宗室元颢为魏王，命令大将陈庆之率领七千军队，配合元颢北伐。元颢和陈庆之进军顺利，击败魏军后即攻占北魏首都洛阳，接着又连续攻克三十二城。但元颢在陈庆之的帮助下进入洛阳后，逐渐与陈庆之产生矛盾。元颢打算脱离梁朝自立，而梁武帝也没有再给陈庆之增援军队。结果，尔朱荣反攻洛阳，大通三年闰六月，尔朱荣攻克洛阳，元颢兵败被杀。陈庆之也全军覆没，只得只身一人化装成僧侣逃回江南。至此，自梁武帝天监四年开始的北伐最终仍以失败宣告结束。

27. 彭城寒山堰之战的结局如何?

彭城寒山堰之战是梁武帝末年“侯景之乱”的一个前奏，此战的失败和梁武帝的昏聩直接导致了梁朝灭顶之灾的“侯景之乱”。

梁武帝太清元年（547），东魏大将侯景在无路可走的情况下决定投降梁朝，梁武帝以为机会难得，决定接受侯景投降。于是，一面封侯景为大将军、河南王，一面派遣其侄儿贞阳侯萧渊明领兵五万进攻彭城（今江苏徐州），以牵制东魏，接应侯景。梁武帝敕令萧渊明修筑寒山堰，引水淹灌彭城。但是梁军纪律极差，萧渊明不但贪图享乐，而且毫无作战经验，筑堰引水，灌城无效。眼见东魏救兵已至，萧渊明无计可施，又不接受老将羊侃的正确意见。结果，东魏军队破堰水，反攻梁军，梁军大败，主力被消灭，萧渊明于醉意朦胧中做了俘虏。寒山堰失败的消息传到建康，梁武帝几乎滚落龙床。而东魏在寒山堰大捷之后，转而进攻侯景，侯景同样惨败。东魏又采取离间的策略，破坏侯景与梁武帝之间的关系，终于导致侯景举兵反梁。

28. “侯景之乱”是怎么回事？造成了什么历史影响？

“侯景之乱”是南朝萧梁末年北朝降将侯景发动的一场叛乱。

侯景，字万景，小名狗子，北魏怀朔镇（今内蒙古固阳南）人。为人残忍暴虐，狡诈多变，先为怀朔镇功曹史，后依附尔朱荣，尔朱荣死，又率众依附高欢。侯景作战机智多谋，权诈善变，屡立战功，深得高欢倚重。高欢死后，侯景因权重势大，为高欢之子高澄所忌，为免祸害，遂率部投降南朝。

但是不久，梁与东魏间开始议和。侯景害怕南北和好后，自己会变成筹码，为摸清梁武帝萧衍的真实态度，侯景诈作东魏书信，说愿意用以前俘虏的贞阳侯萧渊明交换侯景。萧衍中计，回信说：“你早上送还萧渊明，我晚上送还侯景。”侯景勃然大怒，说：“早就知道这老头儿心肠薄得很！”于是决心反梁，把所属各城的居民都招来当兵，并把百姓的女儿都配给将士，大肆进行战备工作。在建康的梁朝廷对此竟然浑然不知，侯景在寿阳有什么需求，梁朝廷都尽力满足。侯景又暗结早就觊觎皇位的梁前太子、临贺王萧正德，密约事成后拥萧正德为帝。准备就绪，侯景在寿阳起兵反梁。萧衍听到侯景造反的消息，拈着胡须，豪迈地笑道：“不妨不妨。待我折根竹鞭，抽他一顿就行了！”对天下悬重赏，号召平叛。

萧衍错误地估计了形势。南梁后期，萧衍沉迷佛教，边境战备不修，朝纲废弛，阶级矛盾日益激化，国家危机四伏。这时，各路勤王将领只是各怀异心，静观其变，而无实际行动。侯景在萧正德的接应下顺利过了长江，又顺利地渡过了秦淮河，与萧正德率领的军队一道围攻台城。台城开始被围时，城中有男女十多万人，由于粮食缺少，死者枕藉。被叛军攻破时，城里只剩下二三千人。城破后，侯景下令将病人与死尸堆在一起焚烧，惨不忍睹。还在石头城立大舂碓，有人犯了他的法，就投进里面舂死。侯景遣军攻浙东时，公开鼓励诸将烧杀抢掠和屠城，以扬威名，故其将领专务焚掠，杀人如草。梁武帝萧衍也被侯景软禁于台城净居殿，不给生活用品，并且限制他的饮食。萧衍备受折磨，在忧愤与饥饿之中于太清三年五月饮恨死去。后来侯景篡位自立。侯景称帝后，各路勤王军队尤其是陈霸先、王僧辩等对之进行攻击，552 年三月，侯景大败，逃遁海上，被部下杀死，身首异处，“侯景之乱”结束。

“侯景之乱”使得江南经济文化遭到巨大损失。梁都建康和邻近的东扬州向来富庶繁荣，为南朝财政所本，在这次灾难中被摧残殆尽。城市被焚掠后满目疮痍，残如荒郊。百姓生灵涂炭，饿殍遍野，江南千里烟绝，人迹罕见，白骨成堆，一二十年后都没能恢复元气。许多文人学士丧命者甚多，大量藏书亦于战火中毁佚，南朝文化受到空前浩劫。江南士族在侯景暴风骤雨般的扫荡中也被屠戮略尽，南朝士族自此一蹶不振。侯景作乱的时候，东西魏取得喘息机会，在军事、经济力量上优势陡增，为以后北周灭北齐和隋统一南北打下了基础。

29. 侯景为什么要立萧正德为皇帝?

梁武帝末年，一场“侯景之乱”给其带来了灭顶之灾。

侯景（503～552），为相比化羯族人，曾任东魏河南道大行台，专制河南十余年。东魏高欢死，侯景以河南十三州降西魏。西魏欲夺其兵权，侯景东西受制。梁太清元年（547），侯景无奈之下，决定投降梁朝。

梁武帝贪图河南之地，更欲统一中原，于是不顾臣下谏言，决定接受侯景投降。萧衍随即封侯景为大将军、河南王，并派其侄萧渊明领兵攻彭城（今江苏徐州）。结果，梁军大败于东魏，主力崩溃，萧渊明也成为俘虏。东魏随后进击侯景，侯景又败，领步骑八百人据守寿春（今安徽寿县）。梁武帝因为欲得萧渊明而出卖侯景。侯景一怒之下，决定倒戈。此时，负责长江防卫的萧衍之侄、临贺王萧正德因为不满于太子之位得而复失①，本已心怀异志，侯景遂决定与之联手叛变，并以事成之后拥立他为皇帝作为诱饵。萧正德求之不得，立即答应成为侯景内应。

太清二年八月，侯景以讨伐奸人朱异为名，正式起兵反梁。十月，在萧正德的大力资助与积极配合下，侯景顺利渡江，并很快包围建康，名将羊侃和太子萧纲领兵抵抗。此时，城里物资匮乏，在侯景的数月围困下，于太清三年三月建康台城被攻克。

在侯景围攻建康之初，萧正德即于太清二年十一月称帝。攻下建康后，萧正德急欲杀死萧衍父子，为侯景所阻止。侯景为收买人心，于是反又将即位一百多天的萧正德废黜，仍以萧衍为皇帝。萧正德被降为大司马，心怀忿忿，结果被侯景绞杀。

侯景所以要立萧正德为帝，不过是一时权宜之计，萧正德只是为他利用的工具而已。

30. 梁简文帝萧纲是什么人?

549 年五月，梁武帝萧衍卒，侯景立太子萧纲为帝，是为简文帝。

萧纲（503～551），字世缵，为梁武帝第三子。天监五年（506）被封为晋安王。中大通三年（531），昭明太子萧统病故，萧纲被立为太子。在任晋安王并出镇雍州刺史的时候，萧纲领兵北伐，拓地千余里。

萧纲与其父一样，聪明博学，从小就有做诗癖好，诗才在家族之中堪称第一。萧纲不但自己爱好文艺，而且引纳许多著名文士，如庾肩吾、徐摛等人。又于东宫开文德省，置学士，庾肩吾之子庾信、徐摛之子徐陵都入选。萧纲及其众多文士组成了当时有名的文学集团，其突出特征为诗风轻艳绮丽，当时号称“宫体”。

太清二年（548）底，侯景与萧正德率叛军围攻京都建康。太子萧纲与良将羊侃奋力抵抗。而当时城中粮草等物资不足，勤王的诸侯王纷纷到达建康城外，却大多作壁上观。梁武帝情急之下，欲斩奸臣

---

① 萧衍早年无子，曾以过继侄儿萧正德为太子，后来萧统出生，太子之位遂让给萧统。

朱异以退侯景，被萧纲阻止。城破之后，侯景虽废杀被其利用而立为帝的萧正德，重新奉萧衍为帝，但梁武帝从此失去人身自由，直至忧愤而死。

萧衍卒后，侯景立萧纲为帝，年号大宝，萧纲实际完全为侯景所控制。大宝元年（550）二月，侯景挟简文帝萧纲至西州。九月，侯景自晋位为相国、汉王，并封二十郡为其领地。十月，侯景再度将简文帝挟至西州，实际已将其软禁。大宝二年八月，侯景迫使萧纲书写禅位诏书，之后，简文帝被废，并正式被幽禁。侯景改立豫章王萧栋为帝，改元天正。551年十月，侯景终于将简文帝萧纲杀害。

31. 豫章王萧栋为何很快被废？

551年八月，侯景废简文帝萧纲为晋安王，幽禁于永福省（太子幼年之居所，与东宫有别）。豫章王萧栋被立为帝。

萧栋为梁昭明太子萧统之孙，豫章王萧欢之子。萧欢卒后，萧栋承袭王位。侯景于549年立萧纲为帝后，积极图谋篡梁。然而，侯景虽有军事才能，但志大识疏，而且久在军旅，性格猜忌残忍，有野心而无政见。由于不能真正收取民心，侯景更加恣肆横行，给江南经济文化造成空前的破坏。大宝二年（551），侯景在征讨中连连失败，自恐不能久存，于是废黜简文帝，扶立幼小的豫章王萧栋。侯景立萧栋，不过是其篡位的前奏而已。当年十一月，即位不到四个月的萧栋就被迫禅位给侯景。侯景改元太始，改国号为汉，废萧栋为淮阴王，并将其封锁于密室。

侯景篡梁称帝后，梁江州刺史王僧辩、东扬州刺史陈霸先等起兵与之激战。承圣元年（552）三月，侯景战败，逃入海上，被杀。侯景亡后，梁武陵王萧纪称帝于成都。十一月，梁湘东王萧绎称帝于江陵（今湖北江陵），是为梁元帝。梁元帝时，派人将萧栋沉于水中溺死。

32. 梁武陵王萧纪是什么人？

552年，侯景败亡被杀，梁武陵王萧纪在成都称帝，改元天正。

萧纪（508～553），字世询，为梁武帝第八子。为人宽和，喜怒不行于色，好学而有才，深为梁武帝所喜爱。天监十三年（514），封武陵王。大同三年（537），任益州刺史。在益州境内开发建宁、越巂等地，又西通资陵、吐谷浑。发展耕植农桑以及盐铁产业，并与境外进行商业贸易。经过开发，益州财富大增，贡献财物达到以前十倍之多。

太清三年（549），侯景攻破建康台城。萧纪派遣世子（嫡长子）萧圆照领三万精兵，随荆州刺史、湘东王萧绎征讨侯景。萧绎命萧圆照屯兵白帝（今重庆奉节东）。梁武帝死讯传至蜀地，萧纪立即准备发兵东征。萧绎又加以阻止，称"蜀中之地，易动难安，宜继续镇守"。实际是担心萧纪东下之后，对其势力造成威胁。大宝三年（552）四月，萧纪闻知侯景兵败，即于成都称帝，立萧圆照为皇太子。司马王僧略（王僧辩弟）等进谏，被杀。萧纪不久即率师东下，而湘东王萧绎则于同年十一月在江陵称帝，改元承圣。萧绎得知萧纪进军，于是联络西魏，进攻益州，夹击萧纪。萧纪进驻西陵（今湖北宜都），为萧绎军队所败。而成都又为西魏攻破。承圣二年七月，萧纪最终被萧绎部将樊猛所杀。太子圆照等也被诛。

33. 梁元帝萧绎的结局怎样?

萧绎（508~554），字世诚，为梁武帝萧衍第七子。天监十三年（514）封湘东王，镇守江陵。太清元年（547）任荆州刺史。萧绎为人，颇有文才，但好矫饰，多猜忌，不能容忍才能胜己之人。侯景作乱建康之时，萧绎拥众，逡巡不进。侯景之乱未平，萧绎杀信州刺史、桂阳王萧慥（zào）于江陵，又发兵湘州（今湖南长沙），征讨河东王萧誉。侯景西征，败于巴陵（今湖南岳阳）。萧绎命王僧辩率兵讨伐，侯景败亡。武陵王萧纪称帝于成都，萧绎也在江陵即位。稍后，萧纪领兵东下。萧绎为消灭萧纪，以割地西魏为条件，求援兵力，自西面进攻成都。结果，萧绎消灭了萧纪以及其他各支皇族的势力。

当时，萧绎虽然维持了政权，但其势力范围已经很小。江北诸郡多为东魏侵夺，梁、益二州又并入西魏。萧绎有收复梁、益的预谋，为西魏宇文泰得知。而原岳阳王萧詧（chá）因忿于萧绎诛杀其兄河东王萧誉，转而投靠西魏，被西魏封为梁王。梁承圣三年（554），宇文泰命萧詧等率五万大军大举进攻江陵。西魏军队首先占据江津，切断萧绎东路，再以精锐兵力攻城。萧绎命令高善宝将江陵所藏十四万卷古今图书焚烧一空。当年十一月，江陵被攻破，萧绎归降西魏。一月之后，萧绎被杀。后萧方智即位，萧绎被追尊为元帝，庙号世祖。

34. 萧方智是怎样一个帝王?

554 年底，西魏攻破江陵，梁元帝萧绎投降，不久被杀。此时，太尉王僧辩和司空陈霸先在建康拥立萧绎之子萧方智为梁王。

萧方智（542～557），为萧绎第九子，太清三年（549）封兴梁侯，承圣元年（552）封晋安王，次年任扬州刺史。元帝被害，王僧辩与陈霸先筹划以萧方智为太宰，迎还于建康。此时，北齐派兵南下，并送回先前被东魏俘虏的梁武帝之侄萧渊明，要立为梁朝皇帝。王僧辩屈服于北齐势力，迎回萧渊明。555 年五月，萧渊明在建康即帝位，改元天成，立萧方智为太子。陈霸先坚决反对，于是发兵攻杀王僧辩，于当年九月废萧渊明。十月，陈霸先正式立萧方智为帝，改元绍泰，是为梁敬帝。陈霸先这一举措使南朝避免成为北齐的附庸，深得江南民众的拥护。不过，此时的梁朝，实际已是陈氏的天下，年幼的萧方智被完全控制在陈霸先手中。

王僧辩余党与北齐势力联合进攻建康，陈霸先在梁朝百姓的全力支持下，大败敌军。陈霸先于是由丞相而晋位相国，由陈国公而晋爵陈王。太平二年（557）十月，南朝再度演绎禅让旧戏，陈霸先顺利代梁，陈朝历史开始。南朝又一傀儡帝王萧方智先被废为江阴王，不久即死于贬所。

35. 陈武帝陈霸先的身世如何?

557 年，陈霸先代梁建陈，年号永定，南朝最后一个王朝开始。陈霸先即陈武帝。

陈霸先（503～559），字兴国，吴兴长城（今浙江长兴东）人。出身寒微，但少有大志，不事生产，好读兵书，多谋略。初始时为乡里司，稍后至建邺，任油库吏，再度转为新喻侯萧映的传教，为萧映所赏识。萧映任吴兴太守时，称："此人将来必胜于我。"萧映迁广州，以陈霸先为中直兵参军，负责招集兵马。因参与平定交州士人李贲之乱，陈霸先升任镇远将军、西江督护、高要太守。侯景乱梁之时，陈霸先于太清三年（549）自广州起兵，沿赣江北上，至湓口（今江西九江）与湘东王萧绎大将王僧辩会合，结盟共讨侯景。王僧辩荆州军队缺粮，陈霸先以三十万石大米接济，荆州军因此大振。

侯景之乱被平后，元帝萧绎以陈霸先为司空，领扬州刺史，镇守京口（今江苏镇江）；王僧辩为太尉，镇守石头城（今江苏南京市西）。江陵被西魏攻陷，萧绎被杀后，陈霸先与王僧辩共立萧绎之子萧方智为梁王。但不久，王僧辩迫于北齐压力，又迎接萧渊明回梁称帝。陈霸先愤慨王僧辩"外依戎狄，援立非次"，于绍泰元年（555）九月秘密自京口起兵，袭杀了王僧辩，并废黜萧渊明。之后，拥立萧方智为帝。陈霸先因能果断平乱并大破北齐、稳定江南而深受民众拥戴，其取代萧梁也就因此水到渠成。

36. 陈武帝的立国政策如何?

陈武帝建立陈朝之时，南北朝已接近尾声。北方中原于数年前，由高洋北齐取代东魏。陈朝建立的同年，关中宇文觉取代西魏，建立北周。北齐、北周虽然继续为争霸而战，但北方势力总体胜于南方。并且陈朝初建之时，萧梁残余及地方豪强仍不断为乱，局势并不稳定。

不过，陈武帝仍然为巩固陈朝，稳定南方统治做了一些积极的努力。他力求为政宽简，如非军旅急需，不轻易向百姓征发。而且武帝与南朝历代开国帝王一样，自身生活也很俭朴，日常用膳不过数种，器具大多粗陋，后宫没有金银珠玉之饰，也不设置女乐。

因陈武帝为南方人，与南朝前期帝王不同，其所任用之人如徐陵、周弘正、江总等，也以南方人居多。与前期三代开国帝王一样，陈霸先有治世之才，堪称有为君主。由于陈武帝的努力，南朝因梁末一系列动乱而造成凋敝的经济文化又得到了相当程度的恢复。陈武帝立国仅两年左右时间，还未来得及正式改革，就匆匆辞世。永定三年（559），陈武帝病卒，其兄长之子陈蒨（qiàn）即位。

37. 为什么说陈朝是南朝版图最小的政权?

陈朝建立后，萧梁残余势力与北齐联合进攻陈政权，梁湘州刺史王琳又割据一方，并求助于北齐，立萧庄为帝，准备东下攻陈。武帝陈霸先还没来得及平定边境之乱，即于永定三年（559）去世。其侄陈蒨即位，是为陈文帝。陈文帝先打败了王琳，又消灭了与王琳勾结的熊昙朗，再打败周迪等叛乱势力。经过努力，陈朝境内豫章、临川、东阳、晋安诸郡都已稳定。至此，陈文帝统一了长江以南、蜀地以东的中国南方，但陈朝此时失去前朝所拥有的淮河以南和巴蜀一带的大面积土地，版图已是南朝时期最小的。

武帝和文帝都是陈朝较有作为的帝王。566 年，陈文帝卒，长子陈伯宗继立，三年后被其叔父陈顼（xū）所废，并取而代之，陈顼即陈宣帝。陈宣帝在位时间虽长，却无多大作为，史称其“德不逮文，智不及武”。曾一度取得淮南之地，却很快得而复失。太建十四年（582），陈顼死，长子陈叔宝即位。陈叔宝是历史上有名的荒淫帝王之一，而日趋衰微的江南小朝廷也就终于在陈后主叔宝君臣的诗酒声色之中，于 589 年被隋文帝的大军一举消灭，南朝历史遂宣告结束。

38. 陈文帝陈蒨是什么人?

559 年六月，陈武帝霸先卒，因武帝之子陈昌在江陵失陷时被西魏所俘，武帝宣皇后秘不发丧，而与中书舍人蔡景历等定计，召还陈霸先之侄、临川王陈蒨，立为皇帝，改元天嘉，是为陈文帝。

陈蒨（？~566），字子华，为武帝之兄、始兴昭烈王陈道谭长子。梁朝时，陈蒨任吴兴太守。梁敬帝萧方智绍泰元年（555），协助周文育平定王僧辩部将杜龛、张彪之乱，后授会稽太守。陈霸先即位时，立为临川王。

陈文帝即位时，南方动乱尚未平息。原梁朝湘州刺史王琳求助于北齐，继续割据荆州，并发兵攻陈。直至天嘉元年（560）春，陈军才将王琳等击败。再经努力，陈文帝终于统一了长江以南、蜀地以东的南方，势力虽较前朝为小，但基本稳定了统治。而且，陈文帝较为重视发展农业生产，为整理户口，再次实行土断政策。曾令宰守监督、奖励耕作，并给贫困者借贷种粮。陈文帝又能重视儒术教育，其统治时期，陈朝经济文化取得了平稳的发展。

39. 陈伯宗为什么被称为废帝?

陈天嘉七年（566），文帝陈蒨临终前，因自知嫡长子陈伯宗软弱无能，便对其弟、安成王陈顼留言：“吾欲行太伯之事（即将帝位让贤给陈顼）。”陈顼推辞再三，并表示一定要效仿当年周公旦，尽力辅佐陈伯宗。

陈伯宗（554～570），字奉业，即位后改元天康。陈顼以司徒、录尚书事、都督中外诸军事辅政。因陈伯宗生性怯懦，不堪大任，一切政刑大权实际都归叔父陈顼掌握。光大二年（568）正月，陈顼晋位太傅，领司徒，加殊礼。十一月，安成王陈顼假借太后之诏，废陈伯宗为临海王。诏书称：“伯宗昔在储宫，本无令问，及居崇极，遂骋凶淫。太傅亲承顾托，义深垣屏，而攒涂未御，翌日无掩，仍遣刘师知、殷不佞等显言排斥，阴谋祸乱。”又称：“文皇（即陈蒨）知子之鉴，事甚帝尧，传弟之怀，久符太伯。今可还申旧志，崇立贤君，外宜依旧典，奉迎舆驾。”所谓陈伯宗以小人作乱等等，不过是废立的借口而已。而仁弱无能，缺乏君王气象的陈伯宗让位给叔父陈顼，确实是文帝陈蒨的遗愿。陈伯宗因在位被废，史称陈废帝。

40. 陈宣帝陈顼的统治情况如何?

陈光大二年十一月，陈帝陈伯宗被废。次年（569）正月，陈顼（526～582）即皇帝位，改元太建，是为陈宣帝。

陈宣帝陈顼为陈文帝之弟，江陵陷落时，陈顼为西魏所虏。陈天嘉三年（562），自北周还陈朝。任司空、尚书令，封安成王。

陈顼本有一定的治世之才，其取代陈伯宗，未尝不是朝野的愿望。但陈顼无论文德、武功都难以与陈武帝、陈文帝相当。而且当时陈朝已经趋于衰微，难以重新振作。而陈宣帝又想趁北齐腐败日甚之时，一举收复淮南之地。其实，当时陈朝国力并不充实，而且国内仍时有动乱。太建五年（573），宣帝任命大将吴明彻为都督，统率十万大军讨伐北齐。陈朝军队相继攻克较多城池，并将沿淮重镇寿阳（今安徽寿县）攻破，生擒王琳。陈军基本收复淮南各地后，没有继续北上。而北周则于陈太建九年（577）消灭了北齐。此时，陈宣帝又命令吴明彻北伐，企图攻取淮北徐州、兖州一带。但陈军却遭到惨败，吴明彻也被俘。北周反而乘势南下，将淮南全部占为己有。耗费巨大人力、物力取得的淮南之地得而复失，而江南贵族腐败侈靡之风却日甚一日，陈朝眼看到了强弩之末，这就是陈宣帝统治陈朝的大势。

41. 为什么说陈叔宝是亡国之主?

陈太建十四年（582），陈宣帝卒，太子陈叔宝即位，年号至德，陈叔宝即有名的陈后主。

陈叔宝（553～604），字元秀，为宣帝陈顼的长子。陈后主贪爱女色，后宫有贵妃张丽华等人极为后主所宠幸。相传《玉树后庭花》一曲正是后主为张丽华所作。百官奏折均由宦官蔡脱儿、李善度奏请，陈叔宝拥张丽华于膝上，共同决定可否。张丽华权倾人主，由此导致外戚横行不法。

陈后主又大造宫室，在光昭殿前盖起临春阁、结绮阁、望仙阁等。各高数十丈，连屋数十间，极尽工巧绮丽。陈叔宝每日与贵妃、女学士、狎客游宴于亭台楼阁，共赋新诗，取其艳丽者为曲词，谱以新声。

后主荒于国政，百官也多上行下效，沉溺于淫靡腐败之中。而北方统一之后，尤其在杨坚建隋之后，势力日渐强大。隋于开皇八年（588）以五十万大军横扫江南。次年三月，建康被破，陈后主与宠妃张丽华等藏匿于井中，被执送到长安。陈朝灭亡，南北朝归于统一。

42. 刘穆之是如何辅佐宋武帝创建大业的?

刘穆之，是汉代王室之后，祖辈居住在京口（今江苏镇江）。他少年时博览群籍，颇有声名。刘裕攻克京城后，征求贤才，刘穆之去见他。刘裕问："我方举大事，形势艰难，急需一名军吏，你认为谁可以担此重任?"刘穆之说："贵府初建，军吏必须有实才，仓促之时，此任恐怕非我莫属。"刘裕笑着说："足下能够屈尊，我的事情一定成功!”当即任命了刘穆之。

刘穆之很有经略才能，侍奉刘裕尽忠竭诚，刘裕也把他看作心腹，事无大小，都和他商量，谋定而后战。当时正值东晋末，纪纲不立，豪强横行，欺压百姓，百姓痛苦不堪，加之司马元显当政，贪污奢侈，政治败坏到无以复加的地步，桓玄篡晋后律条苛繁。所以，当刘裕率兵攻入建康赶走桓玄后，刘穆之根据形势调整政策。不出半月，风俗顿改，百姓称便。

刘穆之跟随刘裕平定桓玄叛乱，先后攻下广固（今山东益都西北），灭掉南燕，又大败袭击建康的孙恩、卢循起义军。在这些军事行动中，刘穆之运筹帷幄，出谋划策，决断众事，功劳很多。和刘裕同时起兵反对桓玄的刘毅等人嫉妒他，经常进言，说他权力太大，但刘裕更加信任、依赖他。

刘穆之爱好交游，经常宾客盈门，因此消息灵通，耳目众多。他把所见所闻，事无大小，都禀报刘裕，故而刘裕能广开视听，不受蒙蔽。刘裕的举止言行，刘穆之都很关注，刘裕向来拙于写字，刘穆之劝他说：“写字虽是小事，但文书宣达四方，影响却很大，希望明公稍加留意。”刘裕既无暇改进书法，也因天分所限，刘穆之就建议他写大字，字大有气势，以掩盖不足。刘裕采纳了这个建议，一张纸六七个字就写满了。刘穆之向刘裕举荐人才，直到采用方肯罢休，有善于荐贤的美名。

义熙七年，刘裕西攻刘毅，用诸葛长民监太尉留府事，而以刘穆之为建威将军，配以实力，监视长民，长民心怀异图，犹豫不定，对刘穆之说：“有人说我与太尉不和，为什么会这样?”刘穆之劝他说：“太尉西上沿江远伐，把老母幼子都托付给你，如果与你有嫌隙，怎么会这样呢?”他的一番话，打消了诸葛长民的疑虑，使其安下心来。等到刘裕西伐胜利，杀掉刘毅，从江陵回到建康后，就杀了诸葛长民。从此，北府将官出身的实力派中，只有刘裕巍然独存。

义熙十一年，继刘毅任荆州刺史的司马休之，和雍州刺史鲁宗之反对刘裕的大权独揽，刘裕再次西上征讨。司马休之战败，投奔后秦姚兴。此时东晋内部已没有能和刘裕对抗的势力，所以刘裕决定再进行一次北伐，建立声威。刘裕北伐时，仍旧使刘穆之留守建康，总揽朝政，供给军需。刘穆之每日接待宾客，处理政务，批答文书，不知疲倦。一有闲暇，就手抄书本，校订典籍。他性情豪爽，喜欢结交宾客，每顿饭都和宾客一起吃，手下每天都要准备十个人的饭，习以为常。刘穆之曾经对刘裕说："我本来贫贱，养家糊口的东西少，自从我做官以来，虽然心里总想节约，但每日所需，还是稍微丰厚一些。除了这些，一丝一毫我也不会损公肥私的。"刘裕北伐，大败后秦军，进入长安。这时刘穆之病死，刘裕怕权力他移，不得不匆匆赶回建康。元熙二年（420），刘裕用禅让的命义，夺取帝位，国号为宋。

刘裕平定桓玄、镇压卢循、西征北伐，建立了极高的声望和政治资本，这些都和刘穆之的谋略才能分不开，因此刘穆之死后，刘裕在给天子的上表中说："我能够以微薄的才能，承担国家的重任，西征北伐，不辱君命，实在是依仗着刘穆之的扶持匡助。如果没有他，我是不会取得这些成功的。"建议为刘穆之封侯，以示表彰。

刘裕称帝后，追封刘穆之为南康郡公，食邑三千户。每当忆起刘穆之，总感叹不已，说如果穆之不死，应当帮我治理天下，他死了，国家也就困苦了。光禄大夫范泰听了，就对刘裕说："圣君在上，英才满朝，穆之虽然功绩卓著，但也不应一个人就能决定国家的兴衰。"武帝听了，笑着说："爱卿难道没有听过骥騄（jìlù，良马名）吗？它之所以宝贵，就在于能够日行千里啊！"又说："穆之死了，人们都轻视我了。"可见他对刘穆之的推重。

43. 刘敬宣建立过什么功勋？

刘敬宣，东晋将领刘牢之的儿子，字万寿，彭城（今江苏徐州）人。他起初为王恭前军参军，隆安二年（398），王恭起兵反抗东晋朝廷，朝廷派司马元显领兵拒战。刘牢之当时是王恭的前军司马，骁勇善战。但王恭因为是贵戚，平日里骄慢无礼，轻视欺侮刘牢之，刘牢之怀恨在心。执掌朝政的司马道子趁机派其子司马元显用重利引诱刘牢之。刘牢之反戈一击，派儿子刘敬宣袭击王恭，结果王恭大败，在出逃途中被杀。司马元显因而任命刘敬宣为后将军咨议参军。

元兴元年（402），桓玄起兵，东晋以司马元显为骠骑大将军、征讨大都督，以镇北将军刘牢之为前锋都督，进讨桓玄。但刘牢之一则惧怕抗拒不了桓玄，二则害怕即使取胜，功劳越大，司马元显越猜忌不能容他，所以他接受了桓玄派遣的使者的游说，投降了桓玄，并企图以后乘机壮大。刘敬宣认为桓玄羽翼已经丰满，难以图谋，劝他不要投降，刘牢之不听。刘牢之投降之后，就跟随桓玄攻克建康。进入建康后，司马元显被杀，司马道子被废黜，桓玄大权在握。这时候，他就准备对付刘牢之了。桓玄首先剥夺刘牢之的兵权，让他出任会稽太守。刘牢之见兵权被夺，又想反叛桓玄，与部下商量，部下纷纷散走。他与儿子刘敬宣谋划袭击桓玄，结果约好时间，刘敬宣却没到，刘牢之只好自缢而死。刘敬宣逃奔鲜卑慕容德。

后来刘裕灭掉桓玄，把刘敬宣召回，拜他为江州刺史。刘裕曾是刘牢之的部下，所以对刘敬宣恩宠无比。刘敬宣嫁女，刘裕赐钱三百万，绸缎一千匹。义熙三年，刘裕派刘敬宣领兵伐蜀，大军进到离成都五百里，军中粮尽，又遇上瘟疫，大军无功而返，刘敬宣被免官。义熙五年，刘裕率兵北伐南燕慕容超，刘敬宣官拜中军咨议参军，和兖州刺史刘藩一起大破慕容超军。灭南燕之后，他又跟随刘裕南讨卢循。义熙七年，刘裕讨伐刘毅，豫州刺史诸葛长民留守太尉府。诸葛长民早就怀有异心，想拉拢刘敬宣一起反对刘裕，所以就给刘敬宣写了一封信。刘敬宣把信交给了刘裕。刘裕灭掉刘毅后，返回建康，随即就杀了诸葛长民。义熙十一年，刘敬宣晋封号右军将军。刘裕在这年率兵西向讨伐司马休之，司马道赐暗中勾结同党谋反，举兵响应司马休之。刘敬宣不从，因此遇害。

44. 王镇恶建立过什么功勋?

王镇恶，前秦丞相王猛的孙子，北海剧（今山东昌乐）人。他在五月五日出生，过去民间认为此日出生的男孩对父亲不利，所以他家人想把他过继给远房亲戚。他的祖父王猛不同意，说："这个孩子非同常人，昔日孟尝君也出生在五月五这天，最后做了齐的相国，这孩子将来一定也会光宗耀祖的。"所以给他取名镇恶。

王镇恶从小熟读诸子兵书，喜欢谈论军国大事，虽然不善于骑马射箭，但满腹韬略，坚决果断。前秦苻坚败亡后，他随叔父流落到江南，在临澧县当县令。东晋侍中刘裕听后，就马上征召他，委以重任。

东晋安帝义熙七年，刘裕暗中准备讨伐刘毅。当时刘毅有病，要求刘裕派他的堂弟、兖州刺史刘藩做他的副手，刘裕假装答应了。九月，刘裕派王镇恶率龙骧将军蒯恩的一百条战船，以刘藩赴任为名，昼夜兼行，西征刘毅。到了距离江陵城二十里的地方，王镇恶舍船登岸，让蒯恩领军在前，他自己殿后，同时让每条船留下一两个人，泊船的岸上竖起旗帜，安上战鼓。他对留守的人说："估计我军快到江陵城了，就不停地擂鼓，让人以为后面还有大军。"他又派人在后面焚烧了江津的船舰。王镇恶径直前往袭城。码头守兵及百姓都传言刘藩来了，信以为真，安然不动。眼看就要到城里了，刚好刘毅的部将朱显之带几十名士兵前来问刘藩所在，王镇恶的士兵回答说："在后面。"结果朱显之一直到了队伍后面也没看见刘藩的影子，再一看，江津方向火光冲天，鼓声大作。他知道不妙，立刻飞马回报刘毅，让他下令关闭城门。但为时已晚，王镇恶已经冲了进来，因风放火，烧了大城南门以及东门，城中顿时大乱。他又派人给刘毅送去刘裕的亲笔信三封，刘毅看也不看，就烧掉了。城内的官兵并不相信刘裕会亲自指挥作战。到后来短兵相接，王镇恶手下士兵和刘毅的士兵有不少是沾亲带故的，他们一边作战一边说话，知道刘裕就在后面，刘毅守军一下子人心涣散，斗志瓦解。刘毅见大势已去，从城东门逃出，独自一人跑到牛牧佛寺自缢而死。在这次战斗中，王镇恶身中五箭，手里握的长矛也折坏了，却依然奋勇作战。在江陵平定后二十天，刘裕的大军才赶到。王镇恶因功被封为汉寿县子。

义熙十二年（416），刘裕北伐，以王镇恶为龙骧将军，担任前锋。出发前，前将军刘穆之对王镇恶说："从前晋文王把伐蜀的重任交给邓艾，现在刘公也把关中付给王卿，你可得好好努力呀！"王镇恶也爽快地说："我等蒙刘公厚爱，不克咸阳，誓不再渡过长江！"他率领军队深入后秦境内，一路上，战无不克，虎牢、柏谷坞先后被占领，当年十月，进至洛阳，后秦守将姚洸战败投降。当王镇恶等攻克洛阳时，刘裕曾命令他们等候大军齐集时，再西攻长安。但王镇恶因胜而轻进，虽打败秦军，攻据潼关，而后秦军据险而守，一时难以取胜，又加上军粮缺乏，东晋军队陷入了困境。王镇恶连忙派人向刘裕求援。这时，刘裕正率后军沿黄河西进。黄河北岸，北魏军队严阵以待，形势十分紧张，所以刘裕听到王镇恶使者的述说后，非常生气。他让使者打开船上的北窗，指着河岸上的北魏军队说："我早就告诉王镇恶不要轻敌深入，他就是不听！你看现在这个局面，我派得出军队吗?"王镇恶无奈，只好亲自到弘农一带，督劝百姓，征集粮草，百姓竞相送粮，军队又恢复了元气。不久，大军进驻潼关，王镇恶又率水军从黄河进入渭河，水军的船都是艨艟（mēngchōng）小舰，驾船的人都在船内，逆流而上，舰外看不见驾船人。北方素无舟楫，见之无不大惊失色，以为晋军有神灵护佑。到了渭桥，王镇恶命令将士吃过饭，就弃船登岸。渭河水流湍急，眨眼间，所有的船只都被水流冲走了。王镇恶勉励将士们说："这是长安北门外，你们现在已经离家万里，船只衣粮都已被水冲走，哪里还有什么活路?只有背水一战，才能建立大功，否则，我们将死无葬身之地。"然后，他身先士卒，冲进敌阵，士兵们都知道退路已绝，无不奋勇争先，长安城很快就被攻下了。

刘裕后来率领大军赶到，王镇恶亲自到灞上迎接，刘裕慰劳他说："成就我霸业的人，就是王卿啊！"王镇恶说："全仗明公之威，诸将之力，镇恶何功之有！"刘裕听了哈哈大笑。不久，刘裕的谋士刘穆之在建康病逝，刘裕害怕权力他移，就匆匆由长安返回建康。他的儿子、十二岁的刘义真任安西将军，留守长安，由征虏将军王镇恶领安西司马、冯翊太守，担当辅佐捍卫的重任。自从前秦灭亡后，王镇恶流寓东晋，跟随刘裕灭南燕，败卢循，袭败刘毅，屡立战功，在平定长安的战役中，尤有战绩，所以刘裕说王镇恶是成就他霸业的人。

45. 勇将王镇恶是怎样死的?

在留守关中的军将中，安西司马王镇恶最为刘裕诸将所猜忌。王镇恶曾跟从刘裕西征北讨，灭南燕、败卢循、伐刘毅、攻克长安，战绩赫赫。但王镇恶生性贪财，进入长安后，就拼命搜刮金银财宝，窃取府库财物无数，众人心里很是不平。刘裕因为他功劳很大，也不过问。有人举报说，王镇恶私藏原后秦皇帝姚泓的车辇，心存异志。刘裕派人私下打探，发现王镇恶只是剔取车辇上的金银饰物，剔光后，车辇就随意扔掉，刘裕这才放心了。由于留守建康的刘穆之突然病逝，刘裕便留下次子、十二岁的刘义真镇守长安，以王镇恶、沈田子等为辅佐，匆匆返回建康。临走前，沈田子对刘裕说："王镇恶家在关中，不可轻信他。"刘裕说："猛兽不如群狐，留下你们文武将士精兵万人，难道怕他不成！"

听说刘裕返回江南，夏王赫连勃勃马上率兵进逼北地。刘义真派中兵参军沈田子前去迎敌。敌人兵力很盛，沈田子退守刘因堡，派人向王镇恶禀报。王镇恶当着使者的面对安西长史王修说："刘公把十来岁的孩子托付给我们，我们应当竭力辅佐才是，现在拥兵不进，怎么能够消灭敌人？"使者把他的话带回去，沈田子听了又气又怕。不久，沈田子和王镇恶一起来到北地。沈田子约王镇恶到建威将军傅弘之的大营商量军计，暗地屏退众人，让自己的亲信杀掉了王镇恶。傅弘之大惊，忙派人禀报刘义真。刘义真派王修抓住沈田子，以擅杀的罪名将他处死。于是晋军陷入内乱，赫连勃勃乘虚而入，把关中地区又从晋军手中夺了回去。

46. 檀道济立有什么军功?

檀道济，南朝宋的将领，高平金乡（今山东金乡）人。他起初是刘裕的部将，曾跟随刘裕讨伐桓玄，擒获桓玄党羽桓振。卢循及其妹夫徐道覆起义时，攻破很多郡县，一路势如破竹，东晋许多地方官都望风而逃。檀道济跟随刘裕的弟弟刘道规出战，身先士卒，奋勇杀敌，所向披靡，战功赫赫。他先后被任命为武陵内史、中书侍郎等职。

义熙十二年（416年）八月，刘裕率军北伐，分五路前进，遣龙骧将军王镇恶、冠军将军檀道济率领步兵为前锋，向许昌、洛阳一带进发。魏军严防河北，晋军沿河南而行。王镇恶、檀道济所领一军，英勇善战，大军所到，敌军望风而降。他们先后攻下许昌、洛阳，俘获四千多人。有人建议杀掉这些俘虏，堆起来筑成景观以示军威。檀道济说："讨伐有罪之人，慰问平民，才是我们出兵的目的，怎么能够滥杀民众以树威呢？"他下令把俘虏全部放还回家。北方许多少数民族的民众听说了这件事，十分感动欣喜，纷纷前来归顺。后来他率军进入潼关，攻陷长安，功勋卓著，被封为征虏将军、琅邪内史。

宋武帝刘裕即位后，檀道济被封为永修县公。刘裕临终时，他与傅亮、徐羡之等共受顾命，辅佐少帝刘义符。刘义符及其弟庐陵王刘义真昏庸无能，故而徐羡之等谋划要废掉他们。徐羡之把这个计划告诉了檀道济，檀道济不同意，反复争论，但徐羡之决心已定，他也只好跟从。在发起行动的前一夜，檀道济被召入朝，为了行动方便，当晚没有回家，在领军府和谢晦一起休息。谢晦思前想后，辗转难眠，而檀道济倒下便睡，好像没事儿一样，谢晦因此很佩服他。

文帝刘义隆即位后，檀道济晋封武陵郡公。虽然宋文帝是傅亮、徐羡之、谢晦等人所迎立，但文帝内心对他的两位兄长的死耿耿于怀，想伺机报仇，于是在元嘉三年（426）正月，文帝诛杀了徐羡之、傅亮，并派到彦之、檀道济讨伐荆州刺史谢晦。二月，谢晦被俘斩于建康。檀道济虽然参与了废掉少帝的行动，但他并非首谋，也曾多次劝阻过徐羡之，故而宋文帝能够宽宥他，并且继续任用他。

宋文帝自即位以来，一直有恢复北方之志。元嘉七年春，命令到彦之带兵五万北伐，并派使者至魏，说明河南本来是宋的旧土，现在要收复故土。北魏太武帝拓跋焘大怒说："我出世头发还没干时，就知道河南是我的地方，若必来夺，我暂且退让，等到冬天河冰坚固时，我即来取回。"故到彦之进军北上时，北魏河南地区的守军都相继弃城而去，但到十一月，北魏军队又渡河南攻，夺回很多城池，逼近滑台（今河南滑县）。到彦之闻讯后，就放弃滑台，弃甲焚舟，溃退南趋。文帝派檀道济前往援救，已经来不及，檀道济转战至历城（山东济南西），连战二十多天，击敌数十次，打得魏军节节败退，斩获很多敌人。但因滑台已失，粮道又被截断，军粮匮乏，只好撤退。撤退时他为了防止敌人追击，就在夜里让一些士兵用升、斗量沙子，装进粮袋里，还让他们用筹码计数，并大声唱念。粮袋装满沙子后，再把军中剩余的粮食拿出来，覆盖在沙子上。魏军的探马夜里已听到唱念筹码的声音，天亮再一看，刘宋军营里粮食堆积如山，不由得大吃一惊，以为檀道济军粮充足，也不敢穷追，故而檀道济能够全军而返。这就是"道济量沙"的故事。檀道济身经百战，威名远扬，为刘宋王朝立下了汗马功劳。

47. 被视为“国之长城”的檀道济为什么遭到诛杀?

檀道济作为刘宋的开国元勋，屡立战功，威名远扬。宋文帝刘义隆即位后，他被封为永修县公，官拜司空兼江州刺史。他不仅以善于用兵著名，而且他的左右心腹也都是身经百战的勇士，他的儿子们又很有才气，在朝廷内外颇有影响。所以宋文帝一直对他心存疑虑。文帝多年卧病，屡次病危，害怕自己一旦死后，无法控制檀道济。

元嘉十二年（435 年），文帝病重，恰好北魏军队南侵，文帝趁机下令召檀道济入朝。道济的妻子向氏很害怕，对他说：“自古以来，功高者经常为主上猜忌，现在朝廷突然无事相召，恐怕大祸临头了！”檀道济到了京城，宋文帝病已经好转。檀道济在京城留了几个月。第二年春天，就在文帝下令让他回去的时候，他已经上船，还未出发，文帝的病又发作了。文帝的弟弟彭城王刘义康假借文帝的名义，把檀道济追了回来。不久，刘义隆下诏，以密谋造反的罪名，把檀道济及他的儿子们全部处死，他的部将、被当世人比作张飞、关羽的薛彤、高进之也惨遭杀害。

临刑时，檀道济义愤填膺，目光如炬，他摘下头巾往地下一扔，厉声说：“你们这是在拆毁自己的长城！”消息传到北魏，魏人欣喜若狂，他们庆幸地说：“檀道济一死，刘宋就不值得担忧了！”元嘉二十七年，魏帝拓跋焘乘势南下，直趋瓜步（今江苏六合），准备渡江进攻建康。建康大震，内外戒严。宋文帝登上建康城瞭望，环顾四周，他不由得长叹一声：“如果檀道济还在，怎会到今天这种地步！”

48. 胡藩为什么能得到宋武帝刘裕的赏识?

胡藩曾担任桓玄的相国参军。刘裕赶走桓玄，进入建康后，听说胡藩为人正直忠诚，所以也没有追究他的过去，反而对他赏识重用。胡藩也没有辜负刘裕的厚望，跟随刘裕征讨南燕慕容超，攻打卢循，屡立战功。

义熙十年（414），刘裕讨伐继任荆州刺史的司马休之，司马休之派儿子司马文思和竟陵太守鲁轨率兵迎战。交战中，刘裕的女婿徐逵之兵败被杀。刘裕大怒，亲自率领各路大军从马头岸渡过长江，攻打江陵。江岸陡峭，司马文思又严密布防，刘裕的军队在崖壁下无法攀登上去。刘裕命令胡藩派人率先登岸。胡藩看了看光滑笔直的崖壁和岸上重重的堡垒，不禁有些犹豫。刘裕看见他这个样子，火冒三丈，马上命人把胡藩推下去斩首。胡藩不服，说："我宁愿战死在敌人的阵地上。"说完，他用刀尖在崖壁上凿出几个小洞，洞的大小只能容下脚趾。然后脚登着这些小洞，飞身跃上江岸，后面的人紧跟着也上去了。岸上的人倚仗着天险，有些大意，都没想到刘裕的士兵会突然出现在岸上。趁他们还没反应过来，胡藩已经挥刀杀了过来，跟上来的士兵也都拼死一战。司马休之的士兵开始抵挡不住，纷纷后退。刘裕指挥大军发起猛攻，司马休之的叛乱终于被平定了，而建立首功的正是胡藩。

义熙十三年，胡藩跟随刘裕北伐关中，率领军队沿黄河逆流而上。魏军也派出军队屯住黄河北岸，监视东晋军队，并专门派几千骑兵沿黄河跟随东晋船只，以防晋军渡河偷袭。刘裕军队的船只都是逆流西上，只能派一些士兵在南岸用绳子拉着船前进。有时绳子绷断，船只漂到北岸，船上的士兵马上被魏军杀死。有一次，一只装满器械粮草的辎重船又被暴风吹到北岸，被魏军获得。胡藩忍不住心中的愤怒，率领着十几个人驾着小船冲过去。魏军的骑兵有五六百人，看见他们很不以为然，哈哈大笑。胡藩擅长射箭，他一登上岸，就搭弓放箭，一下射倒了十多个人。魏军骑兵大惊失色，赶紧后退。辎重船又被夺了回来。后来他和朱超石一起追击魏军，在半城他们率领的五千士兵被敌人的几万骑兵团团围住，形势十分危急。胡藩和朱超石身先士卒，奋勇拼杀，结果以少胜多，大败敌军。

胡藩屡次征战，战功赫赫，所以刘裕十分赏识他，任命他做参议军事，封他为阳山县男。

49. 张邵一生为官政绩如何?

张邵的父亲张敞在桓玄篡位时担任尚书，因为过失被桓玄降为廷尉卿。刘裕起兵讨伐桓玄时，张邵代父亲向刘裕表示忠诚，刘裕非常高兴，命令部下进攻时不得侵犯张廷尉家。桓玄被缴灭后，张敞被任命为吴郡太守，张邵为扬州主簿。

荆州刺史刘毅有雄才大志，喜欢结交贤俊，很多士人都争相投奔到他的门下，而张邵不去。亲戚朋友问他原因，他说："刘裕是当世人杰，何必多问！"刘裕得知后，对他更加信任，让他担任太尉府参军。张邵尽忠职守，精力过人。刘裕诛杀刘藩时，张邵在西州当值，当夜他就勒令手下把仓库、舟船力夫数目详细登记造册，以备明日使用。第二天一大早，刘裕要查看这些资料，命令刚下，有关资料马上就送来了。刘裕见如此迅速，感到很奇怪，诸曹官员回答："昨晚张主簿就已经让我们整理好了。"刘裕听了，不由得感叹道："张邵真是能替人分忧啊！"

义熙十一年（415），刘裕北伐，张邵留守京都。当时青州刺史檀祇镇守广陵，经常率领部下讨伐逃亡的流民。尚书左仆射刘穆之害怕他发生兵变，就想派兵攻打。张邵劝他说："檀祇占据中流，檀道济在上游，现在如果怀疑他，万一他们联合起来，朝廷马上就面临危险。不如派人前去慰劳他，肯定不会产生后患。"刘穆之采纳了他的建议，檀祇果然按兵不动。

武帝刘裕即位后，张邵因佐命有功，被封为临沮伯。当时把荆州又分出一部分，立湘州，任命张邵为刺史。荆州刺史谢晦谋反时，曾写信联络他，他把信没有拆开，直接派人送给了文帝。

元嘉五年（428），张邵迁征虏将军，领宁蛮校尉、雍州刺史。在襄阳，他兴修堤坝，开垦农田几千顷，因此公私受益，百姓家给人足。当时雍州境内丹、淅两川的蛮人经常作乱。张邵假意宴请蛮族首领，趁机在酒会上把他们杀掉，又派兵围攻他们居住的村子，把他们全部抓住了。张邵这种欺骗的做法，使蛮人对他失去了信任，所以各族蛮人同时起来反抗，占据水陆要道，截断交通。元嘉七年，张邵的儿子张敷到襄阳看望父亲，要返回京城的时候，蛮人想劫持他。刚好，蠕蠕国的使者路过襄阳，蛮人以为他是张敷，就把他劫持了。张邵因此被降号扬烈将军。后来，江夏王刘义恭镇守江陵，张邵做他的抚军长史、南蛮校尉。元嘉九年，他在雍州时营私聚敛二百四十五万钱财的事情败露，被免官削爵。

50. 张敷有什么逸事传世?

黄门侍郎张敷，风韵清雅，喜欢研究文章义理，好读玄言。他年轻时，父亲张邵让他和南阳的高士宗少文谈论《周易》，两人激烈地辩论了几番，宗少文不能赢他。宗少文握着手里的麈尾感叹说：“我的道已经转移到东边去了。”张敷因此声名鹊起。

宋武帝很欣赏张敷，多次召见他，任命他为江夏王刘义恭的抚军记室参军。刘义恭曾向文帝请求派一个沙门讲经，刚好张敷也要返回江陵，文帝就让他带上沙门一起走，并说：“你们路上正好可以说说话。”张敷拒绝了，他说：“臣性情好清净，不喜聒噪。”武帝很不高兴。

张敷小名叫楂，他的父亲小名叫梨。文帝有一次就开玩笑说：“楂的滋味和梨比起来，哪个好?”张敷回答说：“梨是百果之宗，楂怎能和它相比!”张敷出身名门，中书舍人秋当、周赳出身庶族，但是很受文帝信任，两人都掌管要务。因为和张敷是同僚，就一块前去拜访他。周赳有点担心，对秋当说：“他要是不接待我们怎么办? 还不如别去，以免丢了面子。”秋当自负地说：“我们都已官居员外郎了，难道他会不给我们面子?”他们俩到了张敷家，寒暄几句就要坐下。张敷的旁边原本摆设了两个座位，都离墙有三四尺远。看到秋当、周赳要落座，张敷大声命令仆人：“把我的座位移开，离客人远一点儿!”这两人听了，顿时神色沮丧，只好怏怏不快地告辞了。

51. 沈庆之一生都建立过哪些战功?

始兴公沈庆之，是刘宋王朝的三朝元老，他一生屡立奇功。文帝元嘉十九年（442)，雍州刺史刘道产去世，雍州的蛮人各部族乘机作乱。朝廷就任命沈庆之为建威将军，率兵进剿，大败蛮人，威震四方，蛮人纷纷请降。沈庆之患有头痛病，平时总戴着一顶狐皮帽，蛮人害怕他，称他“苍头公”。每当他们看见沈庆之的军队，就吓得互相转告：“苍头公又来啦!”从此以后，雍州的蛮人慑于沈庆之的威势，再也不敢兴风作浪。

元嘉三十年，武陵王刘骏率军驻扎在五洲，讨伐西阳五水间叛乱的蛮人。太尉中兵参军沈庆之都督诸将及兵马，从巴水来到五洲，和刘骏商议对付蛮人的策略。刚好这时刘骏的典签董元嗣从建康赶来，报告了太子刘劭弑父篡位的消息。沈庆之私下对自己的心腹说："刘劭容易对付，东宫中跟随刘劭的将领除少数人外，大多是出于无奈。如果能顺应民心去讨伐逆贼，不怕不成功。"过了几天，沈庆之收到刘劭的密信，让他处决刘骏。沈庆之立刻求见刘骏，刘骏已经听到风声，吓得不敢见他。沈庆之擅自闯进去，把刘劭的信给刘骏看。刘骏看罢信，嚎啕大哭，要求进内室和母亲告别。沈庆之叹口气说："下官蒙受先帝厚恩，常常思考如何报答。现在的事情，我愿意尽心竭力，殿下为什么不相信我呢?"刘骏一听，连忙起身拜谢。他说："我个人及国家的安危，全在将军身上啦!"他把军权全部交给沈庆之。沈庆之立即下令王府内外，整顿军队。十天之内，就完成了备战工作。人们都称赞他的军队是神兵。之后，队伍向建康进发，在新亭一战中，把刘劭的军队打得大败。四月二十六日，刘骏到达新亭，在沈庆之和柳元景的劝说下，刘骏即位做皇帝，这就是孝武帝。沈庆之被孝武帝任命为领军将军，封南昌县公。孝建元年（454），兖州刺史鲁爽起兵造反，沈庆之和左军将军薛安都率军讨伐，临阵一战，斩杀了鲁爽。沈庆之因功晋号镇北大将军，封始兴郡公。

孝武帝大明三年（459），司空、竟陵王刘诞在广陵谋反，朝廷派兖州刺史垣阆和给事中戴明宝前去袭击刘诞，结果惨败。朝廷只好起用已经退休养老的始兴公沈庆之，任命他为车骑大将军，率兵讨伐刘诞。刘诞派人游说沈庆之，企图让沈庆之归顺自己，遭到沈庆之的拒绝。沈庆之到了广陵城下，刘诞登上城楼，大声说："沈公！你已是白首之年，何苦来这里受罪呢!"沈庆之说："朝廷认为刘公又狂妄又愚蠢，不值得劳动青壮年，所以派我来了。"刘诞一下子说不出话来。他又派人给沈庆之送去酒食，表示犒劳。沈庆之看也不看，就让人烧了。刘诞又要求沈庆之替他转交奏章，给他一个解释的机会，沈庆之也拒绝了。广陵城非常坚固，沈庆之烧了广陵城东门，填平了护城河，各种攻城的器具都用上了，也未奏效。每次攻城，沈庆之总是身先士卒，奋力拼杀。经过几个月的战斗，广陵城终于被攻克，刘诞被杀。沈庆之功勋卓著，被晋位司空，他坚决推让不受。

孝武帝驾崩时，沈庆之与柳元景等同受顾命，辅佐太子刘子业即位。刘子业荒淫残暴，朝廷大臣人人自危，朝不保夕。沈庆之虽然年届八十，出于对国家命运的忧虑，仍然多次对刘子业直言劝谏，惹得刘子业很不高兴。屡建功勋的沈庆之最终被刘子业派人杀死。

52. 柳元景一生都建立过哪些功勋?

柳元景少年时就擅长骑马射箭，以英勇著称。文帝时，雍州刺史刘道产死后，雍州境内的蛮人乘机作乱，柳元景被任命为建威将军，在沈庆之率领下讨伐群蛮。他领兵到了雍州之后，出谋划策，斩获蛮人数以百计。从此，雍州蛮人再也不敢兴风作浪，境内安宁。

元嘉二十七年（450），朝廷大举北伐，让各镇都派出军队。广陵王刘诞镇守襄阳，他任命建威将军柳元景，率领尹显祖、鲁方平、薛安都、庞法起、田义仁的各路军队出发。十一月，柳元景进入弘农（今河南灵宝）。诸将都已开进陕郡，在陕郡城下汇集。魏军凭借黄河天险，严防死守。宋军多次进攻，都未能奏效，只好在城南严阵以待。北魏援军赶来，派轻骑冲击宋军，宋军无法抵御。薛安都大怒，脱去盔甲，单枪匹马冲入敌阵，所向披靡。宋军顿时士气大振，他们鼓噪向前，与魏军进行殊死搏斗。柳元景在弘农筹集粮草，早在魏援军到来之前，鲁方平的信使就来告急，说各路军队的粮草只能支撑几日。柳元景就派军副柳元怙率领步兵骑兵两千，轻装急行，一夜就把粮草运到陕郡。第二天一早，宋军、魏军又展开战斗，从日出到日落，宋军将士越战越勇，魏军纷纷丢盔弃甲，夺路而逃，有三千多人被斩首，陕郡终于被平定。然而，刘宋参加北伐的其他各路军队全部失败，并招致魏军深入刘宋境内。文帝刘义隆认为柳元景不宜孤军深入，便下诏让他们班师。当柳元景返回襄阳时，广陵王刘诞也亲自出城，下马相迎。

文帝元嘉三十年三月二十七日，武陵王刘骏向各地发布讨伐刘劭的檄文，并率兵前往京都。他任命柳元景为咨议参军，并给他选配了一万名精兵，作为前锋部队。柳元景进军至新亭，依山据险，修筑工事。在和刘劭军队的战斗中，将士奋力拼搏，把刘劭的兵马打得溃不成军，刘劭只身逃走。刘骏到达新亭后，即位做了皇帝，即宋孝武帝，柳元景因功被升为侍中，兼左卫将军。

孝武帝孝建元年（454），南郡王刘义宣和江州刺史臧质兴兵谋反。刘骏派左卫将军王玄谟率水军屯驻梁山，垣护之、薛安都等屯驻历阳，柳元景屯驻采石。柳元景把精兵都派遣去援助王玄谟，让他们多张旗帜迷惑敌人。敌兵远远望去，好像有几万人，以为朝廷的军队都来了，心生畏惧，所以朝廷军队一战大捷。柳元景被封晋安郡公。

柳元景一生功勋卓著，立身清廉。孝武帝临终时，他与江夏王刘义恭、尚书仆射颜师伯同为顾命大臣，受遗诏辅佐幼主。但他最终也和沈庆之一样，死在了暴君的刀下。

53. 徐广有哪些著述流传?

中散大夫徐广出身于诗书世家，他嗜好读书，学问渊博。虽然家境贫寒，他却从不在意。妻子很不满意，经常责怪他，他仍然不去经营产业。这样十几年过去，他的家里更加窘迫，妻子也走了。晋孝武帝听说他博学，就征召他为秘书郎，特意在书秘阁增加了一个职位。

桓玄篡位时，晋安帝被迫出宫，徐广当时泪如雨下；宋武帝刘裕接受禅让，晋恭帝退位时，徐广又痛哭不已。谢晦见了，对他说：“徐公没有什么过失啊，为何如此伤心?”徐广说：“我和你不同，你辅佐新王登基，机遇千载难逢；而我蒙受晋朝厚恩，不能不眷恋故主。”说完，他更加伤感。

徐广历任秘书郎、祀部郎、著作郎等职，校对书籍，商定礼仪，著述很多。他的著作有《车服仪注》、《晋纪》四十二卷以及《答礼问》一百多条，流传于世。

54. 裴松之的生平情况如何?

裴松之（372～415），字世期，河东闻喜（今山西闻喜）人，是南朝刘宋时著名的史学家。他博览群书，才华出众，二十岁时，就担任东晋殿中将军，在宫内值宿，以备皇帝顾问。义熙初年，他出任吴兴故彰县令，很有政绩。不久，又入朝担任尚书祀部郎。

东晋末年，刘裕北伐，兼领司州刺史，裴松之任他的司州主簿。后来他又历任零陵内史、国子博士、中书侍郎等职。文帝元嘉三年

(426)，徐羡之等人被诛杀后，他奉诏巡行湘州。回来后，担任中书侍郎。文帝刘义隆让他注释陈寿的《三国志》。他打破传统注法，不重训诂，而是注重史实的增补考订，兼采众书达一百五十种，注文内容超出原书的几倍，开创了注释史书的新体例，也保存了大量可贵的史料。刘义隆看过之后，赞叹地说："裴世期完成了一项不朽的事业！"

裴松之后来又担任永嘉太守、中散大夫、太中大夫等职。元嘉二十八年（451），裴松之去世。他的儿子裴骃也以注史著称，裴骃的《史记集解》是有名的《史记》三家注中的第一部。

55. 孔靖是怎样进入仕途的?

孔靖，字季恭，会稽山阴人。东晋末年，他母亲去世，他回家乡为母亲守丧。刘裕讨伐孙恩时，多次到会稽，路过孔靖的家。有一次，孔靖正在睡午觉，梦见一个神仙对他说："快起来，天子在门口。"说完就不见了。孔靖一下子醒了，就赶快走到门口，刚好看见刘裕经过。他马上就邀请刘裕到他家里，摆开酒宴，热情地招待刘裕，并且拉着刘裕的手说："足下以后肯定能身至大贵，到那时还请你多多关照。"刘裕临走时，他送了很多的钱财作为军饷。

刘裕后来再次东征孙恩时，荆州刺史桓玄篡位的迹象已经很明显，刘裕想在山阴起兵反对。孔靖认为山阴路途遥远，而且桓玄还没有公开谋反，不如等他行动后再从京口起兵不迟。刘裕采纳了他的建议。当时会稽内史是虞啸父，孔靖向他请求做府司马，虞啸父没答应。孔靖听说刘裕在京口，就前往京都去投奔他。恰好这时刘裕平定了桓玄，任命孔靖为会稽内史，派使者前往会稽授官，孔靖和使者在半路上相遇了。孔靖便调转船头，和使者一起连夜赶回会稽，叫开了城门。原来的会稽内史虞啸父是桓玄授予的，他听说桓玄已经失败，朝廷使者前来，便开门请罪。孔靖安慰了他一番，让他当晚仍然住在府衙，等天亮了再搬出。孔靖到任之后，整肃风纪，郡内大治。孔靖在东晋时由会稽内史一直做到吴兴太守，并在义熙十二年（416）随刘裕北伐。刘裕建宋后，拜他为侍中、特进、左光禄大夫。

56. 朱龄石有什么事迹见于记载?

朱龄石，南朝宋的将领，从小好武，狂放不羁。刘裕攻克建康后，任他为建武参军。他跟随刘裕伐桓玄时，向刘裕请求跟在大军的后面。刘裕问他原因，他说因为家中几代人都受过桓氏的厚恩，不忍心以兵戎相见。刘裕为他的义气感动，答应了他。

朱龄石后来出任武康县令。豪强姚系祖聚集亡命之徒，抢劫偷窃，横行不法，历任地方官都畏惧他势力强，不敢讨伐。朱龄石到任后，假装和他亲近，又召他做参军。姚系祖倚仗着徒党众多，想着朱龄石也不敢把他怎么样，就出来接受任命。朱龄石趁机杀了他，并派官兵捕杀了他的帮凶同党，境内从此才得到安宁。

东晋义熙九年（413），刘裕准备讨伐蜀地，任命朱龄石为益州刺史兼西征元帅，并把宁朔将军臧熹、河间太守蒯恩、下邳太守刘钟等猛将劲卒两万人交给他。许多人认为朱龄石资历太浅，况且臧熹又是刘裕的妻弟，怕他难负重任，纷纷劝刘裕换人，刘裕不听。他和朱龄石谋划说：“以前刘敬宣从黄武进军，没有成功，敌人以为我们这次应当从外水进攻，而又怕我们出其不意地来到内水。这样，他们重兵把守涪城，封锁内水。我们如果向黄武进军，就中了他们的圈套。为了迷惑敌人，我们兵分两路，一路自外水直捣成都，一路进军内水。”谋定之后，刘裕害怕计划泄漏出去，让敌人得知，就把它写在密函中，函上写着：“到白帝城再打开。”

第二年六月，大军抵达白帝城，朱龄石打开密函，里面写着：“大军从外水进攻成都，臧熹从中水进攻广汉，老弱将士乘十几条高大的战船从内水向黄武进发。”朱龄石马上按计划部署兵力，投靠后秦的蜀王谯纵果然上当，派大将谯道福以重兵镇守涪城，防止晋军从内水进攻。而派秦州刺史侯晖、尚书仆射谯铣等率万余人屯守彭模。朱龄石的军队很快就到了离成都有二百里的彭模。大家都认为彭模城北地势险要，敌兵又多，不如先攻城南。朱龄石说：“要打就集中兵力打北城，北城攻克，南城不战自溃。”七月，晋军向北城发起猛烈进攻，从早晨一直战到太阳西斜，才控制了北城，杀掉守将侯晖、谯铣。随即回师南城，南城不战而得。朱龄石率领军队继续向成都进逼。将军朱林在广汉击败谯道福，又分兵攻下牛脾城，杀了蜀军大将谯抚。蜀王谯纵见各处都败退了，形势不妙，便逃出成都，他和大将谯道福都被百姓抓住，送给晋军。朱龄石顺利地进入成都，除了谯纵一家被杀掉以外，其余人一概并不追究，蜀地又重归东晋。战前众人对刘裕任命朱龄石颇多疑虑，结果朱龄石一战告捷，大家不得不佩服刘裕的知人善任和朱龄石的才能。朱龄石因功被封为丰城县侯。

义熙十四（418）年，驻守关中的晋军发生内乱，长安告急。刘裕命朱龄石都督关中诸军事，代替刘义真镇守长安，并嘱咐他如果关中实在守不住，就和刘义真一起返回。朱龄石一到长安，刘义真就放纵部下大肆抢掠，然后撤出长安。夏军几万人在后面紧紧追赶，而刘义真的车上装满了抢来的珍宝，速度缓慢，被夏军追上，将士伤亡惨重，刘义真单骑逃脱，朱龄石则战败被杀。

57. 朱超石在北伐姚兴的战争中有何功勋?

朱超石，朱龄石之弟，果断勇敢，擅长骑射。东晋北伐后秦时，他作为后军的前锋，率先乘船顺黄河西上。姚兴的女婿、魏明元帝拓跋嗣派其弟黄门郎鹅青、冀州刺史乙旃眷、襄州刺史拓跋道生、青州刺史阿薄干率领步兵、骑兵十万，屯驻在黄河北岸，监视东晋军队，还经常派出几千名骑兵沿黄河跟随晋军船只，以备东晋军队渡河偷袭。

由于东晋的船只是逆流而上，所以只能派一些士兵在南岸当纤夫，用绳子拉着船走。河水湍急，有时绳子绷断，船只漂流到北岸，船上的人就被魏军杀死。如果晋兵登上北岸，魏军马上退走，晋军一回到船上，魏军就又出现，十分让刘裕头疼。

为了对付魏军，刘裕派部将丁旿（wǔ）率七百人登岸，在黄河北岸距水一百多步的地方，用一百辆战车摆下却月阵，每车安排七个人，阵地两端与黄河相接。一切部署停当，丁旿就竖起一根白旄，朱超石按照刘裕吩咐，马上带着两千人冲上去，每辆车增加二十人，并设下大弩弓一百张。魏军开始不知道晋军在做什么，也没敢过来，到这时才明白晋军是在布阵，他们一下子包围过来。朱超石命令士兵用软弓小箭射敌人，魏军认为晋军人少势弱，就从四面围了上来。拓跋嗣又派南平公拓跋嵩率三万骑兵前来增援。朱超石一看魏军都围过来，便下令百弩齐发，但是敌人众多，弩弓制止不了他们的进攻。朱超石拿出事先准备好的一千多条槊（shuò），每条槊都截成三四尺长，双方肉搏战时，他让士兵用槊对准敌人，再用锤子捶击，一槊往往能穿透三四个敌人。魏军吓坏了，一下子四处溃散，阿薄干也被晋军杀死，魏军退回半城。朱超石率兵追击，又被敌人堵截包围，奋战了一天，敌军死伤过千，终于退走。刘裕派振武将军徐猗之领五千人马向越城进攻，被魏军包围，朱超石前去援救。魏军一听是朱超石来了，吓得一下子逃走了。就这样，东晋大军顺利地逆河而上，使已经深入后秦的前军有了可靠的后援。朱超石也因功被封为中书侍郎，晋爵兴平县五等侯。

58. 刘义真的生平事迹如何?

刘义真（406？～424），为南朝宋武帝刘裕第二子，初封为桂阳县公，十二岁时，随父刘裕北伐。刘裕讨平关中后秦，因急于夺权而匆匆返回建康。刘裕东还时，留下刘义真为雍州刺史，加都督，命王镇恶、沈田子等人协助刘义真镇守关中。

当时，北方大夏赫连勃勃屡次进犯关中，而沈田子与王镇恶关系不睦。晋安帝义熙十四年（418），沈田子诬杀王镇恶，长史王修又杀死沈田子。左右称王修又欲谋反，刘义真于是又诛杀王修。连环的诛杀，导致人心离散。刘裕派遣右将军朱龄石代替刘义真镇守关中，召回刘义真。刘义真诸将趁机掳掠财物、女子，行动缓慢，结果被大夏兵追赶，大败于青泥（今陕西蓝田）。刘义真仓皇逃归建康后，于刘宋永初元年（420）被封为庐陵王，不久，自司徒迁官南豫州刺史，镇守历阳（今安徽和县），未到任而刘裕病卒。刘义真与当时著名文士谢灵运、颜延之以及高僧慧琳等人交往密切，曾称："得志日，以谢灵运、颜延之为宰相，慧琳道人为西豫州刺史。"为司空徐羡之所忌恶，曾使人加以劝诫，刘义真不以为意。当时，专权的徐羡之与谢晦谋划废黜宋少帝刘义符，刘义真按照位次当立为帝。但徐羡之等人以刘义真举止轻浮不堪大任，遂以其与少帝关系不睦为由，将其废为庶人，并于少帝景平二年（424）派人将刘义真杀死，之后立刘义隆为帝（即宋文帝）。

59. 彭城王刘义康为什么被杀？

刘义康（409～451），小字车子，为宋武帝刘裕第四子。刘裕建宋时，封他为彭城王。历任南豫州、南徐州刺史。宋文帝元嘉三年（426），改授荆州刺史。元嘉六年，征为司徒、录尚书事，与王弘共同辅佐朝政。元嘉九年，王弘卒，刘义康又代领扬州刺史，总揽朝政。元嘉十二年，又加太子太傅。刘义康少时聪慧明察，但疏于学术，黯于大体。专政之后，一切生死大事，皆决于己，一时权倾天下。元嘉十六年，刘义康晋位大将军，领司徒。刘义康虽然勤于政事，毫无倦怠，但因不明大体，自认为兄弟至亲，可以不拘君臣之礼，时常率性行事，而毫无忌讳。当时四方贡献朝廷之物，都以上品献于刘义康，而以次等进献皇室。一年冬日，文帝刘义隆品尝柑橘，慨叹质量低劣。刘义康却说："今年柑橘有很多质量上乘者。"随后取出其所藏之柑，果然又大又好。其时，因宋文帝多病，刘义康于是与太子詹事刘湛等人结为朋党，有所图谋，而与文帝之间的矛盾逐渐显露。刘义隆担心事态有变，于元嘉十七年收斩刘湛等人。刘义康被迫上表逊位，被改授江州刺史，出镇豫章（今江西南昌），实际已被幽禁。元嘉二十二年，太子詹事范晔等人谋反，累及刘义康。刘义康全家被免为庶人，迁于安成郡。元嘉二十四年，豫章胡诞世等密谋拥戴刘义康，不久又值北魏入侵瓜步，引起天下骚动。宋文帝担心刘义康割据作乱，于元嘉二十八年正月命严龘持药令其自杀。刘义康不肯服药，称："佛教中说，自杀之人不能转世为人。"严龘于是用被褥将其掩杀。

60. 江夏王刘义恭为什么能大权独揽？

刘义恭（413～465），为刘裕第五子，自幼聪明俊秀，深得刘裕喜爱。宋文帝元嘉年间，封江夏王，历任徐州、荆州、南兖州等州刺史。因刘义恭奢侈不节，文帝义隆特地作书告诫，要求凡事都应缜密。元嘉十六年（439），晋位司空；二十一年，晋位太尉，领司徒之职。刘义恭处事小心谨慎，不揽权越位，因此刘义隆对其不生怀疑之心，对其奢侈行为甚至也加以纵容。

元嘉三十年，太子刘劭杀其父文帝，自立为帝，召刘义恭为太保。刘骏（即宋孝武帝）发兵征讨刘劭，刘劭挟持刘义恭出战，刘义恭无法自拔。后来刘劭战败，刘义恭单马南奔刘骏，结果其十二子全部被刘劭所杀。刘义恭至刘骏处，即劝刘骏称帝。刘劭被讨平后，刘义恭晋位太傅，领大司马之职。孝武帝孝建二年（455），刘义恭为扬州刺史，加入朝不趋、剑履上殿等殊礼。后又晋位太宰，领司徒。刘骏卒时，遗诏刘义恭与柳元景共同辅政。前废帝刘子业即位后，狂悖无道，刘义恭、柳元景谋划废立，结果被刘子业所杀，并被断去四肢，分裂腹胃。

61. 傅弘之的仕宦情况如何?

傅弘之，字仲度，北地泥阳（今甘肃宁县东南）人，少年时风流倜傥，胸怀大志，擅长骑射。桓玄篡位时，庾仄在南阳起兵，傅弘之和庾仄的侄子庾彬密谋杀掉荆州刺史桓石康来响应他。结果计划泄漏，庾彬被杀，傅弘之被拘禁在狱中。桓玄认为他并非主谋，又没有什么势力，就把他放了。后来傅弘之跟随刘裕讨伐桓玄，西征司马休之，官拜建威将军、顺阳太守。

义熙十二年（416年）八月，刘裕率军北伐后秦姚泓，兵分五路前进，建威将军傅弘之和扶风太守沈田子领一路军队向武关进发。他们攻入武关，进驻青泥（今陕西蓝田），威慑长安。姚泓想先消灭沈田子军队，除去后顾之忧，然后亲自带兵抵抗刘裕，就率几万人突袭青泥。傅弘之、沈田子军士不过几千人，但人自为战，奋勇冲击，结果大败秦军，杀伤俘获敌军一万多人，姚泓溃不成军，逃回灞上。王镇恶领水军自黄河进入渭水，攻陷长安，姚泓率百官投降。义熙十三年九月，刘裕大军抵达长安，因刘裕的谋士、留守建康的刘穆之病逝，刘裕害怕权力转移，只好匆匆由长安南回。他留下儿子刘义真镇守长安，王镇恶、王修、沈田子、傅弘之等将领留下辅佐刘义真，傅弘之官拜雍州治中从事史、西戎司马、宁朔将军。刘裕一走，夏王赫连勃勃趁机率领大军进逼长安，赫连勃勃两次与傅弘之交战，都被打败。但这时驻守关中的晋军发生内乱，人心离散，很多郡县纷纷向夏军投降，晋军不得不撤出长安。在撤离的时候，夏军几万人在后面紧紧追赶，而刘义真和将士们临走前搜罗了大量财宝，装满车子，走得很慢，终于在青泥被夏军追上。两军在青泥大战，晋军将士伤亡惨重，傅弘之身披盔甲，英勇杀敌，但终因寡不敌众，战败被俘。夏军逼迫他投降，他宁死不屈。当时天寒地冻，敌人剥光他的衣服想冻死他，他骂不绝口，最后被杀害，终年四十二岁。

62. 滑台之战是怎么回事？

元嘉二十七年（450），宋文帝因一心想收复被北魏夺去的大片土地，自恃国力强盛，不听劝阻，发动战争，结果在滑台一战失利，使“元嘉盛世”随之结束。

450年春，北魏太武帝拓跋焘进攻刘宋悬瓠城（今河南汝南）不克，被迫撤军。宋文帝则组织兵力准备北伐，建威将军沈庆之极力劝谏，以为久不用兵，恐难得志，文帝置之不理。宋军于是兵分两路，东路主力由王玄谟任前锋，沈庆之协助，向北渡过黄河进攻碻磝（qiāoáo，今山东茌平西南）、滑台（今河南滑县东）；西路军由柳元景指挥，进讨关中。当时因兵力不足，“悉发青、冀、徐、豫、二兖六州三五民丁。”东路军主将王玄谟贪财好利，魏碻磝守兵弃城，宋军进攻滑台时，部下建议以火箭焚烧城内草屋，遭到王玄谟拒绝；北方汉人积极相助，王玄谟却又不予善待，致使北方汉人纷纷逃走。宋军进攻滑台数月不下，魏太武帝则调集主力，进逼滑台城外。王玄谟虽然“军众亦盛，器械甚良”，却在惊慌之下，望风而逃。魏军收缴宋军战利品，堆积如山。此时柳元景一路已攻取卢氏（今属河南），并攻占潼关，“关中豪杰，所在蜂起”，但因王玄谟一路败退，也只好撤军回还。魏太武帝则乘势南下，于当年十二月准备渡江进攻建康，江南上下震惊。魏军虽未能渡江，但却使刘宋人力物力大伤。从此城乡萧条，元嘉之政衰微。

63. 刘劭叛乱是如何被平定的？

刘劭，宋文帝刘义隆长子，元嘉六年（429）立为皇太子。刘劭善于御兵，很得文帝爱赏。后来，有女巫严道育进入宫中，刘劭与其弟始兴王刘浚以“天师”敬事严道育，于是共为巫蛊（巫师用邪术加害于人），琢玉做文帝像，埋于殿前。事发后，文帝仍然不忍加罪。元嘉三十年，文帝有废太子之意，刘劭则先发制人，弑杀文帝，自立为帝，改元太初。

宋文帝第三子武陵王刘骏（即宋孝武帝）闻讯，在大臣沈庆之的帮助下，随即起兵讨伐刘劭。刘骏命柳元景等统率三万军队，进攻建康。刘劭自恃熟悉军事，不听劝谏，坐失战机，致使人心离散。柳元景乘势进攻，刘劭军队大败。柳元景进逼刘劭，江夏王刘义恭逃奔刘骏，刘劭怒杀刘义恭全部十二个王子。刘骏至新亭（今南京南）时即皇帝位。柳元景等军队很快攻破建康，刘劭及其四子被擒杀，刘浚及其三子也被杀死。

刘劭弑父自立，虽很快败亡，但却使刘宋皇室内乱大开，史称其为“元凶”。

64. 刘诞叛乱的结局如何?

刘诞，宋文帝第六子，元嘉二十年（443）封广陵王。刘劭杀父自立后，刘诞举兵讨伐。事平，孝武帝刘骏改封刘诞为竟陵王。后讨平南郡王刘义宣叛乱，因屡建功勋加之府库精良而受到孝武帝的猜忌，被调任南徐州刺史，镇守广陵（今江苏扬州东北）。刘诞因此也加强了戒备，朝野上下纷纷传闻刘诞即将反叛。

大明三年（459），孝武帝又贬刘诞为侯，并派遣车骑大将军沈庆之率军讨伐。刘诞焚烧村镇，驱使百姓入城，并打算联合诸王起兵。沈庆之进逼广陵，刘诞部下多有投降，形势急转直下。刘诞眼见各路大军纷纷聚集，打算弃城出逃，被部将周丰生告知沈庆之。沈庆之挥师追击，因其人众去留意见不一，刘诞终于又为部下劝回。大明三年七月，沈庆之率众攻城，外城很快被攻破，大军乘势而入。刘诞走投无路，情急之下，企图投水自杀。结果被沈庆之部下擒杀，同党也全部被诛。刘骏一怒之下，下令将城中男子，不论老少，全部诛杀。沈庆之请求赦免五尺（约合今一点二米）以下男童，于是五尺以上男子全部被杀，死亡达数千人，女子则被赏给军人。

65. 平定刘景素之乱的结局如何?

刘景素，宋文帝刘义隆之孙，建平宣简王刘宏之子。刘宏因爱好文籍而被文帝所宠爱，刘景素也自幼喜好文艺。大明四年（460），刘景素被授以宁朔将军等职，负责南豫州及豫州军事。元徽二年（474）桂阳王刘休范起兵叛乱，刘景素虽然以朝廷名义率军讨伐，但实际却首鼠两端。刘休范被平，刘景素加封镇北将军。

当时，因宋文帝诸子已死，而刘景素在孙辈中年龄最长，又能好学礼士，加之后废帝刘昱在位（472～477）凶暴失道，朝野内外均瞩目于他。刘景素因此遭到废帝亲信的忌惮。元徽三年，刘景素部下王季符因得罪而心生怨恨，逃奔京师告刘景素准备反叛。朝廷意见不一，刘景素镇北将军等职被夺。后废帝的日益狂悖令朝野更加失望，废帝心腹对刘景素则更加猜疑，刘景素也逐渐有戒备之心。废帝喜欢单马出行，刘景素部下打算趁机作乱，屡次被刘景素制止。元徽四年，因传闻京师已乱，刘景素随即起兵，数千人响应。朝廷召集萧道成等率大军进行讨伐。刘景素打算占据竹里（今江苏句容北），以抗拒台军（中央军队），其部下建言应当以逸待劳，诱使台军出战，以一举歼灭。刘景素犹疑不决，致使贻误战机，造成被动。部下逐渐叛逃，刘景素终于被擒杀，时年二十五岁。刘景素之子也全被诛戮。

刘景素反叛有其不得已的一面，刘宋王室的自相残杀加速了宋王朝的灭亡进程。

66. 徐羡之为什么自缢而死?

徐羡之，东海（今山东）人。年少时和宋武帝刘裕在一起共事，交情极好。刘裕北伐时，他留守建康，辅佐刘穆之内总朝政，外供军需。刘穆之死后，徐羡之为丹阳尹，总揽政务，代替刘穆之的位置。刘裕即位后，徐羡之因功封南昌县公，位至司空，加扬州刺史。

徐羡之出身寒门，学问不多，但却很有气度涵养。他在朝中，上下心悦诚服，都认为他有宰相的声望。他性情沉默寡言，喜怒不形于色。棋艺很高，但观看别人下棋，常常好像不懂的样子，有君子观棋不语之风。他曾与大臣傅亮、谢晦宴饮，这两人博学多才，极善论辩，在宴会上高谈阔论，滔滔不绝，而徐羡之风度安闲，在适当的时候才说上一两句，郑鲜之不由得感叹："观徐、傅的言论，我不敢再以有学问为长处来评判人了。"

刘裕称帝后不久就病死了，徐羡之、傅亮、谢晦、檀道济四人为顾命大臣，辅佐刘裕长子、宋少帝刘义符做皇帝。但刘义符昏庸无道，沉溺于声色犬马之中，谢晦和徐羡之、傅亮合谋，废掉刘义符，随后又派人杀掉他。废刘义符之后，依照次序庐陵王刘义真当立，徐羡之等人认为刘义真举动随意，贪婪成性，不能胜任，也杀死了他，而迎立刘裕第三子刘义隆为帝，这就是宋文帝。

文帝即位，表面上为徐羡之等加官晋爵，但内心却对两位兄长的死耿耿于怀，伺机报复。元嘉三年（426），刘义隆准备诛杀徐羡之、傅亮和谢晦，首先下令召徐羡之、傅亮进宫。当时谢晦的弟弟谢皭（jiǎo）正在宫中值班，探知消息，马上派人通报傅亮。傅亮派人给徐羡之送信，徐羡之逃到郊外，但无路可走，自缢身亡。

67. 傅亮专制国柄为什么却被诛杀?

傅亮，南朝宋大臣，在东晋末，担任中书黄门侍郎。此时宋王刘裕经过西征北伐，早已消除了异己，建立了很高的声望和政治资本，大权在握。他觊觎皇位已久，晋恭帝司马德文也不过是一个用来遮人耳目的傀儡，但究竟怎样冠冕堂皇地登上皇位，他绞尽脑汁，想出了一个办法。

有一天，刘裕特地摆下酒席，宴请群臣。席间，他对大家说："自从桓玄篡位，帝位就已经转移了，是我首倡大义，复兴皇室。多少年来，我南征北战，出生入死，平定四海，才有今天的尊贵地位，现在我已是垂老衰弱之年，我想回京都去养老，诸位以为如何?"大家都没有领会他的意思，只是一味地歌功颂德。刘裕大失所望，却也无可奈何。

中书令傅亮却注意到了刘裕的话，他回去后反复琢磨，终于恍然大悟，明白了刘裕的用心。他连夜进宫，求见刘裕。这时天色已晚，宫门紧闭，刘裕正在灯下冥思苦想，听说傅亮来见，顿时眉头一展。他知道傅亮博学多才，对时事洞若观火，一定知道自己的心意，于是就迫不及待地让人把傅亮带了进来。傅亮进来，对刘裕说：“臣暂时要回京都一趟。有要事要办。”刘裕心头豁然一亮，不再多说，只是问：“你需要多少人相送?”傅亮说：“有数十人就够了。”说罢，傅亮便与刘裕告辞，星夜赶回建康。

傅亮到建康后，他首先派人把皇宫内外控制起来，然后觐见晋恭帝，强迫晋恭帝把刘裕召回京都，辅佐朝政。刘裕一到京都，傅亮马上逼晋恭帝让位。永初元年（420）六月，刘裕正式接受司马德文禅位，成为刘宋的第一代皇帝，而傅亮因功被封为建城县公，进入中书省，专门执掌皇帝诏命，表策文诰，均出自他的文笔，深受刘裕重用。

宋武帝刘裕临终时，傅亮与谢晦、徐羡之、檀道济同为顾命大臣，辅佐刘裕长子、少帝刘义符。后因刘义符昏庸无道，沉湎声色，几位顾命大臣废掉了他。刘义真为刘裕次子，依照次序应当即位，也因贪婪无能被杀。因此，他们便把刘裕的第三子刘义隆迎立为皇帝，即宋文帝。做了皇帝的刘义隆对两位兄长的被杀一直耿耿于怀，表面上为傅亮加官晋爵，内心则一直伺机报仇。宋文帝元嘉二年（425）冬天，刘义隆准备诛杀几个顾命大臣。经过一番策划，他首先下令召徐羡之和傅亮进宫。傅亮得到消息，借口嫂子有病，拒绝进宫，又派人给徐羡之送信，自己一个人乘车逃到城外，被追兵截获，终被杀。

68. 王华是怎样登上高位的?

王华，王昙首的堂兄。十三岁时，他父亲起兵讨伐王恭，兵败逃走，王华当时在军中，哥哥被杀，他就随着一个僧人出逃。后来遇到大赦，他返回家乡，因为不知父亲的消息，便在家呆了十几年，过着简朴的生活，不外出求官。刘裕北伐长安时，听说王华有才，就请他做自己的主簿。宜都王刘义隆出镇江都时，任命王华为西中郎主簿，而把政事都委任给他的司马张邵。王华嫉妒张邵，张邵喜好奢华，出入经常是高车驷马，前呼后拥，王华就只坐人拉的小车子，身边随从二三个人。有一次在路上，王华远远望见张邵的车来了，假装不认识，对身边的人说：“前面的车仪仗盛大，肯定是殿下的车。”于是下了车，恭恭敬敬地侍立在路边，等到张邵过来了，又故意做出吃惊的样子。后来这件事传到刘义隆的耳朵里，刘义隆很不高兴，王华又借机弹劾张邵白服登城，刘义隆大怒，免去张邵的官职，而由王华代替他的职务。

宋武帝刘裕死后，太子刘义符即位，傅亮、徐羡之等人辅政，景平二年（424），他们杀掉刘义符及武帝次子刘义真，派人迎接荆州刺史刘义隆进京即位。当迎接刘义隆时，因刘义符、刘义真相继被杀，刘义隆及其部下都心怀疑虑，不敢入京。司马王华劝刘义隆说："先帝建立大功，四海所服。虽然少帝失德，但是人心未散。徐羡之不过是个中才寒士，傅亮是个布衣书生，未必有什么称帝的野心，不过是想拥立一位年轻的皇帝，便于掌权而已。现在殿下进京，应该是万无一失的。"听了王华的话，刘义隆决定东下。当年八月，刘义隆在建康登基，即宋文帝，王华因功被任命为侍中、右卫将军。宋文帝刘义隆不愿大权旁落，在元嘉三年（426）正月，又采用王华、王昙首的计谋，诛杀了徐羡之、傅亮等人。就这样，权力逐渐集中在文帝手中，王华也因此受到了文帝的宠信，一步步登上高位。

69. 谢晦为什么能得到宋武帝的赏识?

谢晦，字宣明，陈郡阳夏（今河南太康）人。东晋末年，太尉刘裕执掌朝政，刘穆之推荐谢晦担任他的太尉府参军。有一次，刘裕要审问囚犯，主管刑狱的参军却突然发病，只好临时让谢晦来代替。谢晦乘车赶来，在车中匆匆翻阅了一下卷宗，就进来见刘裕。相府的案件堆积得很多，刘裕一一询问，谢晦都能随即应对，毫无差错。刘裕很惊奇，当天就任他为刑狱贼曹（官名）。

义熙八年（412），朝廷实行土断，要把南渡的侨民编入国家户籍，以增加赋税。当时各州郡在执行过程中有一些藏匿户口的现象，而谢晦在扬州、豫州的工作，大家都认为很公允。义熙十年，谢晦跟随刘裕西讨司马休之。在破冢一战中，刘裕的女婿、振威将军徐逵之兵败身亡。刘裕怒不可遏，就亲自率领各路大军，渡过长江，攻打江陵。江陵防守严密，江岸陡峭，很难爬上去进攻敌人。刘裕穿上铠甲，准备亲自攀登。将领们纷纷劝阻，刘裕根本不听。太尉主簿谢晦抱住刘裕，不放他走。刘裕大怒，拔剑呵斥道："我杀了你！"谢晦坚定地说："天下可以没有谢晦，却不能没有刘公！"正好这时胡藩已经用刀凿壁，率领士兵登了上去，刘裕方才作罢。义熙十三年，谢晦跟随刘裕北伐，刘裕把内外要务都委任给他。刘裕的谋士刘穆之留守建康，总揽朝政。刘穆之每次派人到前方向刘裕汇报，谢晦总要发表一些意见，刘穆之很生气。后来刘裕想把谢晦升做从事中郎，刘穆之坚决不同意。刘穆之死后，谢晦当日就被任命为从事中郎。

刘裕建宋登基之日，谢晦领军护卫。后来谢晦担任领军将军、散骑常侍，总领宿卫军，保卫皇宫安全。谢晦风姿优美，面目俊朗，博通经籍，富有文采，善于言谈，深受刘裕的赏爱，屡次被委以重任。所以在刘裕病危时，他与徐羡之、傅亮、檀道济四人共同受诏为顾命大臣，辅佐少帝刘义符。

70. 谢述有什么事迹见于记载？

谢述，谢晦的叔父，从小跟随兄长谢纯在江陵。东晋大军讨伐荆州刺史刘毅时，谢纯当时担任刘毅的长史，因兵败遇害。谢述装殓好兄长的遗体，护送回京都安葬。船走到西塞时，突然狂风大作，江面掀起的巨浪一下子把装运灵柩的船只卷走了，一会儿就不见了踪影。谢述马上乘着小船，前去寻找。谢纯的遗孀庾氏连忙派人劝阻他说："风浪太大，乘小船太危险，你去了也找不到的，怎么能让生者和亡者一起被风浪吞没呢？"谢述哭着说："要是灵船发生意外，我也无心独自活下去。"说完，他不顾一切地冒着风浪前进。经过一番殊死的努力，他终于把灵船找了回来。在场的人都惊得目瞪口呆，认为是他的孝心感动了上天，才会出现这样的奇迹。

谢述有个哥哥叫谢景仁，一向不喜欢谢述。但谢述从不记恨他，还是一心想要恢复兄弟间的手足之情。谢景仁有一次生病，谢述亲自服侍哥哥，无论是汤药还是饮食，他都要亲口品尝以后才给哥哥服下。几十天里，他衣不解带，也顾不上洗脸梳头，一直陪伴在哥哥的病床前。谢景仁感动得留下了眼泪，也为自己以往的行为感到内疚。兄弟两个从此和睦友爱，手足情深。

谢述曾历任太尉参军、中书侍郎、南郡太守等职，所到之处，为政清廉，口碑极好。所以刘义康很看重他。谢述风姿秀整，举止潇洒，刘湛经常感叹说："我每次看见道儿（谢述小名），都觉得看不够。”雍州刺史张邵因为贪污受贿，将要被处以大辟之刑。谢述上表，陈述张邵乃是先朝旧臣，功勋卓著，请求予以宽大处理。文帝采纳了他的建议，张邵因而得以免死。谢述认为这是文帝法外开恩，叮嘱儿子不要把这件事说出去，并当场烧掉了所上奏折的手稿。直到后来，文帝对张邵说：“你能够免去死罪，多亏了谢述。”张邵这才恍然大悟，心中对谢述感激不尽。

谢述因病死在吴兴太守任上，他的灵柩送回京都安葬。在距离京都还有几十里地的时候，故友殷景仁、刘湛就一起乘着车子来迎，远远望见装载灵柩的船只，他们俩已经泪流满面。后来刘义康因为刘湛的牵连而被下狱，他感叹道：“谢述常劝我退，刘湛常劝我进，现在谢述死而刘湛存，所以我今天才会获罪！”文帝也说：“如果谢述还在，义康不会到今天这种地步。”

71. 谢方明为什么能够获得时人赞誉?

谢方明，谢景仁的堂弟，家住会稽。东晋末年，政治腐败，民不聊生，东南地区爆发了孙恩、卢循领导的大规模农民起义。孙恩攻下会稽，周围八郡纷纷杀掉官吏，以响应起义。谢方明的父亲中书郎谢冲、伯父吴兴太守谢邈都被起义军杀害。起初，冯嗣之和仇玄达两个人前来投奔谢邈，谢邈不怎么重视他们，他们故而怀恨在心，暗中和孙恩勾结。朝廷派徐州刺史谢琰和辅国将军刘牢之率军镇压起义，孙恩战败，逃入海岛。冯嗣之等来不及跟随，就聚众自保。谢方明一向身体瘦弱，但他勇敢果断，超过常人。他招募了一些谢邈的门生并亲自率领他们前去攻打冯嗣之，终于手刃仇敌，为亲人报了仇。虽然家中资产在乱中已被抢掠净尽，他营办父亲和伯父的丧事，却礼节周全，一丝不苟。后来孙恩又再次卷土重来，攻入会稽，悬赏要抓谢方明。方明带着母亲和妹妹一起外逃，历尽艰险，到达京都，寄居在国子学里。

谢方明为人严肃谨慎，很有节操。桓玄攻入建康后，卞范之权倾朝野，他想把女儿嫁给谢方明，但方明始终不答应。桓玄听说后，非常欣赏方明的为人，立刻拜他为著作佐郎，并且多次赏赐他。方明的堂兄谢混名重当世，方明也只是在逢年过节才去拜见他。刘穆之深受刘裕信任，总揽朝政，大臣们趋之若鹜，都来攀附，唯独谢混、谢方明、郗僧施、蔡廓四人不去。刘穆之心中不悦。后来谢混死后，谢方明、蔡廓前来拜访刘穆之，刘穆之大喜过望，马上向刘裕荐举两人，刘裕随即就任命他为从事中郎，命令府中大小事务都要和他商议决定。

谢方明在担任南郡相期间，有一年年终，他下令把江陵县监狱里的囚犯，无论罪行轻重，都放回家和亲人团聚，过完节再回来。许多官吏心怀疑虑，纷纷劝阻谢方明，认为世道浅薄，人心不古，不可以轻信这些犯人。方明不听，还是把他们都放回去了。这些犯人和他们的父亲兄弟都欢喜得流下了眼泪。到了预定的日期，犯人们纷纷返回。一个重罪犯人因饮酒过度，迟了两天返回，只有一个人过了十天还没有回来。监狱长官慌忙来求见方明，准备亲自去抓。方明知道他为囚犯的事情而来，避而不见，只是让手下人告诉他不要着急，犯人肯定会自己回来的。那个犯人在村里徘徊了好久，乡亲们都责备他不守信用，把他送了回来。至此，放出去的犯人全部返回了监狱。这事传开后，远近的官员百姓对谢方明无不叹服。

武帝刘裕即位之后，谢方明出任丹阳尹，又转会稽太守。江东人口稠密，风俗浮薄，所以历任官员都以严刑酷法来治理。而谢方明到任后，减省苛刑，爱护百姓，深受当地士人的爱戴。他善于理政，所到之处都政绩卓著，因而也获得了时人的高度赞誉。

72. 谢灵运的生平情况如何?

谢灵运（385～433），南朝著名诗人，他与颜延之被当时人誉为江左第一。他出身名门望族，是东晋大将谢玄之孙，年轻时就袭封康乐公，世称谢康乐。刘裕建宋，他被降爵为侯。他不拘礼法，又感觉政治上不得志，经常批评朝政，司徒徐羡之等人都极力排挤他。他抑郁不平，于是就放情山水，游玩赏乐。在任永嘉太守时，他纵情游玩，足迹遍及永嘉的山山水水。每到一处，都要赋诗记游，抒发情怀。至于民事，他根本无心过问。后来他索性辞官不做，移居会稽，与隐士王弘之、孔淳之等放浪形骸，纵情为乐。每写一首新诗，传到京城，人人争相传抄，一夜间家喻户晓，妇孺皆知。

宋文帝时，徐羡之被诛杀。谢灵运虽勉强应召，入朝做了秘书监，继而又升任侍中，但他依然寄情山水，不理政务，经常出城游玩，一走就是十天半月，既不上奏，也不请假。元嘉五年（428），他被免官。回到会稽，他和族弟谢惠连、东海何长瑜、颍川荀雍、泰山羊璇一起游山玩水，赋诗作文，当时人称他们是“四友”。

谢灵运因祖业丰厚，奴仆成群，门生众多，所以他广占良田，凿山浚湖，修建园林。同时又到处探访名胜。有一次，他带着门徒数百人从始宁伐木开道，一直到了临海境内。临海太守王琇以为来了山贼，慌忙调集军队，后来才知道原来是谢灵运，这才松了一口气。谢灵运这类兴师动众、惊扰郡县的事情多次发生，所以会稽太守孟颉上表弹劾他。文帝只好让他担任临川内史，不让他东归。但他在临川的行为也和在会稽一样，仍然放浪不羁，又遭到弹劾。朝廷派郑望生去拘捕他，他却把郑望生抓起来。因此被押回京师，论罪当斩首。文帝惜才，只把他流放广州。后来有人告他谋反，因此被处死，终年四十九岁。

谢灵运的诗，刻画山水风光之美，传神入微，清新凝练，开创了山水诗风。他的很多诗篇名句，至今仍被广泛传诵。

73. 谢庄有什么才华受到时人赞誉?

太子中庶子谢庄（421～466），风度不凡，文采出众，善于应对。有一年，南平王刘铄进献了一只红鹦鹉，宋文帝很高兴，让群臣作赋以示庆贺。太子左卫率袁淑文冠当时，他看了谢庄做的赋，不由得叹息道：“江东无我，卿当独秀。我若无卿，也是一时之杰。”说完就把自己所做的赋隐藏起来。

太子刘邵篡逆，刘骏起兵讨伐，密谋派人把讨伐的檄文送给谢庄，让他改定。宋孝武帝孝建年间，谢庄任左将军。孝武帝刘骏问金紫光禄大夫颜延之说：“谢希夷的《月赋》怎么样?”颜延之嫉妒谢庄，就说：“好是好，只是他现在才知道‘隔千里兮共明月’。”刘骏把这话又告诉了谢庄，谢庄随口答道：“颜延之作《秋胡诗》，他也刚知道‘生为久离别，没为长不归’。”刘骏听了，抚掌大笑。孝武帝曾赐给谢庄一把宝剑，谢庄把他给了豫州刺史鲁爽。后来鲁爽跟随南君王刘义宣反叛被杀。孝武帝在一次酒宴上顺便问起宝剑在哪儿，知情的人都为他捏了一把汗，而谢庄不慌不忙地说："当初和鲁爽告别时，我已经代表陛下把剑送给鲁爽，让他效仿秦时武安君白起在杜邮（今陕西咸阳）的自刭。"武帝听了，心里非常高兴，在场的人都不由得叹服谢庄的机智和才辩。

74. 谢朏为什么能在宋、齐、梁三朝受到重用?

谢朏（fěi）（464～499），谢庄之子，幼年聪慧，十岁就能做文章，提笔立成，被誉为神童。刘宋时做卫将军袁粲的长史，深受袁粲赏识。萧道成以骠骑将军的身份辅佐朝政，一直有取代刘宋王朝的野心。他在铲除了沈攸之和袁粲的阻碍之后，希望谢朏能出面帮忙。萧道成晚上摆酒设宴，把谢朏请来，向他说出自己的打算，谢朏无动于衷，萧道成很失望，只好转而引用王俭等人商议大计。刘宋顺帝升明三年(479),齐王萧道成受禅让时，百官都在场奉命。正好那天谢朏当班。按照惯例，侍中负责解除前代皇帝的玉玺授予后面的即位者。谢朏佯装不知。下达诏令的使者说："请侍中解玺授予齐王。"谢朏说："齐朝自有齐朝的侍中。"说罢，他拿过枕头，躺下就睡。使者害怕事情闹大了，就委婉地说："侍中一定是今天身体不适，那我回去禀报就是了。"谢朏一下子跳起来说："我又没病，哪里用得着禀报!"他一边说着，一边穿好了朝服，快步走出东掖门，坐上车回家了。萧道成只好让王俭担任侍中来解玺。事后萧道成的长子萧赜请求杀掉谢朏，萧道成摇摇头说："杀他反而使他成名，还是不理他为好。"

齐武帝萧赜病死后，萧鸾辅政，有篡位之心，极力拉拢朝廷老臣，屡次以高官征召谢朏，谢朏不应诏。梁武帝即位后，谢朏勉强应诏入朝，担任侍中、司徒、尚书令。梁武帝因谢朏腿脚不便，特许他乘坐小轿上殿，并且亲临他家宴饮欢谈。谢朏离京去接母亲的时候，梁武帝亲自前来赋诗饯别，王公贵人来送行的络绎不绝。谢朏一向嫌政事繁杂，虽身居要职，却经常不理政务，因此政绩平平，颇失众望。

75. 颜延之的生平情况如何?

颜延之，字延年，琅邪临沂（今山东）人。他从小就失去了父亲，生活贫穷。但他爱好读书，文章为当时之冠。他喜好饮酒，性情任率旷达，不拘小节，不肯曲阿权贵。东晋末年，他出仕做了太尉刘裕的儿子刘义符的中军行参军。刘裕受禅做皇帝以后，颜延之担任太子舍人。少帝刘义符即位后，他出任始安太守。宋文帝元嘉三年（426），颜延之入朝任中书侍郎，又改任太子中庶子，领步兵校尉。

颜延之以才学被文帝赏识厚爱，而太子詹事刘湛和尚书仆射殷景仁却执掌要任，他心中有些愤愤不平。他年轻时曾做过刘湛父亲的主簿，于是他对刘湛说："我所以升不了官，是因为做过刘卿的家吏。"刘湛听了很生气，就串通彭城王刘义康，把颜延之赶出京都，做永嘉太守。颜延之就写了《五君咏》，借竹林七贤的故事，来抒发他心中的怨愤。刘湛和刘义康看了大怒，想把他贬到更远的地方去。幸而文帝庇护，刘义康的阴谋才没有得逞。刘湛因为谋反被诛杀后，颜延之被起用为始兴王刘浚的后军咨议参军、御史中丞，不久升任国子祭酒、司徒左长史。他因为买人田地不肯按田价给人钱，被免官。后来他又历任秘书监、光禄勋、太常等职。

颜延之性情褊急，在加上嗜好饮酒，所以言语直率，毫无隐讳，得罪的人很多，大家给他起了个外号叫"颜彪"。他平时生活俭朴，不营财利，经常一个人到郊外饮酒，怡然自得，旁若无人。文帝曾经召他进殿，派人叫了几次，他都不应诏，在酒店里喝得酩酊大醉，然后袒胸露背地唱歌。有一次，文帝问他："颜卿的几个儿子才能如何？"他说："颜竣得臣笔，颜测得臣文，颜臭（chuò）得臣意，颜跃得臣酒。"侍中何尚之嘲弄他说："谁得颜卿之狂？"颜延之说："延之之狂，无人可及。"

文帝的太子刘劭弑父篡位后，任命颜延之为光禄大夫。武陵王刘骏向各地发布檄文，兴兵讨伐刘劭。刘劭把檄文拿给颜延之看，问道："这是谁的手笔？"颜延之直率地答道："是颜竣的。"刘劭又问："你怎么知道的？"颜延之回答说："颜竣的笔体，我不会不认得。"刘劭说："他怎么把朕说得那么难听呢？"颜延之叹口气："唉，他连老臣的安危都不顾，怎能顾及陛下呢！"

孝武帝刘骏登基，颜竣受到宠信，权倾朝野。而颜延之对儿子送他的东西一概拒收，器服住宅依旧，经常乘坐一条瘦牛拉的车，路上看见颜竣的车驾，也和众人一样躲在路边。他对颜竣说：“我平生不喜欢见权贵，现在却不幸见到你。”颜竣建宅院，他说：“你好自为之，不要让后人笑你。”颜延之曾经一大早去找颜竣，看见颜竣家宾客盈门，都在等候，而颜竣还在高卧不起。颜延之大怒，进去就把颜竣狠狠责骂了一通。

颜延之有个爱妾，非常受宠，因此她经常恃宠撒娇。有一次她竟然把颜延之推到床下摔伤了，颜竣一怒之下杀了她。颜延之悲痛欲绝，在爱妾的灵前哭着说：“是贵人杀你，不是我要杀你。”不久，他也病倒了。孝建三年（456），颜延之病逝，享年七十三岁。

颜延之和谢灵运都以辞采著称，但两人构思作品的速度相差很远。有一次，文帝刘义隆下诏让他们每人写一篇拟乐府《北上篇》。颜延之提笔立就，谢灵运很久以后才写好。中书舍人鲍照评价两人的诗说：“谢灵运的五言诗，如初开的芙蓉，自然可爱；颜延之的诗仿佛铺锦列绣，雕绘满眼。”恰当地道出了颜延之诗歌繁密深重、华美典雅的风格。

76. 刘宋时实行怎样的货币政策?

江南自孙吴时铸造大钱后，东晋就一直沿用吴钱。但孙吴大钱多被人改铸为铜器，所以钱币日益缺乏。刘宋建国后，也面临钱币缺乏问题，直到元嘉七年（430），才设立钱署，开铸四铢钱，轮廓形制和五铢钱相同，费用大而利少，所以民间盗铸的不多。到孝武帝孝建元年（454），为了解决仍然存在的钱币匮乏问题，刘宋政府再次开铸四铢钱。这次所铸的钱，形式薄小，没有轮廓，于是民间盗铸者蜂起，盗铸时在铜里加上铅、锡，所铸成的钱一点儿也不牢固。他们又剪凿古钱来取铜，所得的钱更小，同官方的钱币样式也不太一样，搞得物价上涨，老百姓都苦不堪言。虽然朝廷对盗铸者严加惩治，而盗铸之风仍然猖獗。大臣沈庆之向孝武帝建议，应该让民间铸钱，而官收铸钱税，铸钱一万，收税三千；吏部尚书颜竣觉得不可行，认为如果这样，用来制造器物的铜就会减少，铜器的价格会升高，铸钱者无利可图，即使官府命令他们，他们也不愿去干。又有人建议：因为铜少，政府可以改铸二铢钱。颜竣认为二铢钱形制更小更差，既不会解除官府的钱币缺乏问题，又会使奸巧大兴，盗铸更多，富商得志，贫人困窘，弊端很大。因而这两种建议都没有被通过。但到了前废帝刘子业永光、景和年间，刘宋政府实施了这两种建议，开铸二铢钱，放任民间私铸，结果造成钱币混乱、商业萧条的严重后果。宋明帝即位，又不得不废除这些做法。

77. 顾琛的生平情况如何?

顾琛，吴郡吴县人，是东晋司空顾和的曾孙。他为人诚实谨慎，不爱浮华。元嘉七年，他担任尚书库部郎。宋文帝有一次宴请群臣，在座的还有归顺宋朝的北朝人。酒席间，文帝突然问顾琛国库中有多少甲仗。顾琛一愣，原来文帝派到彦之北伐，到彦之弃城溃逃，丢盔弃甲，堆积如山，使武库为之一空，哪里还有多少甲仗？此外按照惯例，国库甲仗的数字是秘而不宣的，况且又有外人在场？但是文帝发问，顾琛只好虚报说有十万人的装备。文帝话一出口，就后悔失言，后来听到顾琛的巧妙回答，他又觉得很满意。

元嘉十五年，顾琛出任义兴太守。十九年，文帝把他改迁为东阳太守，想让他借机监视防守彭城王刘义康，顾琛坚决推辞，冒犯了文帝，被罢黜官职，在家呆了几年。太子刘劭弑父即位，分会稽五郡设置州，任命随王刘诞为刺史，顾琛为会稽太守。孝武帝刘骏平定刘劭之乱后，顾琛因起义有功被封永新县五等侯，担任吴郡太守，后因事被免官。竟陵王刘诞起兵反对孝武帝时，派陆延稔拿着文书前去给顾琛及其子弟封授官职，想拉拢他。而孝武帝刘骏也因为顾琛和刘诞交情好，担心他有异图，派吴郡太守王昙首前去诛杀顾琛父子。刚好陆延稔先到，顾琛当即就把他抓起来杀了，派两个儿子拿着陆延稔的首级向太守报告，因此才免于被牵连。

顾琛后来又先后任吴兴太守、都官尚书、吴郡太守。宋明帝即位后，四方同时举兵反叛，顾琛也在吴郡响应。兵败后，他投降朝廷，被任命为员外常侍、中散大夫，不久就去世了。

78. 顾觊之是什么人?

顾觊之，吴郡吴县人。他起初任领军将军谢晦的卫军参军，深受谢晦赏爱。后来他又历任尚书都官郎、山阴令、尚书吏部郎、吏部尚书等职。山阴是个大县，人口有三万户，历任长官昼夜处理政务，还有些事情无暇顾及。而顾觊之到任后，为政简约清净，县衙里终日门庭闲寂，但是山阴县反而治理得很好，因此受到百姓的称颂。

宋文帝时，他任尚书吏部郎。有一次，他和文帝谈论江东人物，说到顾荣，尚书吏部郎袁淑说："你们南人性情怯懦，哪里会做贼？"顾觊之一脸正气地说："袁卿怎么以忠义嘲笑别人？"袁淑一下红了脸，不再作声。

孝武帝时，顾觊之任吏部尚书、吴郡太守。他治家严谨，家门和睦，深受百姓敬重。他的儿子顾绰私财丰厚，常在乡里放债，乡里人欠他债的人很多。顾觊之多次劝阻顾绰，顾绰都不听。他当了吴郡太守后，就骗出了顾绰的一大橱文券，用火烧掉，并在郡里宣布：凡是欠顾绰债的人，都不必还债了。欠债的人听了都欢呼雀跃，只有顾绰懊恼了好几天。

79. 顾宪之任地方官时有什么政绩？

顾宪之，宋孝武帝时吏部尚书、吴郡太守顾觊之的孙子。

刘宋元徽年间，他任建康令。他执法严明，不阿权贵，廉政爱民，断案如神。有一个人偷了别人家的牛，被人告到县令那里去。而这个偷牛的人矢口否认，反而说牛是他自己的。双方争执不休，谁也没有有力的证据，历任县令都无法审清这个案子。顾宪之到任后，就对这两个人说："你们不必争吵了，我知道牛是谁家的了。"说完，他让人就把牛放了，让牛随意走，不一会儿，牛就径直走回主人家了。盗贼无话可说，只好认罪。顾宪之为政清明，深受百姓爱戴，京都饮酒的人把醇厚的美酒称为"顾建康"，意思是这酒像顾宪之一样清醇甘美。

顾宪之在齐朝时担任衡阳内史。衡阳先前连年遭受瘟疫，一半多的人都死了，因此棺木价格剧涨，很多百姓无力购买，只好用苇席包裹死者，弃之道旁。顾宪之一到任，就布告各县，让亲属把死者掩埋，没有亲属的，官府出资代为办理。当地山人有个土俗，人有病了，都说是死人在作祟，所以就把死人棺木打开，用水洗枯骨，以使活人的病痊愈。顾宪之多次给他们解释生老病死的道理，这个陋俗才被革除。刺史王奂初到任，只有衡阳一郡没有狱讼。王奂感叹地说："顾衡阳的政治教化太好了，如果九个郡都能这样，那我还有什么事可担忧呢？"

80. 蔡廓有什么事迹见于记载？

蔡廓，晋司徒蔡谟的曾孙，济阳考城（今河南民权）人。

他博览群书，言行遵循礼法，性情刚直不阿。宋武帝刘裕时，他任御史中丞，绳愆纠谬，秉公执法，朝中百官都很畏惧他。中书令傅亮学识渊博，深受皇帝宠信，位居显要，朝廷的典章制度，都由他来决定。而傅亮每事都要咨询蔡廓后才实行，有时蔡廓的意见和傅亮不相同，蔡廓也往往能坚持已见，并不因傅亮官高位显而随声附和。

蔡廓后来从豫章太守任上被征召为吏部尚书。当时徐羡之、傅亮掌权，蔡廓通过傅隆问傅亮说："如果选举官吏的事全部委托给我，就不说什么了；不然的话，我不能接受这个任命。"傅亮把他的话告诉了录尚书事徐羡之，徐羡之不快地说："黄门郎以下的官职，我不过问；黄门郎以上的官职，我们共同商议决定。"蔡廓听了以后，推辞了吏部尚书的职位，他说："我不能把名字签署在徐羡之后面。"徐羡之知道蔡廓刚直，也不愿意让他执掌要害部门，所以就改任他为祀部尚书。

少帝刘义符因为昏庸无道，被辅政的徐羡之、傅亮、谢晦等废黜以后，尚书令傅亮率领百官迎接刘裕第三子荆州刺史刘义隆入京即位，蔡廓也跟随前往。走到寻阳，蔡廓得病了，只好留下来。送别时，他劝傅亮说："少帝虽然被废，也应厚加奉养。如果一旦少帝死了，你们几个人都会蒙上杀主的恶名，到那时再想保全自身还能做得到吗？"当时傅亮已经和徐羡之商议要杀少帝，听了蔡廓的话，他赶忙派人骑着快马到京师去送信，阻止徐羡之，但是已经晚了。徐羡之看了信非常生气，他破口大骂道："和人家已经商量好了，为什么一转过身就改变主意，把恶名让别人来背！"后来果然不出蔡廓所料，文帝即位后，就把徐羡之、傅亮等人杀掉了。

蔡廓虽然资历很浅，但当时的士人都很推重他，纷纷和他交往。

他侍奉兄长如同侍奉父亲，家中事无论大小，都要先请示哥哥。自己的俸禄和皇帝给的赏赐，全数交给哥哥，如果要用，再去向掌管的人支取。有一次，他跟随武帝到彭城去，妻子郗氏写了一封信寄给他，要钱置办夏装，他回信说："知道你需要夏装，哥哥肯定就会供应，不必寄信给我。"

81. 如何评价王弘的一生?

太保王弘，宋武帝、少帝、文帝三朝元老。他出身名门，曾祖父是东晋的丞相王导。他少时好学，聪明颖悟，年方弱冠，就被会稽王司马道子聘为骠骑主簿。桓玄攻进建康，司马道子被交付廷尉治罪，群臣百官没有一个人敢去给司马道子送行。王弘当时正在家守丧，听到消息，连忙赶去，在路边攀着囚车和司马道子洒泪话别。人们都称赞他重情有义。

刘裕建宋，王弘因佐命之功被封华容县公，晋号卫将军、开府仪同三司。刘裕大宴群臣，志满意得地说："我出身寒门，起初哪会想到有今天的荣华富贵?"在座的大臣纷纷附和，傅亮等人更是赋诗撰文，歌功颂德。只有王弘直率地说："陛下，这就是所谓天命，求之不可得，推之不可去。"

少帝时，顾命大臣徐羡之等因为少帝无德，图谋另立，召王弘入朝。文帝即位后，心中记恨两位兄长被杀之事，所以徐羡之、傅亮、谢晦等人先后被杀。王弘并非首谋，他的弟弟王昙首又是文帝的亲信，故而王弘被免于追究。他历任侍中、司徒、扬州刺史等职，后来又晋位太保。王弘熟习政体，留心众事，清廉爱民，不营财利，所以声望极高，他的举止言行以及书信的体式，都成为后人效仿的楷模，被称为"王太保家法"。但是，他为人轻率，性情褊急，稍不如意，就当面辱骂人，使人难堪。年轻时，他曾在朋友公城子野家玩过摴(chū)蒱(一种赌博游戏)。他当权后，有一位熟人向他求官。这个人曾因摴蒱犯过罪。王弘毫不留情地说："足下赌博技艺高超，自有滚滚财源，又何必贪图官禄呢!"那人笑了笑，说："唉，不知公城子野现在在哪里。"王弘听了，默默无言。

82. 王昙首有什么节操?

王昙首，太保王弘的弟弟，为人谦让大度，喜怒不形于色，淡泊利禄。他和王弘兄弟两个分家时，财物一无所取，只要图书。他善于治家，家庭和睦，而且从来不使用金玉制作的器物，家里的妇女也不能穿金戴银，除了俸禄和皇上的赏赐之外，别人的馈赠丝毫也不接受。在担任刘义隆的镇西长史时，武帝刘裕对刘义隆说："王昙首有辅相之才，有什么事，都可以向他咨询。"武帝死后，领军将军谢晦、中书令傅亮、司空徐羡之等又杀掉少帝刘义符和刘义真，派人迎立刘裕第三子宜都王刘义隆为帝。刘义隆犹豫不定，他的部下们也都议论纷纷，只有王昙首和堂弟王华以及到彦之三人劝他前往。后来刘义隆即位，很感激王昙首，任命他为侍中，诛杀徐羡之、谢晦等人，也多是王昙首和王华的功劳。谢晦被平定后，文帝想加封王昙首，在一次酒宴上，他举起酒杯向王昙首劝酒，并用手拍着御座，感叹地说："不是你们两兄弟，朕今天就不会坐在这儿了!"当时加封王昙首的诏书已经写好，文帝让人拿出来给王昙首看。王昙首说："近日这些事，差点儿酿成大祸，都是凭着陛下的英明果断，才使罪人伏诛，我们只是尽了自己的一点微薄之力。陛下如果想恩宠我们，史官又怎能秉笔直书呢!"他坚决推辞，文帝只好作罢。

文帝元嘉三年，彭城王刘义康入朝任侍中、司徒，与司徒王弘一起辅政，王昙首又被文帝重用。刘义康觉得权力被分割，所以怏怏不乐。王昙首觉察出刘义康的不满，就要求出任吴郡太守，文帝不许。他又劝说兄长王弘减掉府兵的一半配给刘义康，刘义康这才高兴，从而也维护了朝廷大局的稳定。元嘉七年，王昙首病逝，年仅三十七岁。文帝哀痛惋惜不已，追封他为豫宁县侯，谥号曰"文"。

83. 王僧达为什么自谓能位至宰相?

王僧达，王弘的儿子，幼年聪慧好学，富有文采。宋文帝召他进见，他举止从容，应对敏捷，文帝十分高兴，就把临川王刘义庆的女儿嫁给他。

王僧达喜好打猎，经常和一帮少年骑马追逐，又自己操刀宰牛。

刘义庆听说后，就派僧人慧观去考察他。慧观登门拜访，王僧达席上铺满了书籍，和慧观一起切磋文义，滔滔不绝，语如珠玑，慧观应答不暇，大为叹服，回去向刘义庆极力称赞了一番，刘义庆这才放心。

王僧达后来出任宣城太守时，闲来无事，他就外出游猎，往往三五天才回来，百姓的诉讼大多也在打猎的地方受理。有的前来告状的老百姓在路上遇见他，向他打听太守在哪儿，王僧达哈哈一笑："眼前便是！"文帝元嘉三十年（453）二月，太子刘邵杀父篡位，武陵王刘骏向各地发布檄文，号召州郡讨伐刘邵。王僧达投奔刘骏，刘骏任命他为征虏将军，领兵攻入京城。刘邵兵败被杀，刘骏即位，王僧达因功被封为尚书右仆射。他身居要职，自以为才能门第无人能比，一二年间，肯定会晋位宰相。结果事与愿违，不久，他就出任南蛮校尉、护军将军。王僧达深感失望，三次上表，要求当徐州刺史，孝武帝心中不悦，没有答应。王僧达一年间换了几个官职，都不中意，因此更加怏怏不快。在吴郡太守任上，他抢夺寺庙财物，滥用民力，兴造私宅，又擅自藏匿军人，因此被免官。

王僧达恃才傲物，目中无人，欺侮朝臣，无所顾忌。黄门郎路琼之是太后的近亲，和王僧达对门而居。有一次，他穿着漂亮的衣服，乘着豪华的马车来拜访王僧达，王僧达正换了衣服准备出门打猎。路琼之进来后，王僧达不愿搭理他。路琼之走了以后，王僧达又赶快让人把路琼之坐过的凳子拿去烧掉。路琼之跑去向太后哭诉，太后大怒，在孝武帝面前流着泪说："我现在还活着，就有人这么欺负我的亲戚，我死了，他们恐怕都要当乞丐了！"孝武帝说："琼之年轻不懂事，没事跑到王僧达家里干什么？不是自取其辱吗！王僧达门第高贵，怎么能拿这件事来给他治罪呢？"太后恨恨地说："从今以后，我和王僧达不共戴天。"孝武帝召见王僧达，他言辞不逊，态度傲慢，用眼睛直视着刘骏。后来高阇等人谋反事情暴露，其党羽被牵连处死的有几十人。孝武帝因王僧达争权夺利，狂傲不逊，屡次犯上，毫无悔改之意，借机就把他下狱赐死。

84. 王僧绰是怎样一个人?

王僧绰，王昙首的儿子。他幼年好学，深沉大度，众人都认为他将来必成大器。十三岁时，文帝召见他，他想起父亲的早逝，忍不住泪流满面，文帝也悲伤不已，随后，文帝就让他袭封豫宁县侯，并把长女东阳献公主嫁给他。

王僧绰在文帝元嘉年间任尚书吏部郎，主管官员的选拔任命，任举公允得当。他谦逊谨慎，从不恃才傲物。他的父亲王昙首和堂叔王华同被文帝重用。王华的儿子新建侯王嗣，才能不如王僧绰，官位也比他低。但王僧绰却谦虚地说："我的名位本来应该和新建侯一样，而我之所以能够超过他，大概是因为我是驸马的缘故。"二十九岁时，王僧绰升任侍中。始兴王刘浚曾问他的年龄，王僧绰嫌自己年纪轻轻就官居高位，所以犹豫了好久，才回答了刘浚。

元嘉末年，太子刘邵和始兴王刘浚用巫术诅咒文帝的事情败露，文帝决定废掉太子，处死刘浚。他首先找来王僧绰商议，让他撰写前代废掉诸王的旧事送给江湛和徐湛之。但究竟立谁为太子，文帝却踌躇不定。吏部尚书江湛的妹妹是南平王刘铄的王妃，江湛主张立刘铄；尚书仆射徐湛之的女儿是随王刘诞的王妃，徐湛之主张立刘诞。而文帝内心则倾向建平王刘宏。商议了许久，也决定不下来。文帝每天晚上都要跟徐湛之秘密讨论。每次讨论，他都要举着蜡烛四处检查，唯恐有人窃听。王僧绰劝文帝说："建立太子之事，应该迅速果断，不然将会产生后患。"文帝优柔寡断，结果太子刘邵先发制人，起兵闯进宫中，杀了正在商谈的文帝和徐湛之。江湛在官署听到消息，长叹一声："不听王僧绰的话，才落到这个地步。"不一会儿，刘邵的人马赶到，江湛也被斩首。

刘邵登基后，任命王僧绰为吏部尚书。后来在检查文帝和江湛的书信时，发现了王僧绰所写的关于刘邵夜里在东宫招集士兵以及前朝废立太子的一些奏议，刘邵大怒，因此王僧绰下狱被害。

85. 沈怀文一生有什么政绩?

沈怀文，喜好玄理，文才出众。元嘉二十八年（451），太子刘劭以巫术诅咒文帝，沈怀文的弟弟沈怀远娶做妾的东阳公主养女王鹦鹉也参与了此事。事发后，沈怀文也被连累，由通直郎转为治书侍御史。刘劭弑父即位后，沈怀文被任命为中书侍郎。文帝第三子刘骏由江州刺史起兵讨伐刘劭，刘劭让沈怀文写檄文，沈怀文不愿意，刘劭大怒。多亏殷冲极力劝解，沈怀文才免于祸难。沈怀文心中恐惧，假装有病，骑马落在后面，然后从小路奔向新亭，投奔已经在那里即位的孝武帝刘骏。

沈怀文在孝武帝时历任淮陵太守、扬州中从事史、尚书吏部郎、侍中等职。大明二年（458），因天象有异，朝廷想依照古制设立王畿，把扬州移居会稽。沈怀文上策反对，皇帝没有采纳。竟陵王刘诞在广陵起兵被平定后，广陵城陷落，孝武帝刘骏下令把城中的士人百姓都剥光衣服鞭打，然后上刑，把杀死的人的头堆积成一座山，命名为骷髅山。沈怀文极力劝阻，刘骏不理。孝武帝又把诸郡士族特权废掉，让他们去担任将吏，这些人纷纷逃亡。刘骏下令以军法处治，抓住就杀头。他们就奔窜山林，聚集在一起作乱。刘骏大杀皇室同族，使皇子列肆贩卖，追逐商业利润。沈怀文上书直谏，孝武帝都不听从。

孝武帝刘骏喜欢经常出游，后面还跟着太后及六宫的车驾，浩浩荡荡。有一次出游，遇到了大风雨，沈怀文、王景文和江智深三人在松树下躲雨，沈、王曾多次劝谏刘骏不宜经常出游，刘骏不听，因而三人此次商议共同劝谏刘骏。刚好这时刘骏在射猎场召三人进见。进去以后，沈怀文率先说："这样大的风雨，陛下不宜出游。"王景文紧跟着说："沈怀文的话，陛下应该采纳。"这时江智深还没有来得及说话，刘骏正在装弩，勃然作色，恨恨地说道："卿也想效仿颜竣吗？颜竣小子，我恨不得用鞭子抽他的脸。"吓得江智深再也不敢劝谏刘骏不要出游了。

刘骏每次宴请群臣，命令在座的人都必须喝醉才行，而且他最喜欢让群臣在席间互相揭短、谩骂，他就觉得非常开心。沈怀文平素不喝酒，又不喜欢在宴会上嬉戏，所以刘骏心中很不高兴，认为他故意显示与众不同。太子中庶子谢庄曾告诫他说："沈卿每次都这样不合群，怎么能够长久呢？"沈怀文回答说："我从小就这样，怎么能一下就改变了呢？我并不是想与众不同，而是天性如此啊！"

沈怀文屡次犯颜直谏，终于触怒了孝武帝刘骏，大明五年（461）沈怀文被孝武帝下狱赐死。

86. 周颙是个什么样的人?

中书郎周颙（yóng）文辞富丽，精通佛、老及《周易》。

宋明帝好谈玄理，召他进殿宿直。明帝所做的残暴之事，周颙不敢直谏，只是经常诵读佛经中的因果报应等事来感化他，明帝有时也能够稍微收敛一下。后来他担任剡县令，宽政爱民，受到百姓称赞。齐高帝萧道成即位以后，任命他为文惠太子的中军录事参军，深受赏识厚待。

周颙擅长佛理，他写了一本《三宗论》来阐述经义，受到了当时佛教高僧的推崇。周颙在钟山西边建立了一座精舍，每到休假时，他就去那里住一阵。周颙清贫寡欲，整天吃素。每当宾朋聚会时，周颙侃侃而谈，语如流水，使听者忘倦。他喜好玄言，有时和朋友坐而论道，一天都不懈怠。

周颙机智善辩。有一次，卫将军王俭问他："卿山中何所食?"周颙答道："赤米白盐，绿葵紫蓼。"文惠太子问他菜食什么味道最好，他回答说："初春的韭菜，晚秋的菘菜。"何胤也精通并且信奉佛法，没有妻子儿女。太子问周颙："周卿和何胤相比，谁更精进?"周颙答道："三涂八难，都未能免去，但是我们各有所累。"太子说："什么是你的拖累?"周颙回答说："我累于妻子，何胤累于吃肉。"周颙后来担任国子博士。太学生仰慕他的风度，争相追求华丽的辞辩。周颙工隶书，善音韵，著有《四声切韵》，流传后世。

87. 羊欣是何许人?

羊欣，字敬元，泰山南城人。他少年时就博览经籍，并且擅长隶书。他十二岁时，他的父亲担任乌程县令，当时吴兴太守王献之见到他，非常赏识。有一年的夏天，羊欣正穿着一件新做的绢裙午睡，刚好王献之来了，也没叫醒他，在他的衣服上写了几个字就走了。羊欣字本来就写得很好，见到王献之的书法后，简练揣摩，因此书艺更加精进。

羊欣性情恬淡，不慕荣利。东晋隆安年间，朝中大臣争权夺利，羊欣看到朝政混乱，也无心仕进。权臣司马道子的儿子司马元显喜欢羊欣的书法，多次请他题写扇面，他拒绝了。司马元显怀恨在心，就故意任命他做自己的后军府舍人。这个职位本来都是由出身低微的庶族担任，士族向来都不屑一顾的。而羊欣赴任，泰然自若，举止从容,对待官位高低者都一视同仁，被当时人称美。他曾经前去拜见领军谢混，谢混拂拭了席子，换好了衣服才见他。羊欣因此名声大振。

桓玄辅政时，曾先后征召羊欣担任平西主簿、楚台殿中郎，羊欣不愿卷入政治漩涡，任职数日，就称病辞官，在家中闲居了十几年。刘裕建宋后，羊欣任新安太守，他宽政爱民，很有声誉。新安风景优美，羊欣醉心山水，乐而忘倦。他对子弟说：“人一生官做到两千石，就可以了。”在新安做了十三年太守后，他又被迁为义兴太守。他心中不乐，不久就辞官回京，被任命为中散大夫。

羊欣平素喜好黄、老之书，经常自己亲自画符，有病也不服药，只是饮用符水。他又精通医术，曾撰写了《药方》数十卷。元嘉十九年，羊欣因病去世。

88. 羊希是怎么死的?

羊希，少年时很有才气，宋文帝时他任尚书左丞。当时右卫将军刘瑀和府司马何季穆共事，但二人不和。何季穆和担任尚书令的建平王刘宏很亲近，他就经常在刘宏面前谗毁刘瑀。后来刘瑀担任益州刺史，竟夺取士人的妻子做妾。刘宏便让尚书左丞羊希弹劾他，使他丢掉了官职。刘瑀因此对羊希恨之入骨。刘瑀有个门生叫谢元伯，经常与羊希往来。他就让谢元伯找机会打听他被罢官的原因。羊希告诉了谢元伯，并且对他说：“那份奏章不是我要写的。”刘瑀得知后，当天就登门拜谒刘宏，向刘宏谢罪。刘宏很奇怪，就问他：“你怎么知道是我要弹劾你的?”刘瑀说：“我听羊希说的。”刘宏大怒，不久羊希因泄漏朝廷机密被免官。宋明帝泰始三年（467），羊希出任广州刺史。四年，他任命刘思道为晋康太守，领兵讨伐俚人。结果刘思道不听调遣，行动失利，羊希派人前去拘捕他。刘思道拒不奉命，反而率领士兵袭击州府。羊希情急之中，翻越城墙逃跑，被刘思道抓住，因而遇害。

89. 袁觊为什么要造反？

袁觊（yǐ），在宋孝武帝大明末年担任侍中。刘骏因太子刘子业不成器，曾想废黜他。袁觊极力劝谏，刘骏才改变了主意。刘子业即位后，很感激袁觊，把他视为亲信。刘子业恣意诛杀大臣，却任命袁觊为吏部尚书，委以朝政。但不久，袁觊也触犯了他，恩遇顿时衰减。袁觊害怕大祸临头，请求外出做官。就这样，他以雍州刺史的身份离开京都，狼狈上路，日夜兼行，担心后面有追兵。一直到了寻阳，他才长长出了一口气，放下心来。

泰始元年（465）宋明帝刘彧即位时，袁觊鼓励晋安王刘子勋在寻阳登基做皇帝，与建康政权分庭抗礼。袁觊被刘子勋晋封为安北将军，加尚书左仆射。

袁觊本来就不是将才，在军中从来不穿戎装，平时闲谈，满口诗赋经书，从不涉及战阵，也不善于驾驭将领。部下刘胡每次找他商议事情，他总是态度傲慢，随便应付，因此大失人心，刘胡对他更是恨得咬牙切齿。

当时，寻阳政权的军队和中央朝廷的军队正打得激烈。因为南边的军需还未运到，士兵粮食匮乏，刘胡想向袁觊请求资助。袁觊断然拒绝了，他说："我京城里有两所宅子还没有建成，正需要用钱，总不能停下来不盖吧?"他又听说京都米价暴涨，一斗米涨到几百钱，他很高兴，认为不必攻伐，京城内自会人心离散。于是他就拥兵自守,等待建康政权的崩溃。等到刘胡作战失利，不告而逃，袁觊夜里得到消息，这才大吃一惊。他命令部下牵来战马，借口追回刘胡，也骑上马仓皇逃跑了。到了鹊头，他和守将薛伯珍率领几千人马，步行到了青林，准备前往寻阳。夜间在山上宿营，袁觊对薛伯慷慨激昂地说："我率八个州郡为晋安王效力，一仗未打就人马溃散，这难道不是天意吗？我不是怕死，只是想到了寻阳，向主上谢罪后，我再自杀。"说完，他还假惺惺地让卫兵取来符节，但是没有人响应他。第二天一早，薛伯珍就砍下了他的头，拿着它向建康军队投降去了。

90. 袁粲有什么事迹传世?

司徒袁粲很小的时候，父亲就去世了，母亲纺线织布，供给家用，因此生活很艰苦。但袁粲勤奋好学，经常足不出户，埋头读书，九流百家之书，无所不窥。他才气过人，性情恬淡，品行高洁。生活闲散舒适，经常以赋诗饮酒自娱，不喜欢结交宾客。虽然历任要职，却不肯过问具体的政事公务。

宋明帝时，他出任丹阳尹。有一次，他信步出游，看见路边一户人家院子里的竹木花石很有风致，也不通名报姓，就径直走进去，坐在竹子边自得其乐地歌咏起来。主人听见声音从屋里出来，他就和人家有说有笑地聊起来。一会儿，他的护卫仪仗都来到这家门前，主人大吃一惊，这才知道眼前的人是本郡的父母官袁粲，连忙施礼。又有一次，他到郊外散步，在路上遇到一个士大夫，他便把人家叫来一起开怀畅饮。这个人非常兴奋，以为袁粲很赏识自己，所以第二天一大早就上门来拜访袁粲，想要升官。袁粲淡然一笑，对身边的人说："昨天饮酒没有伴儿，所以姑且邀请了他。让他就不要进来了。"

宋明帝临死的时候，袁粲为尚书令，与褚彦回、刘勔一起接受顾命，辅佐后废帝刘昱。元徽二年（474），桂阳王刘休范亲自率领两万步兵和五百名骑兵从寻阳出发，进逼建康，来势汹汹。由于刘昱只有十二岁，朝廷的辅政大臣便单独在中书省集会，研究对策。最后决定由右卫将军萧道成率领军队进驻新亭，抵抗叛军，宫中事务由袁粲、褚彦回主掌。刘休范攻打京城的军队击溃了朝廷守军，已经打到南掖门外，台城里人心惶惶，宫中乱成一团，守军将领也都丧失了斗志。在这危急时刻，袁粲慷慨激昂地鼓励将士们说："贼寇已经逼近皇宫，我受先帝顾命，辅佐少主，本来就应该把生死置之度外。现在我和褚护军为国家社稷捐躯的时候到了！"说完，他命令左右牵过马来，准备出战。在场的将士听了无不感动，纷纷披挂上阵，在羽林监陈显达的率领下冲出去和叛军拼杀。正好萧道成率领的大军此时也从新亭返回，冲入台城，与叛军展开激烈的战斗，终于平息了叛乱。

叛乱平定之后，萧道成、袁粲、褚彦回、刘彦节几人轮流入值，共同执掌朝政。刘昱喜怒无常，随意残杀大臣，连萧道成的性命也受到威胁。萧道成产生了废黜刘昱的想法，但袁粲不同意。宋顺帝刘准即位后，让他出京镇守石头城。他本来不想接受，但他发现萧道成有推翻刘宋政权的野心，就萌生了铲除萧道成的念头，因此他到石头城赴任，暗中组织人马对付萧道成。萧道成为了防止袁粲的行动，派部将以增援袁粲为名，率兵进驻石头城。袁粲计划假借皇太后的命令，派尚书令刘秉的堂弟、领军将军刘韫（yùn）和直阁将军卜伯兴率领皇宫禁军攻打坐镇朝廷的萧道成，让右卫将军黄回率领大军来接应。但是走漏了风声，萧道成马上行动，他派驻守宫城的冠军将军王敬则先杀掉刘韫和卜伯兴，同时命令部将戴僧静率兵前往增援石头城，进攻袁粲。两支军队在石头城展开激烈交战，最后石头城还是被攻破了，刘秉带着儿子慌忙逃走，袁粲从城楼上下来，回到屋子里坐下，点了一支蜡烛，神色平静地对儿子袁最说："我本来就知道一根木头是撑不起即将倾倒的大厦的，只是为了名声道义，我不得不这样。"这时，戴僧静已经提刀冲进来了。袁最连忙用身体挡住父亲，大声哀求让自己先死，在场的兵士纷纷流下了眼泪。袁粲笑着说："好，好，我不失为忠臣，你不失为孝子。"话刚说完，戴僧静手起刀落，父子俩都倒在了血泊之中。

91. 袁昂是什么人？为什么入其门者号"登龙门"？

袁昂，雍州刺史袁颛之子。袁颛因在宋明帝刘彧时煽动晋安王刘子勋在寻阳另立政权、对抗朝廷而被杀。当时袁昂只有五岁，被乳母抱着逃出关，免于一死。他仪表出众，为人忠孝正直，所以齐武帝萧赜一见到他，就感叹说："君器宇轩昂就像千里马。索性就改名为昂，字千里吧。"

袁颛被杀后，头被送到京师，藏于武库，用漆写上名字做标志。后来诏令归还头颅。袁昂当时十五岁，见了父亲的头嚎啕大哭，悲痛欲绝，几次昏死过去，流的眼泪把头上的漆字都洗掉了。因为父亲死于非命，所以他终身不听音乐。他生母病逝时，他护送母亲遗体从水路回家。走到半路，忽然狂风大作，波涛汹涌，大家惊惶失措，袁昂把自己的衣服和灵柩的绳子绑在一起，决心和母亲的灵柩共存亡。等到风停以后，大家发现江上其他的船都已经在风暴中沉没了，唯独袁昂所乘的那条船还完好无损。人们都认为是袁昂的孝心感动了上天，所以才会出现这样的奇迹。

齐东昏侯永元末年，雍州刺史萧衍起兵东下，围困建康，各州郡望风而降，纷纷派使者前来投靠萧衍，而袁昂却在境内拒不投降。建康平定后，萧衍派豫州刺史李元履巡抚东南一带，嘱咐他："袁昂世代有名节，不可用兵威凌辱他。"李元履到了吴兴，向袁昂宣读了萧衍的旨令。袁昂还是不投降，只是打开城门、撤去守卫而已。袁昂到了京城，萧衍也原谅了他，并给他以优厚的待遇。

袁昂在梁武帝萧衍朝先后担任侍中、吏部尚书、尚书令等职。他不仅为官正直，在朝中声望很高，而且善于鉴别奖拔人才，和他交往的人都是一些才俊之士。所以凡是能进入他门中的人，都被世人视作是"登龙门"。

92. 蒋恭兄弟争先承担罪行有何结果?

蒋恭，义兴临津（今江苏宜兴）人。元嘉年间，晋陵人蒋崇平犯抢劫罪被捉，招认说蒋恭妻子的弟弟吴晞张是其同伙。当时恰好吴晞张所在村子遭遇洪水，而吴晞张又不在家，其妻子儿女便来蒋恭家寄居，以躲避洪水。蒋恭和哥哥蒋协并不知道吴晞张抢劫之事，对晞张的家眷热情款待。官府前去捉拿，吴晞张不在，便捉住蒋恭及哥哥蒋协，把他们投入监狱。审讯时，蒋恭说晞张是他老婆的亲人，亲人有罪，自己甘愿分担，请求免去哥哥蒋协之罪。蒋协却说他是哥哥，身为一家之主，应当承担罪行，请求免去弟弟之罪。兄弟两人都争着愿意接受刑罚，郡县之官一时难以判决，便上报州里。州里认为都不应当定罪。后来蒋恭被任为义成令，蒋协被任为义招令。

93. 王彭葬父时有什么奇遇?

王彭，盱眙直渎（今江苏盱眙县南）人，很小的时候母亲去世，元嘉初年，父亲又死了。家里非常贫穷，没有钱财用来安葬，兄弟两人只好白天受人雇用，夜里则伤心哭泣。乡里之人都非常同情他们，于是出力帮助兄弟俩做砖。做砖需用水，但当时天大旱，挖一口几十丈深的井都无水涌出。坟墓离淮河有五里远，兄弟俩只好到河里挑水，但距离太远，弄得人很辛苦又起不了多大作用。王彭于是号啕大哭，向老天诉说，一连几天皆是如此。一天早上，突然奇迹发生了，老天先是降下一场大雾，雾停之后，砖灶前面突然涌出一股泉水，前来帮忙的乡亲都大感奇异。消息传开，远近各县的人都来观看。埋葬之事完毕后，泉水便自动干涸了。元嘉九年（432），时为太守的刘伯龙向皇上表奏此事，于是皇上下诏把他所居的乡里改名为通灵里，并免除他们三代人的租布。

94. 刘宋朝廷为什么会免除严世期的徭役和赋税?

严世期，会稽山阴（今浙江绍兴）人，生性乐善好施，乐于帮助别人。同里的张迈等三个人的妻子都生了孩子，但碰上饥馑之年，张迈等想把孩子抛弃不抚养。严世期知道后，送来衣服粮食，在他的长期帮助下，三个孩子得以长大成人。同县俞阳的妻子九十岁了，又有个七十岁的女儿，皆又老又病，无依无靠，世期长期供给她们饮食达二十年之久，去世之后，又予以安葬。同宗人严弘、乡人潘伯等十五人，在大荒之年饿死，无人收尸，严世期买来棺材把他们安葬，并抚养他们留下的孩子。严世期这种义行传到了朝廷，朝廷于是免除了他的徭役和赋税。

95. 郭世通父子有什么孝行和美德?

郭世通，会稽永兴（今浙江绍兴一带）人，和其儿子郭原平都以孝行闻名当世。郭世通十四岁时父亲就死了，留下一个继母，家里很穷。为赡养继母，他起早摸黑干活。结婚后，妻子生下一男孩，夫妻俩害怕多一口人不能很好地赡养继母，竟把孩子活埋了。继母死后，因贫穷雇不起人，他一个人背负泥土修成坟墓。除掉丧服后，终身思念，未曾解衣脱帽。他的孝行感动一乡，连邻村的百姓都对他很尊敬，遇到他不直呼其名。

郭世通不但以孝行闻名，而且还很有美德。一次与人一起到山阴赶集，与人交易时，多收了别人一千钱，当时没有发觉，分手之后才感觉不对，于是追赶钱主，把钱还给他。钱主感叹之余，拿出一半给郭世通，世通坚决不受。后来，散骑常侍袁愉把他的孝义美德上奏给宋文帝，文帝大悦，张榜表扬，并免除他的租调，把他所居住的独枫里改为孝行里。

郭世通的儿子叫郭原平，也是至孝之人。因家里贫穷，他只好受雇于人，赚取钱粮以赡养双亲。主人每次设饭食招待他时，他想到家里贫穷，父母从未曾吃过佳肴，于是自己也只吃点盐饭作罢。如果碰上家中没有粮食，他在外面也绝不吃主人的饭，与家中父母一起挨饿。等到日暮时分把活干完，他才拿领到的工钱去买米，然后一家人生火做饭。

郭世通多年沉疴在身，原平衣不解带地侍候，同时为表孝心，口不尝盐菜，不躺下睡觉。父亲去世后，原平号哭恸绝，竟昏死过去，几天后才慢慢苏醒过来。原平认为只有自己亲自做墓穴，才能表达自己的奉终之义。但是他并不会做墓穴，于是遍访有会做墓穴者，然后跟其学习。学好之后，又把自己卖身为奴，把得来的钱财作为父亲丧葬之用。安葬好父亲后，便到主人家勤奋干活。原平一边赚钱养母，一边攒钱以赎身。赎身之后更加乐于助人。因为他学会了做墓穴，于是每到吉岁，前来求他做墓穴的络绎不绝。但他只收很少的价钱，并且一有机会，又把赚来的钱用来帮助别人。原平每次卖东西，只收取一半的价钱。原平的房屋旁种有竹子，一次夜里有人前来偷笋，被原平看见，小偷慌忙逃跑，不料坠入水沟。原平于是在水沟上架一小桥，又把笋挖下，放到篱笆外，让人自取。小偷非常惭愧，从此不再光顾。

原平的母亲去世后，他又是一场大恸。父母墓前曾有几十亩田地，但不是原平的。每到耕种时节，前来耕种的人往往袒胸露乳，非常不雅。原平为不让人在其父母墓前有亵慢的行为，于是出高价把田地买下。到耕种时节，他一边耕作，一边泣啼，以表孝心。

96. 陈显达有什么事迹见于记载?

陈显达，彭城人，早年因军功而居官羽林监、濮阳太守。宋后废帝元徽二年（474），桂阳王刘休范反叛，率领军队进逼建康。朝廷派萧道成等人率领大军迎敌。刘休范的大将击溃了朝廷军队，一直杀到了杜姥宅。有的官员还打开城门迎接叛军，宫中乱作一团，驻守台城的守军已经丧失了斗志。在这关键时刻，萧道成等率领大军渡过秦淮河，冲入台城。驻守皇宫的羽林监陈显达也趁机率兵冲出，在杜姥宅和叛军展开激烈战斗，大败叛军，终于平定了叛乱。陈显达因功被封为丰城侯，后迁任广州刺史。

宋顺帝升明元年（477），荆州刺史沈攸之起兵叛乱。陈显达即刻派军支援台城。他的部下有人建议他据守州境，养兵蓄锐，暗中和两方都保持联系，观望一段时间后再说。他听了大怒，立即下令把建议者推出斩首，并且马上派遣使者向萧道成送去一封信，表示忠心。萧道成即位后，任命陈显达为护军将军、益州刺史。

益州大度獠人骄横狂暴，为所欲为，他们凭借险峻的山势，不把朝廷放在眼里，历任刺史都对他们无可奈何。陈显达到任后，派官差去催缴田赋捐税，却被獠人杀了。陈显达一怒之下，率领官军，夜里袭击大度獠人，把男女老幼斩尽杀绝。从此以后，山夷震服，再也不敢闹事。

齐武帝永明二年（484），陈显达被调回建康，担任侍中。齐明帝萧鸾即位后，陈显达因为曾在废黜郁林王萧昭业的行动中有功，被明帝任命为司空，晋爵位为公。陈显达心中不安，为了不引起萧鸾的猜忌，他拼命贬损自己，坐的车子很破烂，带的随从也很瘦小。有一次，他陪萧鸾宴饮，酒后突然向萧鸾借用枕头，萧鸾让人给他拿来。他用手抚摸着枕头说："我年老体衰，荣华富贵已经享尽，只缺一个枕头枕着死。"萧鸾听了很吃惊，以为他喝醉了。后来他多次想告老还乡，萧鸾都不准许。

齐东昏侯萧宝卷做皇帝后，让陈显达做江州刺史，他很高兴终于可以离开京都。他听说萧宝卷滥杀大臣，而且听说朝廷要派兵袭击江州，只好在永元元年（499）十一月，从江州起兵，率军进逼建康。朝廷派后军将军胡松等人屯兵梁山，抵挡陈显达的军队。陈显达在采石一举击溃了胡松的军队，京都震惊。十二月，他率军偷渡长江，袭击宫城，朝廷军队闻风丧胆，纷纷败退。陈显达手执长槊，跃马向前，带着几百名步兵和朝廷守军战在一起，杀得对方溃不成军。由于用力过猛，手中的长槊折断了。这时官军不断聚集，围攻陈显达。陈显达寡不敌众，骑马就跑。被骑官赵潭追上，一槊刺中，终年七十三岁。

97. 鲁爽身为北魏将军为什么要改投南朝?

鲁爽，出身将门，骁勇善战。他的父亲和祖父都曾在后秦任官。刘裕进入长安，后秦灭亡，他们又投奔魏朝。北魏太武帝拓跋焘知道鲁爽勇武，就让他随侍左右。父亲鲁轨死后，鲁爽接任荆州刺史，镇守长社。他因为几次使酒任气，有了过失，魏武帝知道以后大怒，要杀了他。鲁爽心中恐惧，就有了投降南朝的意图。他的二弟鲁秀很有谋略，在北魏任中书郎。有一次，鲁秀奉命外出，途中因病耽误了归期，受到魏武帝的责备，鲁爽也惶恐不安。元嘉二十七年，魏军在彭城俘获了刘宋的殿中将军程天祚，程天祚因擅长针灸，受到魏武帝宠信，被封为南安公。程天祚看出鲁爽兄弟的心思，就经常劝说他们南归，他们答应了。元嘉二十八年，鲁爽、鲁秀趁魏武帝撤军北还时，一起投奔南朝。消息传来，魏武帝大怒，派人毁掉了鲁爽的祖坟，以泄其愤。

98. 殷孝祖是怎样死的?

宋明帝刘彧即位以后，宋前废帝刘子业的弟弟、晋安王刘子勋也在寻阳称帝，与建康政权对立。尽管刘彧和刘子勋都是皇室成员，但刘子勋毕竟是弟承兄业，名正言顺，因此各地官员纷纷拥护寻阳政权。殷孝祖当时任雍州刺史，他的外甥司徒参军荀僧韶向明帝建议征召殷孝祖入朝效力，明帝答应了，就派他前往。荀僧韶抄小路到了雍州，见到殷孝祖，劝他说："前废帝凶恶狂悖，朝臣忧惧，人人自危。主上剪除凶暴，公卿百官毫无异议。而一些人不明事理，制造事端，想借拥立幼主，获取权力。舅舅素有雄心壮志，以气节著称，如果能归顺朝廷，辅佐皇上平定叛乱，肯定会名垂青史啊!"殷孝祖听了，当日就抛妻别子，率领文武官员两千人，随荀僧韶回京。当时四方反叛，只有丹阳一个郡拥护建康政权，形势对刘彧极其不利。殷孝祖回到京都，带来不少人，朝中人心顿时安定下来。明帝非常高兴，当即给殷孝祖晋号冠军将军，赐给他铠甲弓箭，让他率领大军抵抗寻阳军队。

殷孝祖自以为归顺有功，狂妄自大，目中无人。他随意凌辱诸将，因此造成建康军队人心涣散，各自为政。他每次和敌人交战时，总有仪仗相随。军中人都说："殷统军与敌人交锋，总是带着仪仗显示身份，如果对方的射手一齐瞄准他，他不死才怪呢!"果然，在不久的一次交战中，被流箭射死。

99. 王镇之有什么美名流传?

王镇之，东晋末任剡、上虞县令，都以政绩著名。桓玄辅政时，三吴地区发生饥荒，王镇之当时担任桓玄的录事参军，奉命前往灾区赈济。而桓玄的妹夫王愉当时担任会稽内史，不执行朝廷命令。王镇之不畏权势，上书检举王愉，因此在朝中一直受到排挤压制。因为需要赡养年老的母亲，王镇之上书请求出任安成太守。在任期间，为官清廉，以至于母亲去世后，妻子儿女都没有路费和他一起护送母亲的灵柩返回家乡，他只有抛下妻子独自回去。为母亲服丧结束后，他又任御史中丞，铁面无私，执法公正，朝廷百官都很畏惧他。

王镇之后来出任建威将军、广州刺史，刘裕对左右的人说："王镇之一向很有声望政绩，岭南风俗弊陋，非他不能整治。"王镇之在任上，不拿俸禄，清政爱民，离任时两袖清风，身无长物，和来时没有两样。刘裕初建相国府，征拜他为咨议参军，他善长吏事，为官严而不酷，有良吏之称。

100. 王弘之为什么不愿出仕?

王弘之，王镇之的弟弟，少年时孤贫，被外祖父抚育成人。东晋末桓玄辅政时，他担任桓谦的卫军参军。当时，殷仲文离京返回姑苏，朝廷百官都去送行，桓谦邀请王弘之和他一起去。王弘之拒绝了，他说："凡是送别饯行之人，都是出于情分，下官和殷仲文素不往来，没有理由前去相送。"桓谦认为他说的很有道理。

王弘之性好山水，喜欢闲散适意。兄长王镇之携带母亲前往安成郡赴任，他也辞官同行。母亲归葬上虞以后，他就在家乡隐居。朝廷屡次征召他做官，他一概不就。他爱好垂钓，就经常在上虞江边垂钓。经过的人不认识他，有人就问他："渔师如果钓上鱼，能卖给我不?”王弘之淡淡一笑，回答道：“也钓不上鱼，钓上了也不卖。”直到日暮时分，他才收起鱼竿，带着钓来的鱼回家，路过亲戚朋友的门口，就送上一两条。始宁沃川山水秀美，王弘之就在那里依山建屋，尽情享受山水耕读之乐。堂兄王敬弘官居宰相，很欣赏他的高行，请他做官，他不肯去。于是王敬弘就把自己的貂裘解下来送给他，他披着就上山采药去了。永嘉太守谢灵运、始安太守颜延之是当时的著名诗人，被称做“江左第一”，他们都非常钦重王弘之。王弘之去世后，颜延之想给他写诔文，但是自恨笔力不足以称美王弘之，因而只得作罢。

101. 王裕之的一生情况如何?

王裕之，少年时清雅高尚，性情恬淡宁静，喜好山水。他任天门太守时，闲来无事，就恣意遨游，乐而忘返。宋武帝刘裕屡次征召，他总是辞让，武帝也不勉强他。文帝元嘉三年（426），他担任尚书仆射，政务毫不关心，文案也不去浏览。有一次，文帝亲自参加审理案件，刚好遇到一件疑难案件，文帝向他询问，他张口结舌，回答不出来。文帝不悦，就问左右的人说：“为什么不把卷宗给仆射一份?”王裕之回答说：“臣已经读过卷宗了，也正疑惑不解呢!”文帝很不高兴。从此以后，对王裕之虽然仍加礼敬，但也不再把政务交给他了。元嘉六年，他被任命为尚书令，上表辞让，并要求东归。文帝准许，改任他为侍中、特进、左光禄大夫，并亲自为他饯行。后来，他一直辞官不拜，直到元嘉二十三年他去世。

王裕之身材矮小，但仪态严整，坐立端庄。他东归后所居住的舍亭山，林涧优美，景色宜人，所以当时人称他为“王东山”。他的仆从，是两个穿着青色绸裤、脸上搽着胭脂、头上编着五条发辫的老妇人。有一次，他前去尚书仆射何尚之家，探望嫁给何尚之弟弟的女儿，刚好何尚之不在，他就在何尚之的书房中躺下来休息。一会儿何尚之回来了，王裕之使两个妇人守住阁门，不让何尚之进来，告诉他自己正热得不舒服，不能见面，请他先离开。何尚之只好移到别的屋子去了。文帝想为儿子娶王裕之的女儿为王妃，他婉言谢绝。他的儿子王恢之被征召为秘书郎，他却上表请求让儿子担任冷清无人竞争的奉朝请之职，文帝很赞许他的为人，同意了他的请求。

王裕之对待子女，从来不曾教给他们学问，而是顺其自然，各从所好。他与儿孙见面，一年中不过一两次，即使如此，见面时还要先约好日期。儿子王恢之做新安太守，专门请假回来看望他，他定好日子见面，结果总是爽约。眼看着假期将完，王恢之前来向父亲告辞，父亲在屋内喊他到门前来，隔着门说了几句话，还是没有见他。王恢之只好在门外拜别父亲，流着眼泪走了。

102. 王秀之的哪些品质受到了人们的赞扬?

王秀之是王裕之的弟弟。刘宋时官任太子舍人。当时尚书仆射褚彦回官居显要，想和他结亲，王秀之不肯，因此一直不能升迁。后来他出任晋平太守，刚满一年，就上奏朝廷要求回去。别人问他缘故，他回答说：“此郡田地肥沃，物产丰富，愚人贪图财利，就会招致灾祸。智者不贪财，也就不会惹祸上身。我现在归隐买山的费用已足，又何必久留在此，妨碍贤人的入仕之路呢?”人们都说他是恐富求归。

齐武帝时，王秀之担任都官尚书。他的祖父、父亲都曾任过尚书，以立身清高、不接权贵著名，王秀之也和父祖一样。当时王俭深受齐武帝宠信，王公大臣趋之若骛，只有王秀之不和王俭结交。他的家族三代不事权贵，被当时人传为美谈。

王秀之隆昌元年（494）去世，去世前嘱咐子孙丧葬祭祀一切从简，禁止奴仆姬妾在灵前助哭。所以死后给他定的谥号也是“简子”。

103. 贾希镜是怎样得到皇帝赏识的?

贾希镜，平阳襄陵（今山西襄汾）人，因精通谱学而深受南朝宋、齐最高统治者的赏识。贾希镜之祖父贾弼之是东晋王朝的员外郎。当时谱学还没有名家，于是贾弼之广泛搜罗百氏谱记，详加整理，并且悉心揣摩。传到孙子贾希镜之手时，对于天下十八州的士族谱系，都已全备，共合一百帙，七百余卷，贾希镜对它们全部精悉，当时没有人能与他相比。宋孝武帝时，有青州人发掘一古冢，墓志铭上有“青州世子，东海女郎”的文字，孝武帝问当时的饱学之士鲍照、徐爰、苏宝生等人是怎么回事，他们都回答不上来，只有贾希镜回答说："此当是司马越之女嫁给了苟晞儿。"后来叫人检验查访，果然如此，从此贾希镜受到皇上刮目相看，皇上叫他为《郭子》作注。

宋顺帝升明年间（477～479），当时大权在握的萧道成欣赏贾希镜世传谱学，任命他为骠骑参军、武陵王国郎中令，后又任大司马司徒府参军。竟陵王萧子良又让贾希镜撰写《见客谱》。齐明帝建武初年（494），贾希镜任长水校尉，寒门王泰宝贿赂贾希镜，将其家族编入《琅邪谱》，被人告发，希镜受到牵连，依法当处死。希镜之子栖长磕头谢罪，流血满面，朝廷为之感动，于是赦免了贾希镜。不久，贾希镜去世，撰有《氏族要状》、《人名书》行世。

104. 刘怀珍一生有什么事迹流传？

刘怀珍，字道玉，仕历南朝宋、齐两朝，以杰出才干受到两朝统治者的器重。

幼年时，刘怀珍跟随伯父刘奉伯到寿阳。一次，豫州刺史赵伯符出猎，场面非常壮观，老百姓都竞相围观。唯独还是小孩子的怀珍却避而不见，其伯父奉伯见了后说："看来振兴吾家的就是此儿了！"后来怀珍被辟为豫州主簿。

宋元嘉二十八年（451），逃亡的司马顺则在东阳聚党作逆，刘怀珍率领几千人将其平定。回来后，宋文帝问起平叛之事，刘怀珍却让功不居，亲戚朋友都感到很奇怪，怀珍回答说："以前曹魏时国子尼耻陈河间之级，我怎么能论邦域之捷呢？"时人闻听后对其大为赞赏。江夏王义恭出镇盱眙时，路上遇见刘怀珍，看到他善于应对，便任命他为骠骑长史兼墨曹行参军。后来又为义恭大司马参军、直阁将军、随府转太宰参军。

宋大明二年（458），刘怀珍以军功被任命为乐陵、河间两郡太守，赐爵广晋县侯。这时竟陵王诞谋反，郡人王弼门族兴盛，乘机想劝说刘怀珍起兵助诞，怀珍断然把王弼杀了。孝武帝为表彰其忠心耿耿，升其为豫章王子尚车骑参军。不久，刘怀珍遇到老上司江夏王义恭，义恭对他说道："分别这么多年，你没有老哇。"刘怀珍回答说："恩公的情义未报，我怎么敢老呢？"其善于应答如此。

刘怀珍与齐高帝萧道成相为友善。在宋朝时，齐高帝为舍人，刘怀珍为直阁。一次，刘怀珍与萧道成告别，萧道成送给怀珍一匹咬人的白骢马，怀珍送给他上百匹绢。于是有人说："萧公此马不能骑所以才送给你，你却送给他上百匹绢，太多了吧?"刘怀珍回答说："萧君局量堂堂，我把身名都想托付给他，还计较这么点钱物?"于是受到萧道成的看重。齐朝建立后，刘怀珍历任左卫将军、光禄大夫，封霄城侯，死后谥"敬侯"。

105. 刘瑀因何事被免官?

刘瑀（yū），南朝刘宋开国时重要谋士刘穆之的孙子，性情傲慢，盛气凌人。起初，他和吴郡顾迈同在始兴王萧浚手下做官，顾迈为参军，有才能，很受器重，刘瑀因此曲意巴结他，家中大小琐事不能为外人说的都告诉了顾迈。顾迈看刘瑀这样推心置腹，深为感动，就把萧浚的一些机密事情告诉了他。刘瑀听了以后，就对顾迈说："明公把你当家人看待，什么话都对你说，你却对外乱说，我身为国家官员，怎能不把这事告诉明公呢?"于是他向萧浚告发顾迈，萧浚大怒，把顾迈贬到广州去了。

孝武帝初年，刘瑀在朝中做御史中丞，很是得志，借机随意讥弹别人，朝臣都畏惧他。后来，侍中何偃改任吏部尚书，刘瑀四处钻营，想谋求侍中的位置，结果遭到失败，怏怏不乐。他的年龄、地位本来都在何偃之上，当然不会甘心。有一次，与何偃一起跟随皇帝去郊祀，何偃乘车在前，他骑马在后，相距数十步。于是他狠狠地踹了马一脚，追了上去，问何偃："你的车怎么那么快?"何偃说："我的牛强壮，驾车人技艺高超，当然快了。你的马为何那么慢?"刘瑀傲慢地说："我的骐骥被羁绊所困，所以居后。"何偃说："为什么不挥鞭让它奔腾千里呢?"刘瑀冷笑一声说："它一蹴就能青云直上，何至于与驽马争路!"何偃不再理他，但刘瑀心里依然很不自在。他曾对亲信说："人做官，不出就进，不进就出，怎么能长期蹲在门槛上?"后来，他担任益州刺史，因为抢夺别人的妻子做妾而被罢官。他的背上长了痈疽，恰巧何偃也毒疮发背。刘瑀的疮痊愈后，听说何偃病逝，竟然高兴得欢呼跳跃，以致痰涌心窍，命归黄泉。

106. 刘祥为什么被远黜边地?

刘祥是刘穆之的重孙，年轻时爱好文学，性情倔强，言行举止随心所欲，不计后果。在南齐为正员郎，有一次，司徒褚彦回入朝，用腰间的扇子遮着太阳向前走，正好刘祥从旁边走过，讥讽他说："做如此举动，真是羞于见人，即使用扇子遮住脸，又有何用?"褚彦回生气地说："你这个贫寒之士也太出言不逊了!"

齐武帝永明初年，他撰写《宋书》，讽刺齐代宋之事。尚书令王俭密奏武帝，武帝怀恨在心，但未问罪。他又经常贬低朝中官员，他曾和尚书仆射王奂之子王融同坐一辆车，在路上看见有人赶着驴子，他就感叹地说："驴子，你好自为之，像你这样的人才，都已经做到尚书令、尚书仆射了!"一点儿也不顾及王融的感受。后来，他写了《连珠》诗十五首，抒发情怀，其中有讥刺时政的地方。有人上奏皇上，皇上大怒，就把他贬官到广州，并对他说："我这次饶了你的性命，是想让你在万里外思过反省。你如果能改，我还会让你回来。"刘祥到广州后，郁郁寡欢，终日纵情饮酒，不久就去世了。

107. 刘秀之为官政绩如何?

刘秀之，刘穆之的侄子，从小家境贫寒，无依无靠。十岁时与一些孩子在水边玩耍时，忽然有一条凶猛的大蛇爬过来，大家都张皇失措，四下惊叫躲避，只有刘秀之镇静自若，站在原地没动，人们都感到惊讶。何承天一向很器重他，就把女儿嫁给了他。他的兄长跟随朱龄石战败而死，刘秀之十年之间都郁郁寡欢，没有开心过。

元嘉中，刘秀之担任建康令，政绩显著。刘骏（宋孝武帝）镇守襄阳时，让他做襄阳令。襄阳地方有六门堰，周围良田千顷，但因坝堰年久失修，田业荒废。刘秀之到任后，修复水利，自此襄阳岁岁丰收。后来他做西戎校尉、梁南秦二州刺史，汉川境内发生饥荒，他自己带头节衣缩食，和百姓一起共渡难关。汉川原来以绢帛为货币，刘秀之限制这种做法，让大家用钱，百姓都觉得很方便。元嘉二十七年(450)，宋文帝派宁朔将军王玄谟和沈庆之等率大军北伐，刘秀之亦领兵北上，威震关陇。元嘉三十年，文帝想废掉太子刘劭，结果泄密，反被刘劭所杀。刘秀之当日即起兵勤王，被南郡王刘义宣阻止。事情平息后，刘秀之迁益州刺史，离开梁州时，他把自己的俸禄约有二百八十万交付梁州官库，此外身无一物。梁州、益州都是富饶之地，历任刺史无不大肆搜刮，发家致富，以至万金。他们的僚属大多出身贫寒，到地方做官，也以贪污聚敛为务。而刘秀之为官清廉，政纪严明，远近百姓都心悦诚服。

当时，官府赊买百姓的货物经常不给钱，刘秀之认为不合适，多次上奏陈述，皇帝虽采纳了他的话，但并未实行。后刘秀之迁尚书右仆射，在参与制定律条时，有人认为民杀其长官者，如果遇到大赦，应当改为流放。刘秀之认为人应当敬重长官如同父母一样，杀害长官，罪不容赦，最后大家一致听从了他的意见。刘秀之虽然相貌质朴，毫无风采，但内心刚正坚毅。他为官清廉，死后家无余财，皇上因此赐钱二十万，布三百匹给他家，以示褒奖。

108. 徐孝嗣有什么事迹传世?

徐孝嗣，徐湛之的孙子。徐湛之在宋文帝时为尚书仆射，深受文帝尊重。文帝晚年，意欲废黜太子刘劭，和徐湛之商议了很久，犹疑未定，结果消息泄漏，被太子杀掉，徐湛之以及儿子徐聿之也被害。徐聿之被害之时，孝嗣尚未出生。他母亲年纪很轻，想再改嫁，所以不想生他，曾好多次自己从床上故意掉下来，又用棒槌捶打腰，并且服用堕胎药，都没有打掉胎儿。故而徐孝嗣生下后，小名就叫遗奴。

徐孝嗣八岁时袭封枝江县公，觐见宋孝武帝刘骏时，想起父祖的惨死，禁不住泪流满面。孝武帝爱怜他，就把公主嫁给他，让他做驸马都尉，后拜官太尉。南齐初，他出任吴兴太守，很有政绩。徐孝嗣神态安闲，气度弘雅，尚书令王俭很欣赏他，曾对人说：“徐孝嗣将来必为宰相。”并向齐武帝推荐他做自己的候补。王俭死后，武帝任命孝嗣为五兵尚书，迁吏部尚书，朝中事多委任于他。

齐武帝死后，皇太孙萧昭业即位，隆昌元年（494），西昌王萧鸾废掉萧昭业并杀了他，阴谋篡位。事前，萧鸾派心腹告诉了孝嗣，孝嗣默默无言。等到萧鸾入宫殿政变，孝嗣穿着戎装跟随其后。萧鸾事出无名，需要皇太后的旨令，徐孝嗣就拿出袖子里事先写好的太后诏书递上去，萧鸾大喜过望。萧鸾即位为齐明帝，徐孝嗣因废立有功而被封为枝江县侯，晋爵为公，并特许他可带甲仗五十人进殿，官拜尚书令。

徐孝嗣爱好文学，风度闲雅，做事八面玲珑，不露锋芒，所以在齐明帝大杀宗室诸王及朝臣时，仍能仕途平稳。明帝死后，东昏侯萧宝卷即位，徐孝嗣与始安王萧遥光、右仆射江祏（shí）、领军将军萧坦之、侍中江祀、卫尉刘暄六人轮流在朝廷内省当值，共同辅政，时称“六贵”。萧宝卷做太子时，就不喜欢读书，每日嬉戏无度，即位后，更是肆意妄为，滥杀大臣，使得人人自危。徐孝嗣认为皇帝昏乱失德，想趁萧遥光起兵，与左仆射沈文季在南掖门内应，废掉皇帝。他三番五次向沈文季使眼色，沈文季故意打岔，佯装不懂，以免惹祸。虎贲中郎将许准劝徐孝嗣另立新君，他一直犹豫不决，认为最好是不动干戈，等萧宝卷出游时，关闭城门，召集群臣，议定废立。结果始终不能决定。

永元元年（499），萧宝卷把徐孝嗣、沈文季、沈昭略三人召到华林省，让茹法珍赐他们毒酒，沈昭略大怒，指着徐孝嗣大骂：“废昏君，立明主，古今一理，都是你这个宰相无能，才有今天！”徐孝嗣神色不变，对沈昭略说：“当初始安王萧遥光起事时，我想在宫门接应，你叔叔沈文季如果同意，我们又怎么会落到今天这步田地？”说完，他默默地喝着毒酒，喝了一斗多才死去。

109. 孔琳之有哪些言论传世？

东晋末年，桓玄率兵攻入建康，大权独揽，以太尉的身份辅政，他任命孔琳之为西阁祭酒。桓玄当时责令百官献计献策，想借机革新政治，建立威望。他发布了一系列的政令，很多官员都随声附和，而孔琳之直言不讳，对于其中一些提出了质疑，使得桓玄很不满，因而也不被重用。孔琳之的主要言论有：

其一，桓玄想废掉钱币，而用谷物绢帛来代替它行使流通作用。孔琳之说：“圣王制造无用的货币，来流通有用的财物，既不会担心它会毁坏，也省去了运输的困难，这就是钱币所以历代不废的原因。谷帛是百姓的衣食之资，现在把它当作流通的媒介，不仅容易损坏，使用时又割长裁短，浪费极大。而且三国时钟繇说：‘奸猾之人，竞相把谷物弄湿、把绢帛织得很薄来牟取重利。’当时魏国用严厉的刑罚也禁止不了这种风气。所以说用钱币不但可以使国家财物丰厚，还可以减省刑罚的使用。魏明帝时，废钱用谷已经四十年了，百姓都觉得不便，所以招集群臣讨论，大家都认为应该恢复钱币。他们尚且舍弃了谷物而用钱币作为流通中介，可见用谷物绢帛的弊端已经很明显了。”

其二，关于桓玄提议恢复肉刑的问题，孔琳之说：“时代民风不同，刑罚轻重也因而各异。刑法贵在轻重适宜，所以五帝不同法，肉刑不可以全部恢复。汉文帝慈悲爱民，允许罪人改过自新，废掉劓、刖、斩右趾等残害身体的肉刑，而增加鞭笞之刑。本出于仁恻之心，结果死者更多，所谓名轻实重，反而更加害人。魏时钟繇、陈群都想用斩右趾的肉刑代替杀头。如果采纳了他们的建议，那么能保全性命的人就会很多，确实可以使人口繁衍，又有仁德的名声。现在为害最深的是逃亡的罪人，这些人屡次反叛，革除不了。应该严加惩罚，永绝恶源。至于其余的律条，还是照旧为好。”

其三，关于官印的问题。孔琳之认为：“玺印者，是用来辨别官爵、树立符信的一种物品。官莫大于皇帝，爵莫尊于公侯，而他们所用的玺印都是历代相传的，没有重新改做的。而现在百官除了尉之外，只要职位改变，官印都要另做。这种做法不仅史书上没有记载，而且终年刻铸，耗时费工，金银铜炭的消耗，更是不计其数，不是遵循旧例的简易之道。臣请求一个官位的官共用一印，如果新增官职，或官多印少，然后可以再铸印。臣以为这并非小事，而是利国的大事情。”

110. 孔觊有什么逸事流传?

孔觊在刘宋孝武帝大明六年（462）时出任江夏内史。他为官清廉，生活简朴，不修边幅。但喜欢使酒仗气，每次喝醉，总是几天都不醒。尽管如此，他处理政务极其干练，从不误事。众人都说：“孔公一个月中有二十九天醉，胜过世人二十九天醒。”孝武帝每次想召见他的时候，也要先派人去看看他是醒着还是醉着。

有一次，他的弟弟孔道存和孔徽请假回来，孔觊亲自到岸边迎接。看见弟弟带回几十艘装满绵绢纸席的船只。孔觊知道两个弟弟在做官之余，还经常做点生意，经营产业。他假装高兴地说："近来我手头很紧张，这些东西来得正是时候。"他命人把货物搬上岸堆好，然后脸色一沉，训斥弟弟说："你们真是忝列士人之流，为什么要做商人的营生？"说完，他一把火就把货物给烧得精光。

后来，孔觊做了司徒左长史，弟弟孔道存代替他做了江夏内史。当时江夏以东的地区发生大旱，米价涨到一百钱一斗。孔道存担心哥哥粮食不够吃，就派人送去五百斛米。孔觊把那名官吏叫来说："我在江夏当了三年官，离任之时，都没置办粮食。他到那里没几天，哪里弄到这些米？赶快运回去！"那个官员说："自古以来，都是上游的米运到京都来卖。眼下京都米价贵，干脆就在这里卖了吧。"孔觊执意不从，那位官员只好把米又运回去。

111. 殷景仁有什么事迹?

尚书仆射殷景仁，思维敏捷，深通义理，熟习国典朝仪，所以很受宋文帝的器重。文帝时，他和王华、王昙首、刘湛同为侍中。这四个人的才干气度都是当时之冠，一起担任侍中，被世人传为佳话。

元嘉三年（426），文帝亲自讨伐谢晦，殷景仁和司徒王弘留守，共同执掌朝政。平定谢晦后，殷景仁以侍中的身份又兼任中领军。太子詹事刘湛原本和殷景仁很要好，在武帝时就一起受到刘裕的赏识重用，武帝曾许诺让他们两人当宰相，不过刘湛经常在京城外做官。王弘、王华、王昙首相继去世后，殷景仁就把刘湛调回京师，和他一起参预朝政。刘湛到了京师后，认为殷景仁原来的地位待遇和自己差不多，而现在远在自己前面，深受文帝宠信，因而心中愤愤不平。他竭力结交司徒彭城王刘义康，想借重他的力量来排挤殷景仁，没有成功。殷景仁对亲戚朋友叹息说："我把他引入朝中，没想到他反过来要咬我一口。"于是他就向文帝请求回家养病。刘湛想派人假扮盗贼在宫外杀了殷景仁。文帝听到风声后，就把殷景仁转移到西掖门外晋鄱阳公主的府第担任护军府，靠近皇宫，刘湛只好作罢。

殷景仁卧病五年，虽然在这期间他没有见到皇上，但暗中他和文帝的书信往来每天多达数十封，讨论朝中大小事务，行迹周密，外人毫不知晓。刘湛密谋拥立刘义康做皇帝，在元嘉十七年被杀，彭城王刘义康也被拘禁。就在刘湛事发的这天一大早，久病在床的殷景仁便让人把官服拿过来拂拭了好久，家中人都觉得很奇怪。夜里，文帝在华林园延贤堂召见他，殷景仁坐着一顶小轿赶到华林园，文帝当即就把诛伐处理刘湛的一切事务都委托给他。

后来，殷景仁又代替彭城王刘义康担任扬州刺史，仍然兼任仆射和吏部尚书。出任扬州后大约一月多病逝。文帝追赠他为侍中、司空，加谥号“文成公”。

112. 褚淡之在镇压孙氏起义中有什么功劳?

会稽太守褚淡之和哥哥褚秀之是晋恭帝褚皇后的兄弟，但他们都效忠于刘裕。他们曾按照刘裕的旨意，把褚皇后生的男孩全都杀死，并且收买宫人，让他们毒死晋恭帝，但都没有成功。晋恭帝让位给刘裕不久，刘裕就下决心除掉他。他派褚淡之兄弟俩去探望皇后，把褚皇后引开，刘裕的士兵就趁机翻墙而过，用被子把晋恭帝闷死了。此后，褚淡之被刘裕任命为会稽太守。

褚淡之到任后，会稽境内富阳县孙法先聚集同族人密谋造反，他的同党在永兴县内也暗中响应。永兴令羊恂觉察到他们的阴谋，就报告了褚淡之。褚淡之不相信，以诬陷罪把羊恂拘押起来。于是孙法先自称冠军大将军，率领徒党攻取县衙，自己设官任职，并命令同党进攻山阴。褚淡之得知后，赶紧组织人马。他召集境内休闲在家的卸任官员七十多人商议军事，共同对付叛军。贼众来势凶猛，打败了褚淡之派出的官军，一直推进到离山阴县城二十多里的地方。褚淡之任命山阴令陆邵为领司马，率水军抵抗，自己则亲率兵士出城，在郊外安营扎寨，等到贼军前来。陆邵和行参军灟（zhú）恭期齐心协力，在柯亭把贼军打得溃不成军。会稽境内的叛乱终于被平定，褚淡之不久也去世了。

113. 褚彦回有哪些美德得到人们的颂扬?

褚彦回幼年时就很有声誉。宋元嘉末年，北魏大军南下，逼近瓜步（今江苏六合东南），百姓都惊恐不安，收拾行装背在肩上，随时准备逃走。当时褚彦回只有十来岁，父亲褚湛之担任丹阳尹，听到形势紧张，就把自己的子弟们召集起来，让他们穿上草鞋在院子里练习走路，以便将来逃亡。有人讥笑他身为太守，不去考虑如何布防御敌，而做出这种举动。他洋洋自得地说："我这是安不忘危啊！"而褚彦回听了，脸上布满了羞愧之色。又有一次，褚湛之非常喜欢的一头牛无缘无故掉到府衙门前的井里去了，他就亲自撸起袖子，率领手下人营救，喧哗不已，惹得郡中的老百姓都前来围观。褚彦回觉得父亲的做法有失父母官的形象，就放下帘子，根本不向外面看一眼。

褚彦回在宋明帝时担任吏部尚书，主管官员的升迁任用。有人向他求官，在袖子里藏了一饼金，让他帮忙，并把饼金亮出来给他看，说："没人知道这件事。"褚彦回正色说："卿应该得官，不必借用此物。如果一定要给我，我就不得不向朝廷禀报了。"那个人吓得赶紧收回饼金，灰溜溜地跑了。褚彦回在吏部通报了这件事，但没说出那个人的名字，所以没人知道那人到底是谁。

宋后废帝刘昱时，褚彦回任中书监。当时，淮河地区为北魏占领，淮水特产的滋味鲜美的鳆鱼，江南也就很难吃到了。如果有人能辗转把鳆鱼弄到江南，一条可以卖到几千钱。褚彦回虽然官居显要，但是两袖清风，生活贫困。正好这时有人给他送了三十条鳆鱼，他的门生打开一看，就高兴地对褚彦回说："如果把这些鳆鱼出售，就可以卖得十万钱，大人的生活就会大大改善了。"褚彦回脸色一沉："我以为这是食物，并非货物，况且我不知道它能赚钱，才勉强收下它的。我虽然生活艰苦，岂能卖掉朋友的馈赠来换取钱财？"随后，他就叫来亲戚朋友一起分享这些美味，几天就把鳆鱼吃光了。

褚彦回仪表出众，举止从容，深受朝士钦慕。后废帝刘昱的妹妹山阴公主荒淫，刘昱特为她置面首三十人。有一次，山阴公主窥见褚彦回，不禁心中大喜，告诉了刘昱。刘昱就故意让褚彦回在西上阁值宿十天，山阴公主晚上趁机去亲近他，百般骚扰，但褚彦回始终整身而立，不为所动，一直到天亮。山阴公主只好又羞又恼地走了。

褚彦回不贪财利，立身清廉，很有风度才干，因而受到了人们的称颂。但他后来帮助萧道成篡位，当世人也因此讥讽他名节不保。

114. 到彦之一生都经历过哪些重要的战争?

到彦之，彭城武原人，和宋武帝刘裕是同乡。东晋末年，刘裕讨伐孙恩、卢循起义军，到彦之也跟随刘裕征战。义熙六年（410），卢循进逼建康，到彦之和檀道济奉命率兵夺取卢循的粮草辎重，到彦之在和卢循的同党荀林的交战中战败，被免官。刘裕的弟弟、骠骑将军刘道怜镇守江陵，任命到彦之为咨议参军，不久，他就迁至南郡太守。后来又随刘裕第三子刘义隆出镇荆州，担任南蛮校尉。到彦之佐镇荆楚地区将近二十年，颇有声望，受到当地民众的爱戴。武帝死后两年，顾命大臣徐羡之、傅亮等人废掉刘裕长子卢陵王刘义真和少帝刘义符，派人迎接刘义隆即位，这就是宋文帝。文帝任命到彦之为中领军，把军政都委任给他。文帝不愿大权旁落，又记恨杀兄之仇，所以他在元嘉三年（426）诛杀了徐羡之、傅亮之后，又派到彦之、檀道济讨伐荆州刺史谢晦。到彦之率军首先到达彭城洲，首战不利，众将都建议退回夏口，到彦之不同意。就在危急时刻，檀道济率领大军赶到，两军会师，谢晦的人马溃不成军，谢晦被俘，斩于建康。到彦之因功被封为建昌县公。

元嘉七年，文帝派到彦之带兵五万北伐，北魏滑台、虎牢、洛阳的守兵相继弃城逃走。到彦之分派将帅入城驻守。但到了十月，魏军渡过黄河南攻，洛阳、虎牢又相继落入北魏手中，魏军直趋滑台。到彦之军粮匮乏，军中疾病流行，加之他本人又眼病发作，所以听说魏军直奔滑台的消息后，他立刻放弃滑台逃跑，焚舟弃甲，从陆路退往彭城。初出兵时，到彦之军队装备精良，补给充足。等到大军仓皇撤退，丢盔弃甲，堆积如山，州府库藏也为之一空。文帝派檀道济前往救援，也已经来不及，只好退还。宋文帝的这次北伐，以失败而告终。到彦之因而被免官，两年后去世。

115. 垣护之建立过什么功勋?

垣护之，少年时洒脱不羁，虽然身材短小，面目丑陋，但是他刚强果断，很有才干。宋文帝元嘉七年，到彦之率领五万兵马北伐，垣护之以殿中将军的身份随军北上。到彦之弃城溃逃时，垣护之上书劝阻，到彦之不听，致使北伐军无功而返，损失惨重。

元嘉二十年二月，魏帝拓跋焘率领十万人马，突然南下，围攻悬瓠（今河南汝南）。守将陈宪奋力抗击四十二天，魏军攻打不下，只好撤退。文帝因而借机再次北伐，垣护之跟随宁朔将军王玄谟进入黄河，攻打滑台。垣护之率领一百条大船作为前锋，进据离滑台有一百多里的石济。正在这时，北魏救兵大批赶到。垣护之驰书劝王玄谟应该火速攻下滑台。王玄谟不听，率领军队马不停蹄地退回，甚至来不及通知垣护之。当垣护之得到消息时，王玄谟的水军运输船只在黄河上已经被魏军用铁链连接起来，进行三层封锁，退路被切断了。黄河水流湍急，要闯过敌人的封锁谈何容易。而垣护之却十分冷静，他指挥船队在河中顺流而下，遇到铁链的时候，就让士兵们用长柄的斧头迅速砍断它，继续前进，岸上的魏军根本无法阻止。垣护之安全率领船队返回。

元嘉三十年，太子刘劭杀父即位，文帝第三子江州刺史刘骏起兵讨伐刘劭，垣护之当时驻守历下（今山东济南），闻讯后率兵前往援助。刘骏即位后，任命垣护之为冀州刺史。南郡王刘义宣谋反，他的兖州刺史徐遗宝是垣护之的妻弟，写信给垣护之，劝他一起起兵。垣护之派使者向朝廷上报，并且率兵随镇军将军沈庆之一同攻打叛军。刘义宣率领大军到达梁山，左卫将军王玄谟和他相持不下，向驻守新亭的柳元景求救。孝武帝下令柳元景进据南州，垣护之率领水军先出发，放火烧了长江上敌人的船只，大破叛将庞法起的军队，柳元景于是派精兵配合垣护之乘胜追击。刘义宣兵败被杀。垣护之因功封益阳县侯，迁徐州刺史。

大明三年（459），垣护之被任命为右卫将军，在回京的路上，听到竟陵王刘诞谋反，便立即率领部曲前往车骑大将军沈庆之大营，和他一起讨伐刘诞。刘诞之乱被平定后，垣护之迁任豫州刺史。垣护之虽然屡立战功，但是他所到之处，大肆搜刮，贪污受贿，因此在大明七年，被逮捕下狱，免去官职，第二年就忧愤而死。

116. 垣荣祖有什么事迹见于记载?

垣荣祖，垣崇祖的堂兄。他少年时喜好骑马射箭，有人劝他说：

“你怎么不去学习诗书?”垣荣祖不屑一顾地说:“当年曹操、曹丕上马横槊打仗,下马谈论诗文,这才称得上不枉活一世。像你们这些人连保全自己的技能都没有,与狗、羊又有什么区别呢?”

宋明帝刚即位时,江州刺史晋安王刘子勋起兵反对,会稽太守寻阳王刘子房、荆州刺史临海王刘子顼、徐州刺史薛安都等都起兵响应。明帝任命垣荣祖为冗从仆射,到徐州劝降薛安都,薛安都不听。垣荣祖被留在徐州不能返回,只好做了薛安都的将领。起兵后来失败,薛安都向北魏投降,魏军进入彭城,垣荣祖携带家属南逃到朐山。征北将军萧道成当时镇守淮阴,垣荣祖归附于他,受到保护。宋明帝死后,萧道成让垣荣祖带着他的亲笔信去拜见仆射褚彦回,信里称赞垣荣祖有才干谋略,因此垣荣祖被任命为东海太守。

宋后废帝刘昱喜怒无常,暴戾恣肆,为所欲为。他随意杀人,连中领军萧道成也差点儿被他当成箭靶子射死,朝廷内外一片恐怖气氛。萧道成十分恐惧忧虑,就和亲信商议准备废黜刘昱。他准备在广陵(今湖北江陵)起事,并让东海太守垣荣祖配合行动。垣荣祖劝谏说:“中领军的官府离皇宫不过一百步远,萧公出走京城,谁会不知?如果轻装匹马前往广陵,万一广陵城门关闭,不接纳该怎么办?你现在动一下你的椅子,恐怕都有人汇报给皇帝。如果这样做,那么就很危险了。”萧道成思虑再三,采纳了众人的建议,决定等待时机,相时而动。后来在萧道成的精心策划下,刘昱终于被杀。两年之后,萧道成登基,建立南齐王朝。垣荣祖因佐命有功,被封乐县子。萧道成感慨地对垣荣祖说:“我不用垣卿的建议,差点儿不能成大事。”

齐武帝萧赜时,垣荣祖拜兖州刺史。巴东王萧子响是萧赜的第四子,勇猛善战,深受太子嫉恨。后来巴东王被身边的人诬告,各个州郡长官也都上奏说他谋反,萧赜派人前去讨伐。只有垣荣祖说:“这都是巴东王的长史刘寅等人辜负朝廷厚恩,逼他太急,所以才导致他一时性急杀了人,把事情弄大了。”事情平息后,武帝看到当时巴东王的奏折,才知道巴东王被冤屈而死,他为儿子的惨死而悲伤不已,同时也不由得感叹垣荣祖的知人善言。

117. 张兴世立有什么战功?

张兴世家境贫寒，宋文帝元嘉二十七年（450），他参军入伍，跟随宁朔将军王玄谟北伐。武陵王刘骏起兵讨伐弑父即位的太子刘劭时，张兴世也参加了这次行动。刘骏即位，南郡王刘义宣起兵反对，张兴世又随右将军王玄谟兵出梁山，平定了乱军。明帝刘彧做了皇帝以后，晋安王刘子勋也在寻阳称帝，与建康政权分庭抗礼。张兴世升任龙骧将军，奉命率领水军在赭圻（qí）抵抗寻阳政权的军队。

当时两军在鹊尾这个地方相持不下，使建康军队无法推进。张兴世就向建安王刘休仁建议说："贼军占据上游，兵力强盛，地势优越。我们现在只有派出奇兵偷偷迂回到他们的上方，因险自固，截断粮道，使他们首尾不能相顾，才能出奇制胜。"宁朔将军沈攸之、殿中御史吴喜都很赞成他的计谋，于是抽调了七千人马支援他。张兴世首先派出一批轻舟逆流而上，很快又返回来。几天中反复如此，使敌人习以为常，不再防备。寻阳军队的守将刘胡傲慢地说："我尚且不敢越过他们的防线去攻取扬州，张兴世是什么人，竟敢想越过我到上游去！"张兴世对沈攸之说："上游只有钱溪地势险要，可以据守。"他便组织船只，夜里逆流而上，在上游悄悄留下一部分人马在钱溪安营扎寨后，马上又返回下游。敌人也没太在意，当他们完全明白过来时，张兴世已经控制了钱溪。刘胡率领兵士赶来攻打钱溪，张兴世下令全军不能轻举妄动，等刘胡靠近时，他才派部将寿寂之、任农夫带领几百名壮士袭击敌人，这一仗刘胡被打得大败，狼狈逃窜。张兴世又派人截断刘胡军队的粮道。刘胡兵众饥饿，军心涣散，毫无斗志，刘胡只好弃军逃跑。朝廷的军队因而才能得以进一步平定江陵。张兴世因为平叛有功，被朝廷晋升为右卫将军，并封为作唐县侯。

118. 袁淑为什么被杀?

袁淑，博学多识，富有文采，善于应对，宋文帝末年官居太子右卫率。当时，太子刘劭行为放荡，平时过失很多，经常受到文帝刘义隆的责备，因此他心怀怨恨，召来女巫，想用巫术害刘义隆。事情败露后，刘劭本应该被处以死刑，但刘义隆一时心软，不忍心对亲生儿子下手，只是准备废掉他。但究竟立谁为太子，刘义隆踌躇不定，和亲信大臣密谋商议了很久也没有决定下来。而太子刘劭得到消息，就立即招集人马密谋叛乱。

文帝元嘉三十年（453）二月二十一日晚上，刘劭伪造了刘义隆的诏书，准备率领他平时豢养的两千多名武士进入宫中政变。当晚，他把前中庶子右军长史萧斌、左卫率袁淑等人紧急召进东宫。他涕泪横流地对大家说："主上听信谗言，打算废黜我，还要治我的罪。我自己反省，并没有什么过失。所以我决定天一亮就行动，希望诸位和我齐心协力。"他说完以后，站起来，向众人深深作了一个揖。大家都很震惊，袁淑和萧斌异口同声地说："这件事自古以来没有过，还请殿下三思。"刘劭顿时勃然大怒，面色铁青。萧斌吓得赶紧说："臣奉命，臣奉命。"袁淑大声呵斥他说："你以为殿下真是这个意思？他小时候得过疯病，他或许是疯病发作了。"刘劭听了，更是怒不可遏，他冷笑一声说："左卫率认为我不能成功？"袁淑说："就怕成功之后，天地不容，大祸临头。"大家见刘劭神色不对，连忙上前把袁淑拉开。

袁淑回到省署后，在屋子里一直徘徊到四更才睡下。第二天一大早，刘劭就出发了，萧斌已经坐在他的车子上，他派人叫袁淑赶紧来，袁淑始终睡着不起来。刘劭的车子已经走到奉化门，还不见袁淑来，就停下车，接连派了几个人前去催促，袁淑这才慢吞吞地来了。刘劭拉他上车，他执意不从。刘劭当即就命令左右人把他拉下去，在宫门外的槐树下杀了。

119. 何尚之的生平情况如何?

何尚之，少年时轻薄无行，喜欢赌博，等到长大后痛改前非，潜心经籍，砥砺节操，成为当世的名士。他曾跟随刘裕西征关中，被赐爵号都乡侯。

宋少帝时，何尚之任庐陵王刘义真的车骑咨议参军。刘义真和辅政的司徒徐羡之、傅亮等人有矛盾，经常口出怨言，何尚之多次劝他也不听。刘义真后来被徐羡之等废掉，何尚之入朝担任吏部侍郎。他请假回家省亲，前来送行的官员多达数百人，何尚之心里很有些得意。父亲听说后，笑了笑对他说："他们是来送吏部侍郎，并非是来送你。当年殷浩也曾如此风光。而当他罢官离京时，却没有一个亲朋故友肯来送别。”

何尚之雅好文学，经常以诗文会友，很受文帝赏识。元嘉十三年，彭城王刘义康想让他的亲信刘斌出任丹阳尹，文帝不同意，而派何尚之担任。何尚之到任后，在郡南郭外建立学校，聚众讲学，各地才俊纷纷慕名前往，盛极一时，号称南学。王球赞扬他是“西河之风不坠”。

元嘉二十二年，何尚之迁官尚书左仆射。这年文帝大兴土木，造玄武湖，准备在湖中建立方丈、蓬莱、瀛州三山；同时又建华林园，都是在盛夏大规模征调百姓，进行施工，何尚之认为不妥，上书劝谏。元嘉二十四年，文帝采用江夏王刘义恭的意见，用一个大钱（汉、孙吴所铸）当两个新铸的四铢钱用，以防止民间盗铸。何尚之反对这样做，他上表极力陈述其弊端。这种政策实行了一段时间后，大家都觉得不方便，所以第二年也就废除了。

元嘉二十九年，何尚之退休，居住在方山。他写了一篇《退居赋》来抒发隐退之志。结果后来他又复出任职，在刘劭、孝武帝时期官居尚书令、侍中，加开府仪同三司，深受皇帝恩宠。当时士人也因他退而复出，嗤笑他是假隐士。

何尚之和太常颜延之在一起经常互开玩笑，两人都长得很瘦小，何尚之常说颜延之是猿，颜延之说何尚之是猴。有一次，他俩一同出游，颜延之拦住一个行人问：“我们两个谁像猴子？”行人指了指何尚之。颜延之乐得开怀大笑。行人又说：“这位只是像猴子罢了，而您是真猴。”

何尚之立身简约，生活朴素，没有姬妾，妻子死了也不再娶。在当朝掌权，没有给一个亲戚朋友走过后门。曾经有人谋求吏部郎的官职，他知道后叹息说：“这真是伤风败俗的事情啊！应当是以官谋人，人怎么能谋官呢！”太常颜延之大笑：“我听说古代是官人以才，现在是官人以势。他凭权势来谋求官职，你有什么可怀疑的呢？”

120. 张永晚年为什么被免去了官爵？

张永，博学多才，精通文史，写得一手好文章，擅长书法，通晓音律，骑马射箭样样在行，宋文帝刘义隆很欣赏他。元嘉二十九年（452），文帝任命张永为扬威将军、冀州刺史，都督宁朔将军王玄谟等将领北伐，进攻碻磝（què áo），之后又进围滑台，久不能下。这年十月，魏帝率大军救援滑台，张永慑于魏军声势，竟连夜撤退，也不告诉其他将领，致使宋军惊惶自溃，魏军追击，死伤万余，一败涂地。张永被捕下狱，文帝也后悔自己用人不当。

宋明帝即位，晋安王刘子勋建立寻阳政权对抗朝廷，很多州郡也纷纷起兵响应，徐州刺史薛安都就是其中之一。明帝刘彧任命张永为青州、冀州刺史，率领诸将东征，使寻阳政权宣告灭亡。薛安都请求归降，明帝为了炫耀朝廷威势，派沈攸之和振军将军张永率领五万大军北上，接受薛安都投降。薛安都听说朝廷大军开来，以为朝廷不接受他的投降，非常惶恐，就马上向北魏投降。魏军南下，张永率领军队狼狈逃回，又被魏军追击，打个大败。正好又遇上一场大雪，天气寒冷，南方士卒难以忍受，因此四散逃命。张永脚趾被冻掉，捡了一条性命回来，而他的第四个儿子却在这次战斗中死了。

宋后废帝刘昱时，张永出任吴郡太守。在吴郡清闲无事，他反而郁郁不乐。元徽二年（474），他被朝廷征召，拜官征北将军、南兖州刺史，加都督。他非常高兴，即日就乘车回京。在赴任的路上，刚好遇上桂阳王刘休范作乱，向建康发起进攻，张永就率领手下兵众屯住在白下（今江苏南京市北）。刘休范到达新亭，前锋开始进攻南掖门。张永派人前去侦探情况，那人回来说，台城已经被叛军攻陷。张永的士兵听到这消息，误以为真，一下子就溃散了，张永阻止不了，也只好弃军逃跑。因为他是几朝老臣，所以没有给他治罪，只是免去了官爵。

121. 刘宋政府为什么要改余齐人所居之里为孝义里?

余齐人，晋陵（今江苏常州）人，从小就孝敬父母，成年后为邑书吏。南朝宋大明二年（458），其父亲余殖在家生病去世，余齐人因在外担任公职，对此消息一点儿不知。他对人说："最近我老感觉肉痛心烦，心慌意乱，好像有东西割一样，看来一定发生了什么变故。"不久，有人送消息来，但只告诉他父亲生病了。余齐人于是急忙赶回家，四百多里的路程，一天就赶到了。到家里时，他才知道父亲已经死了，于是号恸悲绝，很长时间才苏醒过来。问父亲留下什么遗言，母亲告诉他说："你父亲临终前，深以没有看见你为遗憾！"余齐人又悲从中来，说道："父子相见有什么困难呢！"于是在殡所又悲恸号哭，不久便气绝身亡。郡县长官把此事上奏，朝廷闻知后就把其所居之里改为孝义里，并免交租布，赐给余齐人的母亲谷一百斛。

122. 王僧虔为什么会提拔檀珪？

檀珪，起初担任沅南令。元徽（473～477）中，王僧虔为吏部尚书，任命檀珪为征北板行参军。檀珪觉得官太小，就去向王僧虔求助，没有结果，檀珪心中不满，就写了一封信讥刺王僧虔，信中说："我的家族虽然文辞不盛，但也是军功显达；堂姑堂叔，三次与皇室联姻。而子孙却不能沾溉其泽，几乎沦落到饿死的地步。饥虎能凭威势找食，而麒麟不会咬噬，谁会给他一丁点儿吃的？我家虽然出身低微，也是百代国士，婚姻仕途，并不落后于他人。尚书您的堂姐为江夏王妃，而我的堂姑为南谯王妃；您的伯父为江州刺史，我的祖父也曾做过此官；我本人和您声望地位本来悬殊，我的家族与你的相比却毫不逊色。现在虽然你官运亨通，我仕途坎坷，但我们仍属同一类人，为何要这样苛待我呢？"王僧虔看了来信，不禁为之动容，回信说："我和足下平素并无恩怨，怎么会苛待你呢？这只是左右人的意见罢了！"随后，他就把檀珪提拔做安成郡丞。

123. 朱修之有什么事迹传世？

朱修之，字恭祖，义阳平氏人。宋元嘉年间，任司徒从事中郎。宋文帝曾对他说："爱卿曾祖父是王导丞相的中郎，现在你又做王弘的中郎，真可谓是不辱祖先呀！"文帝元嘉七年（430）春，朱修之跟随到彦之北伐，到彦之从河南撤回时，他留守滑台。滑台被魏军围困多时，城中粮尽，将士到处找食，甚至把洞里的老鼠都用烟熏出来吃掉。后来滑台失守，朱修之被俘，魏太武帝拓跋焘欣赏他一直坚守不降的气节，就让他做云中的镇将，并且把宗室的女子嫁给他。但朱修之心里却始终没有忘记南朝，时刻在找机会逃回南方。他的妻子了解他的想法，常常流着泪对他说："我看你从来都没有留下来的意思。我是你的妻子，为什么不告诉我实情呢？我一定不会辜负你的。"朱修之深受感动，即便如此，他也没有告诉她。

太延二年（436），魏太武帝出兵攻打北燕冯弘政权，朱修之、邢怀明、徐卓都是被俘留在北魏的南朝人，他们准备趁机起义南逃，结果事情败露，徐卓被杀，朱修之逃往北燕，投靠冯弘。在北燕呆了一年，很受冷落。恰巧这时宋的使者来到北燕，见到朱修之，大吃一惊，对他十分尊敬，北燕的人这才改变了态度。

朱修之后来回到了宋朝，官拜黄门侍郎。宋孝武帝初年，迁宁蛮校尉、雍州刺史。荆州刺史刘义宣反叛时，曾要他出兵相助，他假装同意，私下里向皇帝汇报了情况，并率众进军江陵，杀了刘义宣。因功封为南昌县侯。

朱修之为官清廉节俭，从不受取别人的馈赠。但他认为对境内的蛮人应该以安抚为主，所以他们进献的礼物一般都欣然接受，得到后就让部下们分掉，自己从来不要。离任的时候，他把在任时所用掉的燃油、自家牛马吃掉的官府的草料合计一下费用，大概有六十万，又用自己的钱给补偿回去。他对自己的亲人很是刻薄寡恩，他有个姐姐在乡下，饥寒交迫，而朱修之贵为刺史，却很少接济她。有一次，他到姐姐家去，姐姐故意给他端出些菜汤粗饭来招待他，他看了后说："这是穷人的好东西，可以吃饱肚子。"说完就大口吃了起来。

124. 王玄谟生平情况如何？

王玄谟，南朝刘宋的将领，字彦德，太原祁（今山西祁县）人，年轻时气度超群。宋文帝的第三个儿子刘骏在徐州时，很赏识他，就召他为从事史。文帝元嘉中，王玄谟任彭城太守。他经常上表建议北伐。文帝元嘉二十七年（450）准备北伐，太子步兵校尉沈庆之劝谏文帝说："檀道济北伐无功，到彦之失利而返，如今王玄谟等人还赶不上这两员将领，恐怕又使朝廷军队蒙受耻辱。"文帝不听，任命王玄谟为宁朔将军，和沈庆之一起受辅国将军萧斌节度，率领主力渡过黄河，进攻滑台（今河南滑县东），围城二百多天，久不能下。滑台城内多茅草屋，众将请用火箭烧屋，王玄谟不听；城中随即把茅屋拆掉，挖地洞居住。魏军救兵即将赶来，大家又建议以车为营，他不采纳，所以贻误了战机。本来宋军兵力充足，装备精良，但王玄谟一心为自己牟利，军纪松弛，任意杀戮抢掠，大失民心，同时他又固执拒谏，将士大多都心中不满。

等到魏太武帝率领的大军赶到，进援滑台，王玄谟竟然慑于魏军声势，连夜仓皇逃跑，魏军追击，死者万余人，部下逃散，丢盔弃甲，堆积如山。主帅萧斌大怒，要把他斩首，沈庆之苦苦劝阻，他才保住了性命。而这次北伐也因王玄谟一路败退只好全部撤回，无功而还。

王玄谟又历任冀州刺史、徐州刺史。宋文帝的太子刘劭弑父篡位，刘骏兴兵讨伐，王玄谟派遣济南太守垣护之率兵援助。刘义宣和臧质起兵时，王玄谟以辅国将军的身份作为先锋领兵南讨，大败叛军，因功封曲江县侯。

他在做雍州刺史期间，上奏折陈述侨州郡的不便，主张合并侨州郡，以便征收赋税，又下令九品以上交租，使贫富均平，境内大户对此怨声载道，于是谣言四起，说王玄谟要造反。王玄谟骑上快马，跑到孝武帝刘骏面前表明心迹，把事情的前后经过原原本本报告给皇帝。刘骏知道他被冤枉，就派人安抚他，并给他的奏折批文说："王玄谟聪明之人，七十岁的老翁造反想求什么？我只是想开个玩笑，想让你的眉头伸展一下而已。"王玄谟性情严厉，不苟言笑，总是皱着眉头，所以孝武帝借机嘲弄他一下。

孝武帝崩，王玄谟为顾命大臣之一。当时朝政昏乱，王玄谟因为被人嫉恨，故而出任青州、冀州二州刺史。少帝刘子业大杀功臣，狂悖无道，王玄谟多次上表劝谏，刘子业勃然大怒。明帝即位，四方起兵反对，王玄谟率领水军为前锋讨伐。最后官至车骑将军、南豫州刺史，死于任上，终年八十二岁。

125. 刘怀敬父子有什么事迹见于记载？

刘怀敬，刘裕姨母的儿子，不善言词，也没有什么才能。刘裕刚生下来，母亲就死了，家里很穷，请不起奶妈，他父亲就想扔掉他。刚好刘裕的姨母生下儿子刘怀敬还没有满一周岁，就给自己的儿子断了奶，专门喂养刘裕。所以刘裕一直念念不忘这段恩情，对刘怀敬宠爱有加，多次给他加官，刘怀敬很快就当上了会稽太守。很多人都认为他升迁得太快了，刘裕说："故去的姨妈对我恩情太重了，我怎么可以忘掉呢?"刘怀敬最后官拜尚书、金紫光禄大夫。

刘怀敬的儿子刘真道起初任钱塘县令，宋文帝元嘉十三年(436)，东部地区发生饥荒，文帝派人巡行灾区，使者回来报告说刘真道政绩卓著，文帝很高兴，赐给他一千斛粮食，并晋升步兵校尉。十四年，刘真道出任梁州和南秦二州刺史。十八年，氐族人杨难当侵入汉中，刘真道派兵讨伐，但氐人仍然侵扰不已。文帝派遣龙骧将军裴方明率禁军五千人增援，大败氐人。刘真道升为建威将军、雍州刺史。后来因为擅自处理战利品，被下狱处死。

126. 刘怀慎有什么功劳?

刘怀慎，刘怀敬的弟弟，为人谨慎朴实。他跟随刘裕北伐鲜卑，每次作战都是身先士卒，攻克广固城时，他率领属下第一个登上城墙。后来又随刘裕抵抗卢循，屡次取胜，晋官辅国将军。义熙八年(412)，他镇守彭城，任徐州刺史，为政严猛，境内震肃。九年，平定王灵秀作乱。十三年，刘裕北伐，任命他为中领军、征虏将军，护卫刘裕的车辇。刘裕建宋，召他为五兵尚书，都督江北淮南诸军，前将军、南青州刺史。永初元年（420），因辅佐刘裕即位有功，晋爵为侯，官拜五兵尚书，加散骑常侍、光禄大夫。刘怀慎虽然名位显赫，却很谦恭，去拜访地位比他低的人，往往在人家门外就下车，整好衣冠才进去。他平时把自己的俸禄都分给宗族里的人，家无余财，所以他死后赢得了"肃侯"的谥号。

127. 吉翰为什么要杀典签?

吉翰，字休文，冯翊池阳（今陕西泾阳）人，为官清廉公正，严谨而勤于政事，是南朝深为宋武帝赏识的一名官员，仕历梁州、南秦、益州、徐州等州刺史。他任徐州刺史及监徐州、兖州两州及豫州之梁郡诸军事时，辖地有人犯了死罪，但手下典签不知出于何种原因，不想让他死。于是典签便趁吉翰做八关斋（佛教一种仪式）之机，呈文汇报。吉翰看完，没有当场决断，让典签暂且回去，第二天再重新报上来。第二天早上，典签不敢再行呈文汇报，吉翰于是传他进来，把呈文看完，说："我知道你想赦去此罪犯的死罪，昨天我做八关斋时，看到此案，也有心让此犯存活。但此犯实在罪大恶极，不可能全部饶恕其罪，你想加恩于他，那就让你替他受罚吧！"于是命左右把典签抓起来杀了，同时免去原来罪犯的死罪。

128. 杜慧度是什么人？

杜慧度，出身于官宦世家，其曾祖父杜元、父亲杜瑗在晋朝皆位至显要。杜慧度为官跨晋、宋两朝，以勇武有谋、体恤百姓赢得两朝统治者器重。

东晋义熙七年（411），杜慧度被任命为交州刺史，正式任命书下达之前，晋末农民起义军在卢循率领下，攻破合浦（今广西浦北），直取交州，杜慧度率文武之众六千余人奋起反抗，在石碕与卢循展开大战，打败了起义军。卢循被打败后，不久又纠集大批人马来犯，气势汹涌。杜慧度为让部下出死力抵抗，拿出宗族全部私财来奖赏士兵，自己则亲自登上大船指挥，一时火箭齐发，卢循的船只着火，顿时败退，卢循中箭投水而死。杜慧度斩下卢循和他父亲及两个儿子的首级，送到建业，东晋王朝封他为龙编县侯。不久，宋武帝刘裕即帝位，封杜慧度为辅国将军。杜慧度又率军讨伐林邑，林邑投降，并向宋朝进贡大象、金银、古贝等。

杜慧度生活极其简朴，穿布衣服，吃蔬食。并且颇有文采，能弹一手好琴，对《老子》、《庄子》非常喜好。他禁止淫祀，兴修学校，在饥馑之年则以私禄周济老百姓，对辖下百姓宽严结合。在他的治理下，其辖区没有作奸犯科之事发生，甚至夜不闭户，路不拾遗。由于其突出的政绩，他死后被朝廷追赠为左将军。

129. 傅琰祖孙三代是如何为官的？

傅琰，字季珪，北地灵州（今宁夏灵武）人，出身于世代官宦之家，其先祖为官皆有能名，他与儿子傅翙（huì）、孙子傅岐在南朝为官，也以清廉能干闻名当世。

傅琰长得仪表堂堂，在南朝宋先后为武康令、山阴令，精明能干，抚恤百姓，两县老百姓称他为“傅圣”，因此被刘宋政府封为新亭侯。后来齐高帝萧道成掌握刘宋的实际权力，因为山阴老百姓纠纷很多，难以管理，于是又叫傅琰出任山阴令。一次，一卖针的老妇人和一卖糖的老妇人为争一团丝相持不下，来找傅琰判决。傅琰把这团丝挂在柱子上，用鞭子抽打，然后停下细细察看，发现里面有铁屑，于是把团丝判给卖针的，而处罚了卖糖的。又有一次，两农夫为一只鸡争到傅琰面前，傅琰便问他们各用什么喂鸡，一个说用粟，一个说用豆。傅琰叫人把鸡杀掉剖开，发现鸡肚里是粟而非豆，于是处罚说用豆喂鸡者。消息传开，县里的百姓叹为神明，再也不敢有偷盗的行为。因政绩突出，傅琰在宋、齐朝先后任益州刺史、黄门郎、庐陵王安西长史、南郡内史等要职。

傅琰的儿子傅翙为官也有能名。有人曾问他为政之道，他回答说：“没有其他诀窍，只是做到勤和清罢了。清则法令自行，如此下属就不能欺骗你；勤则身体力行，如此就没有什么疑问和阻碍。”时人叹为至理名言。

傅岐是傅琰的孙子，为官以仁厚、敢言、有远见著称。任始新令时，县里有人因斗殴而杀死了人，死家起诉到郡里，郡里把罪犯抓来，各种酷刑用尽，罪犯就是不招服。没有办法，郡里只好把罪犯移到县里审问。傅岐审问时，让人脱去罪犯的枷械，和颜悦色地进行询问，罪犯受到感化，马上便招服了。按法律应当处死，恰好遇冬节来临，傅岐决定暂不行刑，而是放其回家。当时其他官员都予以反对，说：“古时候有这种做法，现在行不通。”傅岐充满自信地说：“如果他负信不归，我甘愿受罪。”后来罪犯果然如期而返。傅岐离开始新县去京都赴职时，全县老小都出境相送，悲伤号哭之声传出几十里。

梁武帝太清元年（547），傅岐累官至太仆、司农卿，同时兼中书通事舍人。此年冬，贞阳侯萧明率兵攻打彭城，战败，被北魏囚禁。太清二年，萧明派人回来说北魏愿意和梁修好，武帝召众大臣商议此事，以朱异为首的诸大臣都赞同议和，唯独傅岐不同意。他说：“现在高澄正是春风得意之际，为什么要和我们议和呢？一定是设反间计，用贞阳侯换侯景的条件，激起侯景作乱。”后来果然被他言中，爆发了“侯景之乱”。

130. 虞愿是怎样多次忤逆宋明帝的?

虞愿，字士恭，会稽余姚（今浙江余姚）人，宋明帝即帝位前为湘东王时，虞愿曾为其常侍。后来，宋明帝即帝位，以虞愿广闻博洽，加之又是旧部，因而甚为恩遇他，历任太常丞、尚书祀部郎、晋平太守等职。虞愿生性耿直，敢于直言，面对宋明帝的多次荒唐行径，他都敢于犯颜直谏，但每次都没有招来祸害，有时反而得到赏赐。

宋明帝佞佛，曾经花巨资建造湘宫寺，极其奢靡。他看到宋孝武帝所建庄严刹有七层，便欲把湘宫寺造成十层。因建这么高有困难，就分建为两刹，各五层，并且自我炫耀说自己做了一件大功德。虞愿在旁边听了便说：“陛下建造此寺，所花钱物都是百姓卖儿卖妇得来，如果佛有知，也会哀伤痛哭的，有何功德可言!”当时尚书令袁粲等大臣都在，闻之大惊失色。宋明帝非常恼怒，叫人把他驱逐下殿，虞愿竟从容离去，脸不变色。后来宋明帝念旧臣之恩，主臣便又和好如初。

明帝喜欢下围棋，但棋艺拙劣，却经常乐此不疲。加之臣下与他对奕时，都让着他，他看不出来，还自以为水平高，因而兴趣更加高涨。虞愿于是进谏道：“昔日尧发明围棋是为了教育他的不屑之子丹朱，作为人主是不应该迷恋这种游戏的。”明帝又不高兴，但并不深究。尽管虞愿多次忤逆，明帝反而多次赏赐他。

131. 祖冲之的生平情况如何? 他在数学方面做出了哪些贡献?

祖冲之是我国南北朝时期南朝杰出的数学家、天文学家和机械发明家。字文远，范阳郡遒县（今河北涞源）人，南朝宋元嘉六年（429）生于建康一个有着浓厚科学文化氛围的家族。其曾祖父祖台之，东晋时曾任侍中、光禄大夫等要职。祖父祖昌是南朝宋的大匠卿，一位主管土木工程的官员。父亲祖朔之学识渊博，为奉朝请。

家族历代成员较高的科学素养，尤其是他们对数学和天文历法的较深研究，对少年祖冲之有着很好的薰陶作用。祖冲之青年时代曾经到华林学省专门从事学术研究，后来步入仕途，先后在刘宋朝和南齐朝担任南徐州（今江苏镇江）从事史、公府参军、娄县（今江苏昆山）令、谒者仆射、长水校尉等官职。祖冲之在任职期间，曾写过《安边论》等讨论屯田、垦殖等方面应采取的政策的政论性文章。晚年，齐明帝曾令他巡行四方，兴造大业，以利百姓，但因发生战争而作罢。这时他已是风烛残年，不久即于南齐永元二年（500）逝世，享年七十二岁。

南朝前期，社会比较安定，农业和手工业都有显著的进步，经济和文化也得到了迅速发展，从而推动了科学的前进，这是祖冲之能在数学、天文、机械各方面获取巨大成就的社会原因。

祖冲之在数学方面的突出贡献是关于圆周率的计算。他确定了相当精确的圆周率值。在张衡、王蕃、刘徽等杰出科学家的成果基础之上，祖冲之将圆周率推算到了非常精确的程度。据《隋书·律历志》记载，祖冲之确定了 π 的不足近似值 3.1415926 和过剩近似值 3.1415927，π 的真值在这两个近似值之间，即 $3.1415926 < \pi < 3.1415927$ 精确到小数 7 位。这是当时世界上最先进的数学成果，该项记录一直保持了一千多年，直到 15 世纪被中亚数学家阿尔·卡西（Alkashi）和 16 世纪法国数学家韦达（F. Vièta，1540～1603）所超过。

祖冲之的另一项重要数学成就是关于球的体积公式及其证明。这一成就实际上是祖冲之和其儿子祖暅之共同合作的结果。各种几何体的体积计算是古代几何学中的基本内容，祖冲之的前辈科学家已经正确地解决了棱柱、棱锥、棱台和圆柱、圆锥、圆台等各种几何体的体积计算问题，但球体积的计算比较复杂，故一直没有得到科学而正确的解决。在东汉张衡和魏晋时刘徽等人的推算基础上，祖冲之和其儿子祖暅之对这一问题取得了突破。祖冲之父子通过对牟合方盖水平截面面积的分析，判定它的体积等于正方体与两个正方锥的体积之差，从而推算出牟合方盖的体积等于 23d3（d 为球的直径长度），并进一步得到正确的球体积公式 V = 16πd3，完全解决了球体积的计算问题。由于当时用圆周率 227，所以他们的球体积公式为 V = 1121d3。祖氏父子在推导球体积公式过程中，还明确地提出了一个重要原理："幂势不同，则积不容异”，即二立体如果在等高处截面的面积相等，则它们的体积也必定相等。这个原理现常被称为“祖氏公理”。在西方，这个原理一千多年后才由 17 世纪意大利数学家卡瓦列里（F. B. Cavalieri，1598～1647）提出来，并被称为“卡瓦列里公理”。该原理是后来创立微积分学的不可缺少的一步。

132. 伏曼容有什么才学？

伏曼容，字公仪，平昌安丘（今湖北随州）人，仕历南朝宋、齐、梁三朝，皆以才学受到三朝统治者的器重。

在伏曼容很小的时候，其父亲便去世了，曼容和母亲、哥哥客居南海。曼容小时候勤奋好学，善长《老子》、《易经》，并且狂放好说大话，如曾经放言说何晏并没有真正精通《易经》云云。在南朝宋任骠骑行参军，宋明帝好《周易》，曾经召集群臣在清暑殿讲易，让曼容主讲。曼容仪姿修美，风采倾人，宋明帝常把他比作嵇康，并召人画了一幅嵇康的像送给他。后来他曾任尚书外兵郎，与当时善言玄理的袁粲被时人称为“一台二绝”。

齐朝时，伏曼容先后任太子率更令、中散大夫，曾经与河内司马宪、吴郡陆澄共撰《丧服义》。当时齐明帝不重儒术，于是伏曼容在家里设高座，逢有宾客来访，便为之讲经，他的生徒经常有几百人。

梁朝时，伏曼容曾任司徒司马，又曾任临海太守，天监元年（502）卒，享年八十二岁。

伏曼容多才多艺，音律、射箭、骑马、医术、卜算等无所不通，撰有《周易集解》、《毛诗集解》、《丧服集解》、《老子义》、《庄子义》、《论语义》等。

133. 刘荣祖建立过什么功劳？

刘荣祖，刘怀慎的儿子，少年时爱好骑马射箭，武艺娴熟。卢循的起义军进逼建康时，他跟随刘裕讨伐。当时卢循军一路连败何无忌和刘毅，声势大振，大军直奔建康而来。东晋朝廷一片恐慌，刘裕军屯驻石头栅，准备严防死守。卢循派人乘小船在秦淮河中来回进攻，刘裕命令士兵不许轻举妄动。刘荣祖看着敌人嚣张的气焰，心中愤怒，忍不住拉弓搭箭，射了出去，被射中者无不应弦而倒，周围的人都惊叹他高超的箭术，士气顿时高涨起来。卢循进攻石头栅失利，转而进攻京口诸县，都没有得逞，师劳兵疲，只好撤退。刘荣祖因功升为参太尉军事。

刘荣祖后来又跟随刘裕讨伐司马休之，刘裕部将彭城内史徐逵之兵败身亡，首战失利，士气低沉。刘荣祖多次请战，刘裕看他的态度十分坚决，就准许他出战，并把自己的铠甲解下来披在他身上。刘荣祖冲锋陷阵，奋勇杀敌，身上几处受伤，仍然不下战场。刘裕北伐时，刘荣祖任镇西中兵参军，随刘裕率领的水军沿河西上，在半城与朱超石一起大破魏军。战后刘裕犒赏士兵，高兴地对刘荣祖说："卿以寡敌众，攻无不克，即使古代的名将也不过如此。"永初中，刘荣祖官拜辅国将军，赐爵都乡侯。

134. 刘道济在益州的治理情况如何？

刘道济，征虏将军刘粹的弟弟。在任益州刺史期间，他任用的长史费谦等人，大肆搜刮，聚敛钱财，欺压百姓。东晋末年有个人叫司马飞龙，自称是晋皇室之后，逃到益州仇池。文帝元嘉九年（432），他听说刘道济治理益州不得民心，局面混乱，就纠集了一帮人起来作乱。刘道济派官军平息了这场叛乱，并杀掉了司马飞龙。起初刘道济想用帛氐奴、梁显为参军都护，费谦拼命阻挠，与帛氐奴等人结下冤仇；远方商人到雍州做买卖的，费谦又多方限制，横征暴敛，使得商人叫苦连天，当地百姓怨声载道，都想起来反抗。这年七月，帛氐奴趁机聚众作乱，与赵广等诈称司马飞龙仍然活着，就在阳泉山纠集了几千人，蜀地民众纷纷响应。赵广自称蜀王、车骑大将军、益州梁州二州牧，建号泰始元年，建置百官，任帛氐奴为征虏将军，梁显为镇北将军，领大军向成都进发。

刘道济闻讯，连忙派遣官军镇压，结果连连失利。刘道济惊恐不安，就招集人马四千多人，准备固守成都。乱军十余万进攻成都，四面围城，扬言只要城里交出费谦，他们就会不再作乱。刘道济派遣中兵参军裴方明、任浪之各领一千多人出西城门作战，都损兵折将，伤亡惨重。

十一月，裴方明等人又出城作战，攻破敌人的营垒，烧毁敌人的粮草。驻扎在城南的是江阳人杨孟子的军队，刘道济收买了杨孟子，准备里应外合，消灭围城的军队。但他们的计划败露，杨孟子带着部下逃到晋原。起义军九月底围城，到十二月末成都城内粮尽，裴方明率两千人出城求食，遭遇敌军，结果只有他单枪匹马逃回来了。刘道济强打精神鼓励裴方明。这时乱军在城外高喊："裴方明已经死了，你们快来给他收尸吧！"城里的人听了，都惊惶万分。刘道济命人点燃火炬，让裴方明出来巡视，众人见了，这才稍稍安下心来。刘道济又把自己的财物全部拿出来摆在大堂上，让裴方明用它来招募士兵。但城中传言刺史已死，没有一人肯来应征。刘道济就给左右服侍他的人放假回家，使他们四处传告自己身体状况良好，以安定民心。就这样，城中每天来应征当兵者就有上千人之多，官民一心坚守，敌军始终未能攻进成都，只好退去。元嘉十年，乱军又来进逼成都，刘道济病逝。他的手下秘不发丧，仍假借他的名义指挥战斗，直到击退敌军，才公开了他病逝的消息。

135. 蒯恩是什么样的一个人?

蒯恩，字道恩，南朝宋兰陵（今江苏常州）人。刘裕讨伐孙恩时，蒯恩被官府派去服劳役，给军队的马割草，他背的草常常是别人的两倍多。每次把草倒在地上的时候，他总要感叹："唉，大丈夫应当弯弓三石，立功疆场，怎么能碌碌无为，当个小小的马夫呢?"刘裕有一次听见了，很是惊奇，就给他战服、兵器，让他当了一名士兵。从此他跟随刘裕征伐广固，击破卢循，追斩徐道覆，与王镇恶袭击江陵，随朱龄石征战蜀地，又跟从刘裕讨伐司马休之，西征北讨，身经百战。他胆力过人，在战斗中经常奋勇争先，在娄县一战中被敌箭射中右眼，身受重伤。刘裕因他功勋卓著，封他为新宁县男。

义熙十一年（417）正月，刘裕率大军北伐，让蒯恩留守，护卫世子刘义隆，并命朝中士人和他交往。蒯恩地位尊显，但却更加谦逊，与人说话经常称对方的官位，从不直呼其名，而自称鄙人，对待士卒也是恩威并重，因此上下悦服。刘裕收复关中后，因刘穆之病逝，匆匆返回建康。关中内乱，形势危急，蒯恩被派往关中，迎接留守关中的刘裕之子刘义真回来，在撤退途中，夏王赫连勃勃大军追来，蒯恩战死。

136. 刘钟在攻蜀之战中立有什么功劳?

刘钟，彭城（今江苏徐州）人。年少时孤苦伶仃，就去依附同乡人中山太守刘回，和他住在一起，常常感慨自己的身世贫贱。后来跟随刘裕征战，竭心尽力，刘裕授他为郡主簿，并对大家说："以后如果有彭城人前来投奔我的，都可以依靠刘主簿。"于是来参军的彭城人编成义队，他们英勇善战，连连告捷。在征讨桓玄的一次战斗中，刘裕怀疑前方山下有伏兵，环顾左右，没有合适的人可以前去察看，正好看见刘钟，就派他去侦察。刘钟二话没说，骑着马就过去了，果然发现有埋伏，大军赶紧撤退。在进攻广固时，刘裕部下孟龙符在交战中被杀，刘钟冒死冲入重围，把他的尸体抢了出来。卢循进逼建邺（今江苏南京），刘钟率兵拒守，身受重伤，却仍然顽强抵抗，卢循久攻不下，只好退去。刘钟后来又随刘藩追击徐道覆，徐道覆战败身亡。刘钟在战斗中奋勇杀敌，屡建功勋。

义熙九年，刘裕派朱龄石伐蜀，刘钟为前锋。朱龄石进军，很快就到了离成都只有二百多里的地方。成都王谯纵派谯亢率领三万人马在江水两岸修筑城堡，抵抗晋军。刘钟当时脚病发作，朱龄石就对他说："天气太热，敌人防守严密，地势险固，很难攻打。不如暂停进攻，养精蓄锐，等待时机。"刘钟果断地说："不行！敌人以为我们从内水进攻，谯道福才不敢离开涪城。我们突然来到这里，蜀人早就吓破了胆，我们必须乘机速战速决。如果迟疑，敌人就会知道我们的虚实，涪城守军一旦扑过来，我们就全完了！"朱龄石认为他分析得有道理，就采纳了他的建议，第二天，晋军发动猛烈攻击，拿下了南北两城，进而顺利地平定了成都。

137. 刘康祖是怎么战死的?

刘康祖，年轻时擅长骑马射箭，喜欢赌博酗酒，多次被官府通缉。但宋文帝因他是功臣之子，总是原谅了他。后来他被任命为征虏中兵参军，从此痛改前非，重新做人。文帝元嘉二十七年（450）二月，北魏太武帝拓跋焘亲率大军，突然进攻汝南，悬瓠（今河南汝南）告急。文帝派遣兵马前去增援，刘康祖担任前锋。悬瓠守将陈宪已经奋战四十多天，刘康祖的援军赶到后，又与魏军交战，大败魏军，拓跋焘只好烧掉营房逃走了。文帝因此想借机大举北伐。刘康祖、沈庆之等劝谏，文帝不听。

就在这年秋天，文帝派王玄谟、沈庆之等率军北伐，但是惨遭失败。而魏军又乘势南下，攻打刘宋。永昌王拓跋仁从洛阳出发，向寿阳挺进。他很快便攻克悬瓠、项城两地。文帝刘义隆担心寿阳被围困，命令刘康祖从前线返回，增援寿阳。

刘康祖接到命令，火速赶奔寿阳。可是走到尉武的时候，和拓跋仁的八万骑兵相遇了。当时刘康祖的军队只有八千人，他的副将胡盛之建议利用山势的险要，避开敌人，从小路去寿阳。刘康祖恼怒地说："我受命来平定敌寇，现在敌寇自己送上门来了，为什么要躲开？何况我军器械精良，离寿阳城又只有几十里，城里的援兵很快就会赶来，有什么可怕的呢？"他吩咐士兵把车辆连接在一起，防止敌人骑兵的冲击，然后继续前进。北魏大军很快就包抄上来，攻势凶猛。刘康祖身先士卒，奋勇向前，士兵个个以一当十，与敌人展开了殊死搏斗。从早到晚，杀死了一半多的敌人，尸横遍野，血流成河。他们顽强地坚守车阵，打退敌人一次又一次的进攻。敌人只好把军队分成三部分，轮番进攻，用马驮着点燃的茅草来冲击宋军军营，焚烧车阵。一时间火光冲天，一片混乱。这时，一支箭射来，穿透了刘康祖的脖子，他不幸坠马身亡。宋军失去主帅，阵营大乱，魏军冲过来一阵厮杀，刘康祖军全军覆没。

138. 刘延孙有什么主要业绩?

刘延孙，刘康祖的侄子，彭城人。孝武帝刘骏时，他的弟弟竟陵王刘诞任徐州刺史，刘骏很猜忌他，不愿他控制京口（今江苏镇江）这个战略要地，就把他迁到广陵（今扬州）。广陵与京口隔江相望，刘骏想安排个亲信做徐州刺史，依据京口来监视防备刘诞。他思来想去，选中了当时官拜侍中、封东昌县侯的刘延孙。武帝大明元年（457），刘延孙出任南徐州刺史。武帝为了拉拢他，就下令刘延孙与皇室合族，使皇子都来认亲。大明三年，有人举报竟陵王刘诞谋反，朝廷召他赴京，他拒不应诏。刘延孙就派遣中兵参军杜幼文领兵讨伐他。刘诞关闭城门，坚守不出，并派人给刘延孙送去一封信，企图让他归顺自己。刘延孙斩掉信使，又派遣杜幼文领兵，跟随沈庆之的大军前往攻打刘诞。广陵城攻陷后，刘诞被杀，孝武帝刘骏除去了心头大患。刘延孙的使命已经完成，所以在大明五年，刘骏下诏给刘延孙说："京口必须要皇族镇守，这是祖上定的规矩。现在京口的防守已经松弛很久了，还是让我的儿子去做这件事吧！"刘延孙被召回朝廷，担任侍中、尚书左仆射。但刘延孙此时已经重病在身，不能赴任，不久就病死了。

139. 吏民为什么畏赵伯符如豺虎?

赵伯符，宋武帝刘裕的舅父赵伦之的儿子，从小喜欢骑马射箭。刘裕称帝后，任命他做竟陵太守。当时竟陵境内的蛮人经常作乱，赵伯符亲自率领官军征讨，每次都能平息下去，因此人都称赞他有将帅之才。后来他担任宁远将军，守卫皇宫北城，每当远处起火或者有盗贼来犯，他总是身披盔甲，亲自率兵前去协助官军讨伐，所以很受武帝的赏爱。

他先后出任徐州、兖州、豫州刺史。他为政苛刻残暴，吏民害怕他如同害怕老虎一样，然而盗贼也不敢轻举妄动，都远远逃到别处，故而境内清平。在任丹阳尹期间，他对待吏民依然是严酷少恩，手下的官吏都惶恐不安，战战兢兢。有一个管笔的小吏因为取的笔不中他的意，被打了五十鞭。甚至境内有人犯了小事被官府缉拿，因为害怕赵伯符的严刑酷法，就在半路上投水自杀。

赵伯符的儿子赵倩娶宋文帝的第四个女儿海盐公主为妻，公主与始兴王刘浚有私情，赵倩气愤难忍，大打出手。文帝听说后，下令让两人离婚，并杀了公主所生的女儿。赵伯符又愧又怕，病发身亡。

140. 沈攸之是怎样败死的?

荆州刺史沈攸之很早就有夺取刘宋政权的野心。他到荆州之后，就招兵买马，修造兵器，囤积粮草，仅战船就准备了一千多艘。宋后废帝刘昱被杀以后，朝廷大权落在骠骑大将军萧道成手中。萧道成原本地位名望都比他低，如今大权在握，他心里更是愤愤不平。在他内衣的衣角里，藏有一封写在白绸上的信，他四处扬言说那是宋明帝和他的盟誓。皇太后派人赐给他一支蜡烛，剖开后，里面有太后手令，说："国家大事，全部委托沈公。"因此，在宋顺帝升明元年（477）十二月，沈攸之起兵，派辅国将军孙同等人沿江东下。

听到沈攸之起兵的消息，萧道成开始采取措施，他调兵遣将，在郢州刺史黄回的统率下，向西进发，讨伐沈攸之。沈攸之到达郢城后，集中精锐部队围攻郢城。但代理郢州事务的司马柳世隆防守严密，屡屡打退他们的进攻。在刘宋的将领中，沈攸之以治军刻薄凶暴著称，他的部下对他又恨又怕。在他率领大军从江陵出发时，便不断有人逃亡。围攻郢城三十多天，他损兵折将，一无所获，东面的盆口又有萧赜重兵驻守。升明二年正月十九日夜晚，沈攸之的司马刘攘放火焚烧军营，向郢城守军投降。沈攸之的军队发现火起，不知出了什么事，士兵乱成一团，纷纷逃散，无法控制。第二天一早，沈攸之只好率领残余的兵众，返回江陵。谁知在他率兵东下不久，雍州刺史张敬儿乘虚袭击占据了江陵，把他的儿孙全部杀了。沈攸之的军队到了距离江陵一百多里的地方时，才得知这个消息。他走投无路，只好和儿子沈文和逃到华容边界，钻进树林中上吊自杀。当地百姓砍下他们的脑袋，送到了江陵。

141. 江智深的生平情况如何?

江智深，宋武帝时散骑常侍江夷的侄子。江夷和儿子江湛素负盛名，十分显贵，而江智深的父亲江僧安却没有什么名气，因此江湛对江智深有些傲慢。后来江智深担任随王刘诞的后军参军，咨议参军谢庄、主簿沈怀文都和他关系密切。沈怀文很欣赏他，经常说："人所应有尽有、所应无尽无者，恐怕就是江智深了。"

文帝元嘉末年，江智深被任命为尚书库部郎。当时，高门士族都不屑做台郎，江智深也拒辞不拜。后来他任竟陵王刘诞的记室参军，发现刘诞有谋反的意图，便离开广陵，回到建康。孝武帝刘骏时，他因文辞清雅，深受刘骏恩宠，为骁骑将军、尚书吏部郎。

刘骏经常宴请群臣，喜欢在席间让大臣互相揭短、谩骂，以此取乐。有一次，他让江智深利用太常王僧朗的缺陷嘲弄其子王景文，江智深不愿开口。刘骏大怒，但又不好发作，就笑着对群臣说：“江僧安是个大傻瓜，傻瓜自然同情傻瓜。”江智深坐在席上，不由得流下了眼泪。他怎么也没想到，堂堂一国之君，居然在大庭广众之中侮辱别人的父亲。

后来，刘骏宠爱的殷贵妃死了，让群臣商议谥号，江智深提议谥号为“怀”。刘骏认为不够好，心中不满，没有采纳。过了几天，刘骏和大臣们骑马来到郊外，正好路过殷贵妃的坟墓，刘骏把江智深叫到面前，用马鞭指着墓前的石柱，冷冷地说：“记住！这上面永远不能有‘怀’字出现。”回家之后，江智深仍然心有余悸，以致寝食不安。不久，他就在忧愤中去世了。

142. 江谧为什么会被赐死?

江谧，宋明帝时历任骠骑将军、尚书右丞、比部郎等职。后来他出任建平王刘景素的冠军长史、长沙内史，治理湘州。他为政苛刻，僧人遵道和他交情很好，随他到湘州，因犯小事被江谧关在狱中，活活饿死。有人把这事上报，江谧被调回京都，刚好遇到大赦，免于治罪。

江谧精明能干，善于见风使舵。宋后废帝刘昱凶残无道，文帝的孙子建平王刘景素招才纳士，颇有声望，所以朝野上下都认为他应当即位。江谧因而极力结交建平王。建平王失败后，江谧侥幸逃祸。后来他又竭诚侍奉中领军萧道成，为他夺取刘宋政权出谋划策，因而官位不断升迁，做到吏部郎。萧道成建立齐朝后，他晋位侍中，被封为永新县伯。不久又担任左户尚书，执掌皇子出镇时文武主帅的选用，权力很大。齐高帝去世时，江谧因没有被召参与顾命，心中怨恨，声称有病，不进宫致哀。武帝萧赜即位后，江谧又屡次得不到升迁，所以更加不满。有一次萧赜病重，江谧就趁机去拜见豫章王萧嶷，看四周没人，悄悄对豫章王说：“皇上一病不起，太子又无才德，阁下不知有什么打算?”这事后来让武帝萧赜知道了，萧赜十分生气，就派御史中丞沈冲搜集江谧的前后罪证，把他下狱赐死。

143. 江湛有什么事迹?

江湛，爱好文学义理，喜欢弹琴下棋，精通算学。他起初曾历任著作佐郎、太子中舍人、尚书吏部郎等职。司空檀道济曾想和江湛结亲，江湛不同意，彭城王刘义康以司徒的身份命令他，他也没有答应。当世人都敬重他立身有节操。

元嘉二十五年（448），他被任命为侍中，执掌机密。二十七年，他改任吏部尚书。他家里原本就很贫苦，而他为官又不营财利，别人的馈赠一概不收，故而家中没有一点儿多余的衣食。有一次文帝刘义隆召见他，刚好他把身上的衣服洗了，还没有晾干，所以他只好称病不去。等到后来衣服干了，他才穿上去见文帝。给他拉车的牛饿了没有草吃，车夫来向他要草料，他沉吟了半晌，说道："先让牛喝点儿水吧!"他在吏部掌管官员的选拔任免，廉洁公正，很有声誉。

元嘉二十七年，文帝想再举北伐，满朝文武大臣大都反对，而江湛赞成。后来北伐军败退，魏帝拓跋焘乘势南下，直趋瓜步（今江苏六合），准备渡江进攻建康。文帝让江湛兼任领军，军机事宜都委任于他。当时魏军来势凶猛，建康内外戒严。魏帝派遣使者前来求婚，文帝召集太子刘劭以下的大臣商议。大家纷纷认为两国缔结婚姻，可以缓解目前的紧张局面。只有江湛说："戎狄之人不讲信义，答应婚事恐怕也无济于事。"太子刘劭大怒，声色俱厉地说："现在形势危急，岂容你在这儿独排众议!"会议结束后，大家都走了，刘劭命左右侍卫把江湛推推搡搡，几乎都要扑倒在地上。

元嘉三十年，太子刘劭用巫术诅咒父亲的事情败露，文帝决定废黜太子，让江湛起草诏书。但究竟再立谁当太子，文帝犹疑不定，所以反而被太子刘劭所杀。事发当天，吏部尚书江湛正在官署值班。他听见外面一片喧哗声，知道大事不好，就赶紧躲到旁边的小屋里去。刘劭派人来搜，管房子的小吏骗他们说："尚书不在这儿。"兵士当即杀掉小吏，闯进屋里，发现了江湛。江湛当时靠着窗子，神色平静，从容被害。

144. 沈演之是如何获得宋文帝赏识的?

吏部尚书沈演之，出身将门，从他的高祖一直到他的父亲，家里世代为将，累立战功，而他喜好读书，以精通义理知名当世。文帝元嘉年间，沈演之任吏部尚书。当时太子詹事刘湛是彭城王刘义康的心腹，他和左长史刘斌等人结党，企图借重刘义康的权势来排挤文帝的亲信尚书仆射殷景仁。沈演之一向和殷景仁关系很好，所以能主持公道，尽心竭力为朝廷服务，故而深受文帝赏识。等到刘湛等因密谋废立的事被诛杀后，沈演之就被文帝任命为右卫将军。殷景仁死后，范晔任左卫将军，和沈演之共同执掌禁军，参议机密。不久沈演之又兼任侍中。文帝对他说："侍中兼领禁军，名望权力都很显要，希望沈卿多尽力。"

文帝准备讨伐林邑夷人，朝廷大臣大多反对，只有广州刺史陆徽和沈演之赞成。等到林邑平定后，文帝赏赐群臣黄金器物，沈演之所得最多。元嘉二十一年（444），文帝任命沈演之为中领军。太子詹事范晔密谋造反，沈演之觉察到他的意图，就向文帝说了，不久范晔等被处死。

沈演之后来又任吏部尚书、太子右卫率。他身体一直不好，文帝就让他一边养病，一边处理政事。沈演之喜欢奖拔人才，提携后进，而自身谦虚谨慎，文帝赐给他歌女乐伎，他一概不受。后来沈演之暴病而亡，文帝痛惜不已，追赠他为金紫光禄大夫，谥号为"贞"。

145. 薛安都建立过什么功勋?

徐州刺史薛安都勇力过人，弓马娴熟。元嘉二十七年，文帝刘义隆兴兵北伐，随王刘诞镇守襄阳，他任命薛安都为建武将军，随建威将军柳元景一起率军向河南、陕西进发。薛安都率领步兵骑兵作为前锋，他英勇善战，所向披靡，一直打到了关中，是北伐的各路大军中唯一取得重大胜利的一路。

元嘉三十年，太子刘劭弑父篡位，武陵王刘骏发布檄文，讨伐刘劭，命薛安都和柳元景一起率领兵马前往京城。刘骏在新亭即位后，任命薛安都为右卫将军，率领骑兵为前锋，预先进入皇宫清理守候。

孝武帝孝建元年（454），兖州刺史鲁爽反叛，左军将军薛安都及振军将军沈庆之领兵讨伐。薛安都在阵前一见鲁爽，便横矛单骑冲过去，一边大叫，一边挺起长矛就向鲁爽刺去，鲁爽措手不及，一下就被刺中。薛安都的部下赶过来，砍下了鲁爽的首级。鲁爽将门出身，骁勇善战，号称“万人敌”，却被薛安都单枪匹马斩于马下，当时人都称赞薛安都神勇，认为关公斩颜良也不过如此。薛安都因此晋爵为侯。

薛安都屡立战功，但在泰始元年（465），宋明帝刘彧即位时，他转而拥护晋安王刘子勋建立的寻阳政权。寻阳被朝廷攻克后，徐州刺史薛安都请求归降。明帝为了炫耀威势，派沈攸之和张永率领五万大军北上，接受薛安都归降。薛安都听说大军开来，以为朝廷不接受他的投降，非常惶恐，马上向北魏投降了。

146. 宗越生性残暴为什么却能身居高位?

宗越，南阳叶县人，他起初曾担任郡中小吏。他的父亲被蛮人所杀，宗越就在市集中刺杀了仇人。南阳太守夏侯穆赞赏他不畏艰难、为父报仇的行为，就提拔他做了队主。每逢蛮人作乱，就派他讨伐。他家中贫困，买不起马，只好手提大刀，步行出战。他奋勇拼杀，蛮人都抵挡不住，因此屡立战功。每打赢一仗，郡将就赏钱五千，从而他才买上了马。

宋文帝元嘉二十七年（450），大军北伐，宗越隶属柳元怙军，因有战功，回来后补任后军参军督护。孝武帝即位，任命他为江夏王刘义恭的大司马行参军、济阳太守。江州刺史臧质和兖州刺史鲁爽反叛时，朝廷讨伐，宗越功劳很大，追击叛军一直到了江陵。在江陵城里，他杀了很多人。后来论功，被封为范阳县子。孝武帝大明三年（459），竟陵王刘诞反叛，宗越统领骑兵，跟随沈庆之进攻刘诞。广陵城被攻陷后，孝武帝下令将城中的男丁全部杀掉。宗越奉命行事，他亲自动手，对抓来的人先鞭打凌辱，然后处死，一共杀死了几千人。而他欣然自得，面不改色。

前废帝刘子业景和年间，宗越被晋爵为侯，担任游击将军，领南东海太守。刘子业凶恶残暴，而宗越助纣为虐，尽心竭力地帮助刘子业诛杀大臣，排除异己，所以深受刘子业的宠信，家中皇帝赏赐的美女、金帛无数。刘子业被杀前夕，宗越等人在宫外住宿，明帝刘彧才得以下手。第二天早上，宗越进宫，发现形势已经变化。但刘彧对他很宽大，仍然让他担任原职。宗越因为自己是刘子业的心腹，做了很多坏事，害怕刘彧不能容纳他，就密谋造反。结果沈攸之告发了他，宗越被下狱处死。

宗越性情严酷，刻薄寡恩，喜欢诛杀行刑。左卫将军王玄谟也是如此。所以当时军中流传着这样的话："宁做五年徒（苦力），不逐王玄谟，玄谟犹尚可，宗越更杀我。"虽然这样，宗越善立营阵，每次带领数万人安营扎寨，从未出过差错。在战斗中也能奋勇向前，多次立功。他之所以被前废帝刘子业看中，身居高位，也是有自身的过人之处的。

147. 黄回勇于攻战为什么却被处死?

黄回，出身军户，他迅捷果断，勇武过人，很得中书舍人戴明宝的宠信。宋明帝刘彧即位后，四方反叛，戴明宝奏请明帝，让黄回招募长江西边的楚人，随辅国将军刘劻讨伐叛军。黄回有功，升迁到将校，被封葛阳县男。

宋后废帝元徽初年，桂阳王刘休范起兵，向建康发起进攻。朝廷派右卫将军萧道成等人率领大军迎敌。萧道成的军队驻扎在新亭，和刘休范的军队对峙。黄回担任他的屯骑校尉。黄回向萧道成建议，让他和越骑校尉张敬儿假装投降刘休范，然后伺机取刘休范的人头。萧道成觉得主意不错，就同意了。刘休范居然一点儿也不怀疑，还让他们两人做自己的贴身护卫，他的亲信劝阻他，他也不听。有一次，刘休范单独和黄回、张敬儿两人在一起。黄回见四周没人，就向张敬儿使了个眼色。张敬儿一下撺过去，拔出佩刀，砍下刘休范的脑袋。两人提着脑袋，飞身上马，跑回了新亭。平定了刘休范之后，黄回被晋封为侯。

宋顺帝升明元年（477）十二月，荆州刺史沈攸之谋反。朝廷任命黄回为 平西将军、郢州刺史，率军为前锋前去讨伐。军队在新亭还未出发，司徒袁粲在石头城起事，准备攻打萧道成。黄回就与新亭的将领任侯伯、王宜兴等人商议，打算响应袁粲。但是袁粲的行动很快就失败了。黄回原先就和王宜兴有矛盾，这时以平叛为名，趁机杀了王宜兴。萧道成安抚黄回，待之如旧，仍然让他领兵前往镇压沈攸之。

黄回的军队还没有到达郢州，沈攸之的军队就已经逃走。黄回不愿意任郢州刺史，坚决请求去南兖州，直接就率领军队返回了。朝廷只好任命他为南兖州刺史。萧道成见黄回专擅独断，知道他终究不会依附自己。于是就派人把他召来，就地处死。

148. 臧质有什么事情见于记载?

臧质，博涉文史，精明能干，喜好谈论兵法。

宋文帝元嘉二十七年（450），魏太武帝拓跋焘亲率步骑十万，突然南下，围攻汝南，守将陈宪告急。文帝命臧质和安蛮司马刘康祖前往救援。后来魏军攻打不下汝南，又向彭城进发。文帝任臧质为辅国将军，北趋彭城，进入盱眙守防。第二年春天，魏太武帝统率大军南下，全力进攻盱眙。由于刘宋的守军大多惧怕北魏军队，所以他也没把盱眙放在眼里。他首先派人向臧质索要好酒，进行试探。臧质在坛子里撒泡尿给他。拓跋焘大怒，又派人送去一把剑和一封信进行威胁。臧质回信说："你送来的剑我已收到，你的意思大概是要我用这把剑杀你吧!"同时，他又给北魏的全体将士写了一封信，告诉他们如果能斩佛狸（拓跋焘小名），刘宋王朝将会赐封万户侯。拓跋焘看完这些信，气得咬牙切齿，他马上命人做了个铁床，上面插满了铁刺，号令将士："抓到臧质，让他坐在上面。"

北魏攻城开始了。魏军用钩车钩住城门楼，臧质就让士兵用绳索拴住钩车，并让士兵把钩车拉住，使钩车无法后退。到了夜里，他用木桶把士兵吊下城去，砍断钩车的钩子。第二天，魏军改用冲车攻城，但城墙非常坚固，根本撞不动。魏军又架云梯，士兵分成几个梯队，轮番往城墙上爬。但臧质严防密守，用石头、滚木往下砸。拓跋焘不许士兵后退，结果攻城的魏军士兵摔死了很多。魏军死伤数以万计，尸体堆积得几乎和城墙一样高。就这样围攻了三十天，盱眙安如磐石，而魏军亡者过半。拓跋焘无奈，只好撤军。文帝嘉奖臧质，任命他为宁蛮校尉、雍州刺史，监督四州诸军事。

宋文帝元嘉三十年二月，太子刘劭弑父篡位。臧质得到消息，当即派人禀告武陵王刘骏和南郡王刘义宣，并亲率兵马五千，和刘骏一起前往讨伐刘劭。四月，刘劭兵败，刘骏即位做皇帝。臧质因为拥立有功，被封为始兴公。他从此骄傲自大，独断专行，野心也在不断膨胀。他觉得南郡王刘义宣昏庸无能，容易控制，所以就想拥立他为皇帝，然后再取而代之。刘义宣在他的撺掇下，终于下决心讨伐刘骏。

于是，他派密使通知豫州刺史鲁爽和兖州刺史徐遗宝，约定孝建元年（454）起兵。可是鲁爽误解了刘义宣的意思，当天就起兵反叛。刘义宣和臧质也只好仓促举兵。刘义宣拥有荆、江、兖、豫四州兵力，声势浩大。但其他各州郡并没有起兵响应，所以他的兴兵一开始就很不顺利。鲁爽因饮酒过度，被左军将军薛安都斩杀。紧接着，徐遗宝也因兵败被杀。

五月初，刘义宣到达芜湖，臧质也开进梁山。抚军将军柳元景统率豫州刺史王玄谟屯驻梁山，东西两岸都修建偃月垒，营垒非常坚固。柳元景宣告檄文劝说刘义宣，刘义恭也写信给刘义宣说："臧质从小品质不好，这是弟弟所了解的。他凭借你的强大兵力，是为了满足自己的私欲。他的阴谋一旦实现，恐怕就不是你所能控制得了的。"因此，刘义宣也对臧质产生了怀疑。十九日，臧质首先攻打王玄谟的西垒。然而薛安都却率骑兵冲进臧质的东南方的阵地，桓护之又在江上放火烧船，臧质一败涂地。他想找刘义宣商议，结果刘义宣早就一个人溜了。臧质无可奈何，没有地方可去，只好逃到南湖，采摘湖里的莲子充饥。正好追兵赶来，他连忙用荷叶盖住了头，身子没入水中，只露出鼻孔呼吸。但还是让追兵将领郑俱儿发现。郑俱儿一箭射来，正中臧质的心脏，臧质顿时毙命。

149. 臧盾为什么能受到梁武帝的器重?

臧盾，幼年时师从琅邪人诸葛璩（jù）学习五经，他心无旁骛，用功学业，诸葛璩赞叹他有王佐之才。他后来担任尚书中兵郎，每次入朝奏事，风姿秀整，举止得体，深受梁武帝的赏识。

臧盾很孝顺父母。有一次，他随父亲在廷尉府值夜班，忽然左手中指剧烈地疼起来，以致不能入睡，他想肯定有大事发生。果然第二天一早，家里人来报告：其母亲昨夜去世了。他悲恸欲绝。母亲的守丧期还没有完，父亲又过世了。他在父母的墓地盖了一所小屋，住在里面守丧，五年间足不出户。等他五年后出来，形容枯槁，面目憔悴，连家人都认不出他了。

臧盾担任御史中丞，处事公平，极其称职。后来担任中领军，主管国家的兵机要务，事务繁忙，但他敏捷果断，把一切都处理得井井有条，因此也获得了很高的声誉。梁武帝信奉佛法，曾多次到同泰寺宣讲佛经。中大通五年（533），梁武帝在同泰寺为四部大众（僧、尼、善男、信女）讲经，听众有数万人之多。正讲着，忽然南越进贡的大象不知为何受惊了，在人群中狂奔起来。一时间会场大乱，人群四散逃窜，而百官里只有臧盾和散骑侍郎裴之礼安然不动，武帝很赞赏他们两个临危不乱的风度，由此就更加器重臧盾了。

150. 萧思话有什么事迹见于记载?

萧思话，孝懿萧皇后的侄子，少年时不好读书，喜欢骑在屋子的梁栋上玩，平时欺侮邻里，左邻右舍都讨厌他。长大后，他才开始转变，博览经籍，擅长隶书，琴也弹得很好，骑马、射箭样样精通，很有声誉。刘裕一见到他，便赞扬他有国士之风。

文帝元嘉年间，他担任青州刺史。亡命徒司马朗之兄弟招集徒党准备作乱，他派遣北海太守萧汪之前去讨伐，杀了司马朗之兄弟，平定了骚乱。元嘉八年（431），魏军南下，萧思话害怕，临阵弃城逃跑，因此被朝廷召回并关进狱中。后来，梁州刺史甄法护在任失职，导致氐人杨难当率领的仇池饥民侵扰汉中，汉中大乱，萧思话又被起用，直接被任命为梁州、南秦二州刺史。他一上任，就平定了汉中，收复了失地，并在要害之地设立士兵防守。事后，文帝让他把平定汉中的前后经过报告给史官，载入史书。

元嘉十四年，他任临川王刘义庆的平西长史、南蛮校尉。文帝曾赏赐他一弓一琴，并有手书一封，上面说："良才美器，应当物尽其用，这两样东西送给你，怕是再合适不过了。"他有一次跟随文帝登游钟山，四周郁郁苍苍，林壑优美，半路上有一溪清澈的泉水，旁边是一块洁净的大青石。文帝顿时雅兴大发，命他在大石上弹起琴来，文帝听完琴曲，赞叹不已，连忙命人用银杯斟酒赐给他。

元嘉二十七年，魏军突然南下，围攻悬瓠，文帝因而准备再次大举北伐。派萧思话领兵三千，前往彭城助战。魏军退走以后，他代替文帝的第三子刘骏做徐州、兖州刺史。后来，文帝刘义隆被太子刘劭所杀，刘骏起兵讨伐刘劭，萧思话也起兵响应。刘骏即位，征萧思话入朝担任尚书左仆射，他拒绝了，又改任中书令、丹阳尹、散骑常侍。当时城中不安定，经常有盗贼抢劫，二十天中就发生十七起案件。萧思话引咎辞职，诏令不许。

萧思话在外戚中很有声望，年轻时就被皇帝任用，前后担任过十二个州的刺史，九次仗节都督军事。他为官清廉，爱才好士，所以很多士人都来投奔他。

151. 为什么说萧惠开志大才疏?

萧惠开，萧思话的长子。年少时气度不凡，博览群书，虽然是皇亲国戚，生活却很简朴。

他口才极好，喜欢夸夸其谈，听的人都以为他能建大功。他在蜀做官期间，喜欢使用严刑峻法，蜀人都称他“卧虎”。宋明帝即位，晋安王刘子勋造反，萧惠开起兵响应。蜀人痛恨萧惠开，都不听他的调遣，反而聚集起来围攻成都。萧惠开身边的士兵不到两千人，而且其中有些是蜀地人，萧惠开信不过他们，就把他们都遣散了，率领剩下的官兵固守城池。刘子勋兵败后，围城的蜀地联军的攻势更加凶猛，准备入城杀掉萧惠开，好去接受朝廷的厚赏。宋明帝认为蜀地遥远而且险要，就赦免了萧惠开的死罪，并派他弟弟萧惠基前去宣达旨意。萧惠基从陆路到成都，走到涪城时，被蜀地联军阻止。萧惠基率领大军猛烈冲杀，才打开了通道，帮助萧惠开解了成都之围。

不久，宋明帝又派萧惠开的族人萧宝首从水路前往益州，慰劳萧惠开。萧宝首生性贪婪，企图用平息叛乱作为筹码，换取高官厚禄。于是，他再次煽动蜀人兴兵攻击萧惠开。一时间解散了的蜀地联军又集结起来，战火重燃。萧惠开派遣宋宁太守萧惠训和益州别驾费欣业分兵两路出击，大败联军，抓获了萧宝首。

萧惠开奉旨押解萧宝首回京。宋明帝召见他，问他为什么要追随刘子勋，在场的人都替他捏了一把汗。而萧惠开举止从容，不慌不忙地说："臣肉眼凡胎，不识天命所在，所以跟错了人。"明帝怪罪他治理益州不力，导致民众叛乱。萧惠开为自己开解说："是的，如果不是臣，益州也不会作乱；可是，如果没有臣，益州也不会平乱。"宋明帝和在场的人都被他的话逗笑了。

萧惠开后来官拜少府，加给事中。他认为朝廷把自己放在这个位置是大材小用，所以总觉得不得志，常常叹息说："大丈夫入朝应当居喉舌之任，出朝则做一方之长，怎能终日弯腰低头在此消磨时光！"他所在的官署前，有块空地，以前都种着各色的花草，姹紫嫣红，很是好看。他去了以后，就把花草全部铲掉，种上白杨树。逢人就感慨不已："人生一世，不能实现抱负，即使能够长命百岁，那和半路夭折又有什么区别！"他终于因郁郁不得志，吐血而死。

152. 萧惠基有什么事迹见于记载？

萧惠基小时以外戚的身份去拜见江夏王刘义恭，刘义恭很欣赏他，后来就把女儿嫁给他。萧惠基擅长隶书，棋艺也很高，齐高帝萧道成和他情投意合，关系很好。萧惠基有个姐姐是桂阳王刘休范的王妃，在宋后废帝刘昱时，刘休范起兵攻入京城，朝廷派萧道成领兵平叛。萧道成对萧惠基说："你的姐夫放着好好的桂阳王不做，要去作乱。"当时萧惠基的弟弟萧惠朗在刘休范军中，率领前锋在城外攻战，而萧道成任命萧惠基为军副，在城内据守，竟然毫不猜疑他。

骠骑大将军萧道成一直想取代刘宋王朝，司徒袁粲看出他的野心，就暗中组织人马对付萧道成。袁粲、刘彦节起兵的那天晚上，有人就把消息报告了萧道成。因为刘彦节是萧惠基的妹夫，萧惠基当时正在中书省里值班，萧道成有点不放心，就派王敬则去观察他在干什么。萧惠基言行举止从容自若，和平常没有两样，并不知情，萧道成因此更加信任他。

萧齐时，萧惠基担任都官尚书，主掌吏部。永明年间为侍中，兼领骁骑将军。当时王俭为朝廷权贵，炙手可热，很多人争相攀附。萧惠基虽和王俭同在礼部，但除了公事，从来不私下见面。他为人谦和，生活简朴，喜好雅乐，被同僚们称为善士。

153. 萧介有哪些才华?

萧介，萧惠基的侄子，从小天资聪颖，博通经史，文章写得很好。梁武帝萧衍时，出任始兴郡太守。在任期间，勤政爱民，为官清廉，很有威望。后来入朝任侍中，又转都官尚书，官做到光禄大夫。刘裕很倚重他，朝廷军国大事，总要先访求他的意见，他也竭诚尽忠，多所匡正。东魏大将侯景在涡阳（今安徽蒙城）战败后，向梁朝求降。梁朝许多大臣认为侯景狼子野心，反复无常，不可信任。萧介也上书力谏，梁武帝看了他的奏折沉吟了半天，但最终还是没有听从他们的建议，从而导致了引狼入室，自祸其身的悲剧。

萧介性情恬淡，志趣高雅，不爱交游，平时只和几个同族里的兄弟饮酒赋诗，相互唱和，当时的人把他们比作东晋名流谢氏兄弟。萧衍曾招集名士二十多人宴饮，并让大家赋诗，臧盾没在限定时间内写成，被罚饮酒一斗。臧盾把一斗酒喝完，面不改色，言笑自若；而萧介则提笔一挥而就，文不加点，瞬间便成。大家都惊叹不已，武帝也对两人大加赞赏，他说："臧盾的豪饮，萧介的文思，真是今天宴席上的两美啊!"

154. 萧允在南朝有什么经历?

萧允，在梁朝官任太子洗马。侯景攻陷台城时，百官纷纷逃散，只有他衣冠端正地坐在官府中不动。乱军进城后，看到他这个样子，对他肃然起敬，也不敢逼迫他。不久，他到京口居住，当时侯景纵兵抢掠，城内一片混乱，百姓扶老携幼，纷纷逃往外地，而萧允则闭门不出。有人问他为什么不逃，他说："人命在天，自有定数，难道逃亡就可以避免这个定数了吗？现在天下大乱，人人都想乘机而起，建立功勋，谁会把我一个书生当回事呢？庄子所说畏影避迹的事，我是不干的。"侯景在攻占台城三年、称帝一百二十天之后，终于灭亡。而萧允在战乱中静居在家，也居然躲过了灾祸。

萧允生性敦厚，淡泊名利。陈宣帝时，他官任黄门侍郎。晋安王出任南徐州刺史，请萧允做他的幕僚。萧允的朋友蔡景历的儿子蔡征来给他送行，劝他说："公德高望重，是国家的元老，在朝中就可以做至高官，为什么要那么辛苦地到外地奔波呢?”萧允笑笑回答说：“我早先已经答应晋安王，怎么能失信于他?”还是跟着晋安王出镇外藩。陈后主曾问蔡征有关萧允的为人，蔡征说：“他的为人清虚玄远，高深莫测；至于他的文章，我是可以说几句的。”随即就当场吟诵了几首萧允的诗。陈后主听了叹赏不已，不久就征拜萧允为光禄大夫。隋师渡江灭陈之后，萧允进入长安，原来的很多南朝旧臣都在隋朝被授了官职，萧允以年老多病为名，辞官不就。不久他病逝于长安，终年八十四岁。

155. 顾欢是一个什么样的人?

顾欢，字景怡，一字玄平，南朝齐著名的道教学者，吴郡盐官（今浙江海宁西南）人，出身于世代务农的贫困之家。

顾欢自幼聪明好学，但是家中无力出钱供他受业，于是他就经常到乡中学舍的墙壁后偷听，一堂课下来，竟然能全部记住。六七岁的时候，就知道推算六甲。一次，父亲让他到田中去驱赶麻雀，他却花全部心思作了一篇《黄雀赋》，赋写成的时候，田中的稻谷也被麻雀吃了大半。父亲大怒，准备狠揍他一顿，但看了那篇赋之后便作罢了。年纪稍大之后，顾欢便深受当时的大名人顾颉之器重，后又跟雷次宗请教玄、儒诸义。不久母亡，他因悲痛竟然六七日水浆不入口，后遂隐遁不仕，并在天台山聚徒开馆，受业者常近百人。齐高帝萧道成辅政时，征他为扬州主簿，并遣中使迎欢。

作为当时非常有名的道教学者，顾欢擅长黄老，精通阴阳数术。

顾欢前半生主要治儒学，撰有《尚书百问》和《毛诗集解叙义》等。晚年服食丹药，事黄老，崇奉道教，是上清派的信奉者和重要传人，陶弘景的《真诰》就是以顾欢的《真迹经》为底本，加以增删改写并注释而成。顾欢又是老子学的大家，撰有《老子义纲》和《老子义疏》。在南朝释道斗争中发生的那场著名的夷夏之辩中，顾欢是其中的中坚人物。他见释、道二家互相诽毁，欲辩其是与非，于是在宋末作《夷夏论》，以论释、道二家的是非、优劣。论中虽有调和二教之辞，如说：“道则佛也，佛则道也。”但重点是强调二者之异，说道教是产生于华夏的圣教，佛教则是出于西戎的戎法。虽然二教皆可化俗，但只能各自适用于自己的国度，即道教适用于中国，佛教只适用于西戎。同时，他还进一步指出，产生于西戎的佛法，有些思想是与中国的礼教不相容的。他认为佛教“下弃妻孥，上废宗祀。嗜欲之物，皆以礼伸；孝敬之典，独以法屈。悖礼犯顺，曾莫之觉。弱丧忘归，孰识其旧”？意思是说，对一切鸟兽虫蚁，皆以慈悲为怀，不得伤害，而独独对父母不存孝敬之心，这怎能让它在中夏传播下去？因此他认为华夏之邦只能施行道教，不能“述效”戎法，佛教应该回到它的本土去。顾欢无疑是站在道教立场上，用中国传统的尊夏卑夷观点来反对佛教的。

156. 谢超宗恃才傲物造成了什么后果?

谢超宗，谢灵运的孙子。当谢灵运被流放到广州时，谢超宗和父亲谢凤也跟着到了岭南，直到元嘉末年才返回京都。谢超宗从小好学，文采出众，很有声誉。他起初担任新安王刘子鸾的常侍。刘子鸾的母亲去世，谢超宗写了篇诔文。宋武帝刘骏读罢，大加赞赏，对谢庄说：“超宗很有凤毛，简直是谢灵运复出。”当时右卫将军刘道隆也在座，他是个武夫，根本不懂刘骏说的凤毛是双关语，既指凤凰的羽毛，又指有谢凤的风采。他出了宫，特意在路上拦住谢超宗问：“听说谢君有奇异之物，能让我见见吗?”谢超宗说：“我家四壁空空，哪有什么奇异的东西?”刘道隆忘了对谢超宗说话，要避开他父亲的名讳，他心直口快地对谢超宗说：“早上侍宴，皇上说谢君有凤毛。”谢超宗听了，气得扭头就往家跑，连鞋子掉了都不知道。刘道隆以为他回去找凤毛，一直在外面等候。直到天黑了，也不见谢超宗出来，这才沮丧地走了。

中领军萧道成很欣赏谢超宗。有一次，萧道成正在和同僚聚会，谢超宗通名报姓后就自己进去了。那天寒风凛冽，大家正在饮酒，看见谢超宗进来，萧道成就笑着对在座的人说：“此客一来，让人寒意顿消。”接着马上命人给他斟酒。谢超宗数杯酒饮下，就开始高谈阔论，妙语连珠，让萧道成赞叹不已。等到萧道成建齐代宋，任命谢超宗为黄门郎。当时国家需要郊庙祭祀歌，萧道成下令让当世有名的文士十个人来撰写，而最后只有谢超宗的被选用。

谢超宗恃才傲物，喜好饮酒，又爱随意凌辱大臣，出言不逊，在官府当值也经常是昏醉不醒。有一次，齐高帝萧道成召见他，询问他关于北方边事的意见，他随口就说："北虏为患已经二十多年，即使佛祖出世，也无可奈何。"萧道成很不满意。他因为酒后失态被贬为南郡王中军司马，心怀怨恨。有人问他官居何位，他懒洋洋地说："不知是司马还是司驴。如果是驴府，自然应该是司驴了。"后来，他和同僚一起为湘州刺史王僧虔送行，阁道朽坏，司徒褚彦回一下子掉进水中，仆射王俭则惊得从车上摔下来。谢超宗见了拍手大笑，说道："这真是落水三公，坠车仆射。"这时褚彦回正湿淋淋地从水里爬起来，谢超宗又高声讽刺说："有天道啊！天不容，地不受，送给河伯，河伯也不要。"褚彦回听了，恼羞成怒地说："你这个寒士也太张狂了！"谢超宗反唇相讥："我又没有出卖袁粲和刘宋江山以求富贵，怎么能免得了贫寒呢！"一句话戳到了褚彦回的痛处，他气得半天都说不出话来。谢超宗不久就被下令禁锢十年，不能做官。

齐武帝萧赜即位后，他又被起用，掌修国史，越发觉得不得志。他的儿媳是张敬儿的女儿，张敬儿被武帝诛杀后，谢超宗对丹阳尹李安人说："往年杀韩信，今年杀彭越，你将有什么打算？"结果李安人把他的话报告给皇上。武帝大怒，他向来对谢超宗的轻狂傲慢就耿耿于怀，这次借机重惩谢超宗。他下令把谢超宗下廷尉治罪，判令贬谪南方，在半路上又命人将他赐死。

157. 为什么说谢举精通玄学与佛理?

谢举，谢朏（fěi）的侄子。从小好学，博览群书，文才出众，深受当世名士沈约、江淹、任昉和昭明太子萧统的赏识和厚爱。

谢举精通玄理和佛教精义。在晋陵郡做官时，他经常和僧人一起讲经论道，名士何胤也从很远的虎丘山前往参加。后来有个叫卢广的儒士，学问很高，任国子博士，为国子学中的太学生讲解儒学经典，仆射以下的朝廷大臣也一同前往聆听。讲堂里鸦雀无声，大家都在聚精会神地听卢广讲说经义。这时，谢举站起来，直接走到卢广的座位前，提出问题，和他讨论。谢举辞理雄辩，滔滔不绝，双方反复论辩多次，卢广都无法说服他。于是，卢广心悦诚服地把自己手中所持的麈尾、斑竹杖等交给他，推荐由他来担任主讲。

158. 王融出身著名士族家庭为什么却被赐死?

王融，王僧达的孙子。他天资聪慧，又博览群书，文采出众，年轻时就已经崭露头角，受到齐武帝萧赜的重用，二十来岁就担任中书郎。齐武帝永明十一年（493），北魏使者房景高、宋弁出使南齐，武帝让他兼任主客使，负责接待工作。两位使者久闻王融的大名，如今见他如此年轻，都不禁暗暗称赞。宋弁问他："请问贵庚几何?"王融说；"五十之年，久逾其半。"房景高说："在北方听说主客所作的《曲水诗序》，文采富丽，超过颜延年，能否让我们拜读一下?"王融便把作品拿出来给他们看。过了两天，王融在瑶池堂接待宋弁。宋弁说："从前看了司马相如的《封禅文》，得知汉武之德；今天读了王生的《曲水诗序》，可知齐主之盛。"王融笑了笑说："当今皇家盛明，非汉家可比；至于我的诗作，那是无法比得上司马相如的。"

王融热衷名利，自视甚高，期望在三十岁以内就能位居公辅。他非常羡慕东汉的邓禹，二十四岁就辅佐光武帝打天下，名扬四海，官做到大司徒。他担任中书郎，在皇宫里值宿时，曾拍案叹息说："想不到我竟如此默默无闻，只怕要被邓禹耻笑了。"有一次，他路过朱雀桁（héng），人马拥挤，他用手捶打着车厢感叹说："车前没有八个骑兵开道，怎么称得上大丈夫呢!"

王融文思敏捷，深受竟陵王萧子良的赏识。北魏军队要进攻南齐，萧子良任命王融为宁朔将军，招兵买马。他听说齐武帝萧赜有北伐之意，就积极上书献策，并努力练习骑马射箭。但是萧赜不久就卧病不起，此时太子萧长懋已经去世，次子竟陵王萧子良的文才政绩在当时有很高的声誉，所以王融想拥立萧子良，但武帝却立太子的儿子萧昭业为皇太孙。永明十一年七月三十日，萧赜病情恶化，昏厥过去，而当时皇太孙萧昭业还没有入宫，宫廷内外一片混乱。王融觉得时机来了，他打算假借萧赜名义立萧子良做皇帝，诏书已经写好了。然后他身穿戎装，站在中书省门前截住东宫卫队，阻止皇太孙入宫。正在这时，萧赜又醒过来了，他一睁眼睛就找萧昭业，就这样，皇太孙和他的卫队才全部进了皇宫。萧赜把国家大事托付给西昌侯萧鸾以后，就去世了。王融马上采取行动，命令萧子良的军队接管皇宫的各个大门。萧鸾闻讯，飞身上马，直奔云龙门。卫兵阻拦他，他说："皇上召见我！"说完，推开卫兵，闯了进去。他见了萧昭业，马上把他扶上皇帝的御座，并下令让人把萧子良从殿内搀扶出去。萧鸾身手敏捷，声音洪亮，宫里的官员和侍从没有敢不服从他命令的。王融见大势已去，只好脱下戎装，灰溜溜地走了，嘴里还不住地埋怨："子良误我，子良误我。"萧昭业即位，心中怨恨王融，即位才十几天，就下令逮捕王融。王融向萧子良求救，萧子良不敢开口，最后王融被赐死，死时年仅二十七岁。

159. 王俭一生仕宦情况如何？

王俭出生后，父亲王僧绰就已经遇害，所以叔父王僧虔一直扶养他。王俭幼年时十分好学，手不释卷。丹阳尹袁粲久闻其名，等见了王俭以后，感叹不已，就向宋明帝推荐他。宋明帝就把阳羡公主嫁给他，任他为驸马都尉。

十八岁时，王俭迁官秘书丞。他仿照刘歆的七略，为刘宋的国家图书编写了一部目录，叫做《七志》，又撰写了《元徽四部书目》，他根据当时学术发展以及图书数量的实际创制了七分法，在古代文献学史上颇有影响。

宋顺帝升明年间，太尉萧道成图谋代宋自立，他在铲除了阻碍他的沈攸之和袁粲之后，想拉拢德高望重的长史谢朏来帮他实现政治目标。但谢朏不予合作，萧道成非常恼火。太尉右长史王俭看出了他的心事，主动上门求见。他对萧道成开门见山地说："萧公功盖天下，举世无双，以萧公今日的地位，不应该永远北面称臣。"萧道成听了心中非常高兴，但外表上假意严厉地斥责他。王俭又说："我受萧公的厚恩，所以才敢于说出别人不敢说的话，萧公为什么要拒绝呢？宋朝早已名存实亡，如果不是萧公，恐怕连一天也维持不下去。但是人情浇薄，萧公要是拖延时间，就会失去众人的希望。那样，不但大业建立不了，就是萧公自己的性命也会有危险。"萧道成这时才笑着点点头："你的话不无道理。"王俭又说："太尉如今手握宰相实权，但仅此还不能成就大业，还应当有些特殊的礼遇，向世人显示政局变革的迹象，比如加授太傅称号，然后封王，再由王而帝，顺理成章。”萧道成听得心花怒放。王俭又说：“不过，这件事还要和褚公谈谈，我可以替您效劳。”在王俭的具体策划下，一切都在顺利地进行。升明三年（479）三月，萧道成被封为齐公，四月被封为齐王。四月二十日，宋顺帝刘准正式颁布诏令，把皇位禅让给齐王萧道成。禅位礼仪及诏书策文，都出于王俭之手，只有禅位诏书是他和褚彦回共同写定的。

齐朝建立，王俭任尚书右仆射，主管吏部，当时只有二十八岁，因佐命之功封为南昌县公，食邑二千户。新朝初建，朝仪制度草创，一切都由王俭议定。齐武帝萧赜即位，王俭任国子祭酒、太子少傅，后又兼领吏部。刘宋时国子学衰落，一直无暇修复。而宋孝武帝爱好文学，士人因而都崇尚文采，无人专门研究经学。王俭少时就很留意《三礼》、《春秋》，发言吐论，经常以儒教为宗，此时担任国子祭酒，更是趁机大力提倡儒学，因此士流翕然向风，儒学大兴。王俭熟悉朝仪旧典，当朝理事，博征广引，决断如流。萧赜很倚重他，凡他所选用的官吏，没有不任用的。武帝永明七年（489），王俭病，武帝萧赜亲自前往探望，王俭病逝，武帝诏令所有台卫仪仗都撤下来给王俭营办丧事，并追赠王俭太尉，加谥号“文宪公”。

160. 明僧绍有何逸事流传?

明僧绍，字休烈，是南朝宋、齐时的著名隐士。早年在长广郡崂山隐居，并聚徒讲学，北魏攻克淮北后，渡江南下。宋升明年间，齐高帝萧道成任太傅，曾经以旌币之礼征明僧绍和顾欢、藏荣绪出来为官，明僧绍等没有赴任。

宋泰始末，岷、益两处发生山崩，淮水在齐郡的一段也枯竭了。明僧绍私下对其弟弟说：“天地之间的气，本来是按序运行的，如果阳潜伏不泄，阴迫而不蒸，便有山崩川竭的变化。以前伊、洛枯竭便夏亡，黄河枯竭便殷亡，三川枯竭、岐山崩便周亡，五山崩便汉亡。一个国家必须依山川为固，如果山川发生变化，国家怎能不灭亡呢?现在宋便面临着这样的危局啊!”并要其弟谨记他的话但不要泄露。后来时局的发展果然如他所说的那样。

齐朝建立后，齐高帝曾于建元元年（479）征僧绍为正员郎，但僧绍还是无意于仕途，于是称病不去赴任。后又隐居于江乘摄山。一次，僧绍听说和尚释僧远有德行，便前往定林寺拜会。当时恰逢齐高帝也在，高帝便想出寺见他，僧远先问僧绍道："天子如果来了，你怎么应对啊？"僧绍便说："山野之人当逃遁以避，如果没有得到允许，我便学当年戴颙①的做法。"高帝听说后深感遗憾。后来僧绍又在摄山建成栖霞寺居住，卒于齐永明中（487）。

161. 荀伯玉为什么能得到齐高帝的赏识？

刘宋明帝时期，冠军将军萧道成镇守淮阴，荀伯玉担任他的刑狱参军。萧道成当时深受明帝的猜忌，明帝要征召他回京做黄门郎，萧道成十分忧虑，寝食难安。有一次，萧道成外出，看见湖边的一群白鹤，心生感触，就提笔写下一首诗："八风舞遥翮，九野弄清音，一摧云间志，为君苑中禽。"写完就给荀伯玉看。荀伯玉了解萧道成的深意，就为他出谋划策，建议他派遣几十名骑兵进入北魏境内，制造事端，以达到留在淮阴的目的。之后，萧道成仍然担心这个计划不能奏效，就让荀伯玉占卜。荀伯玉肯定地说："绝对没有问题。"果然几天之后，明帝诏令来了，让萧道成仍旧担任原职，留在淮阴。萧道成这才松了一口气。从此，荀伯玉就深受萧道成的信任赏识，成为他的心腹，鞍前马后，全心全意地效忠他。

萧道成即位后，荀伯玉被封为南丰县子，担任豫章王萧嶷的司空咨议，兼济阳太守。太子萧赜恃功自傲，独断专行。他的亲信张景真也倚仗着他的势力，狂妄骄横，僭越礼度，大臣们都敢怒不敢言。只有荀伯玉向高帝萧道成告发了这件事。萧道成大怒，派人调查萧赜。虽然事后父子终于言归于好，萧道成由此更加信任荀伯玉，军国大事，都委任给他，权倾朝野。萧道成临终时，指着荀伯玉，嘱咐萧赜好好待他。但是萧赜因为张景真的事，早就对荀伯玉怀恨在心。他即位以后，就找个借口，把荀伯玉杀了。

---

① 戴颙是东晋著名隐士，曾有高卧窗下，以山人之服加身的做法。

162. 刘善明在政治上有什么建树？有何逸事流传？

刘善明，刘怀珍的族弟，其父亲刘怀人在南朝宋曾为齐、北海两郡太守。元嘉末年，青州发生饥荒，刘怀人拿出家里的积粮，予以赈济，乡里百姓因此获得救济，当地百姓事后称其家田为续命田。受父亲影响，刘善明很小就有周济天下之志，学习非常勤奋，小时就有令名。四十岁那年，刺史刘道隆辟其为中从事。宋明帝泰始年间，徐州刺史薛安都反，青州刺史沈文秀起兵响应。善明和他的伯父弥之、族兄乘人等在这场平叛斗争中立下了汗马功劳。沈文秀投降后，刘善明被任命为海陵太守，由于此郡靠近边海，没有什么树木，刘善明便督促人们种上榆树、槚树等各种杂木杂果树。几年以后，人们都从中获得了实利。

宋后废帝即位后，群臣执政，朝内分为几派，刘善明独独敬事齐高帝萧道成，忠心耿耿。废帝被杀后，刘善明任齐高帝的骠骑咨议、南东海太守，行南徐州事。不久，沈攸之谋反，齐高帝萧道成对此深感忧虑。刘善明于是对他做了精辟的分析："沈攸之控制八个州的地盘，大肆敛聚财物，包藏反心，已有十年了。但他为人阴险急躁，不是干大事的料。一方面他不熟于兵机，另一方面内部人情离乱，再加之各方面对他多有掣肘，现在如果六师齐发，各方同举，沈攸之肯定是笼中之鸟。"事后果然如善明所说的那样。萧道成对此赞赏不已，称赞说虽然张良、陈平在世也不过如此。于是迁他为太尉右司马。

萧道成即帝位后，任命刘善明为淮南、宣城两郡太守，这两郡历来为国之形胜，地理位置非常重要，郡守一般都是皇亲国戚或非常贤能的人。刘善明深知责任重大，一到郡里，便上表陈事共有十一条，纵论天下大势，皆切中时弊，接着又撰写《贤圣杂语》上奏，皆受到高帝的首肯。

刘善明身高七尺九寸，生性质素，不好声色，他所用的床榻几案，都没有经过雕刻。泰始五年（469），北魏攻破青州，刘善明的母亲被掳去。善明非常伤心，从此过着布衣蔬食的生活，好像持丧一样。本来善明为官立志清廉，但母亲被掳后，对于财物他变得非常贪婪，好友崔祖思感到非常奇怪，问他为什么这样，善明回答说："管仲以前曾说知我者鲍叔，现在母亲在魏，我方寸已乱，哪里有时间做清官。”后来他把所得的钱财全部用来赎母亲。母亲赎回来后，善明就变得清廉方峻起来。建元二年（480），刘善明卒，家无遗财，唯有书八千卷。

163. 刘灵哲有什么孝行义举见于记载？

刘灵哲，刘怀珍的儿子，官至齐郡太守、前军将军。据史书记载，他为人孝行，有义举。刘灵哲的亲生母亲曾经生病，灵哲为母亲虔诚祈祷，朦胧中梦见有一黄衣老人拿一药物给他，并且对他说：“把这药吃了，你母亲的病就好了。”灵哲一觉醒来，在枕间发现了药物，母亲吃了果然病马上就好了。

刘灵哲的嫡母崔氏和兄子景焕，在泰始年间被魏人擒获入魏。灵哲自此后穿布衣，不听乐。父亲刘怀珍死后，按理灵哲应当承袭父爵，但灵哲认为兄子还在北魏流亡，生死不测，因而坚决予以推辞。后来，刘灵哲又倾家荡产想向北魏赎回嫡母及兄子，但一连几年都没有成功。后来幸亏武帝令北使者予以请求，魏人才派人送还。回来后，其兄子承袭了怀珍的爵位。

164. 刘怀慰任郡太守时有什么惠政？

刘怀慰，字彦泰，刘怀珍的侄子，齐高帝萧道成的心腹大臣。齐朝建立后，齐高帝打算在都下设置齐郡，但大家认为江右土地肥沃，是流人众望所归之处，于是便设置在瓜步（今江苏六合），以刘怀慰为辅国将军、齐郡太守。临行之际，齐高帝对他寄予厚望，说：“齐邦是王业的根基所在，那里的一切事务，都委托给你了。”又赐玉环刀一口给刘怀慰。

刘怀慰来到齐郡，马上率领大家修城郭，安集居人，开垦农田，并决湖灌溉。又杜绝公事以外的交游，不接受别人送的礼物和邀请，曾经有人送给他一斛新米，刘怀慰马上拿出自己所吃的麦饭给来人看，并且说道：“我食有余啊，就不烦你送米了！”任郡太守期间，刘怀慰曾著《廉吏论》，来表达自己做清官的心意。高帝听说后，异常高兴，亲自下诏表扬。刘怀慰死后，齐明帝痛惜地对仆射徐孝嗣说：

“要是刘怀慰在，朝廷不担心没有清官啊！”

165. 刘訏有什么逸事流传?

刘訏（xū），刘怀珍的从孙，南朝著名隐士。几岁时，刘訏的父母便相继去世，尽管当时他还很小，为父母居丧时却哀痛异常，几至灭性，其孝行为时人所称。之后，便为伯父所收养。一次，其长兄为他聘妻，刘訏闻讯后，马上躲了起来，直到说好不谈婚嫁事才又重新出来。

刺史张稷征辟刘訏为主簿，让人带着榜文去征召他，刘訏闻讯后把榜文挂在树上便逃跑了。陈留阮孝绪博学有才，过着隐居生活，几乎不与当世人交往，他总是坐在鹿床上，房子周围种满竹木，有人拜访他时，他也不接见。可是刘訏一拜访他，阮孝绪便立即引为神交。刘訏的族兄刘歊（xiāo）也有高操之行，于是三人朝夕游玩相处，当时世人称之“三隐”。

刘訏善于玄言，尤其精通佛家经典，曾经与刘歊在钟山诸寺听讲，还一度打算在宋熙寺东涧安家。尚书郎何炯曾经在路上遇到刘訏，赞叹说：“此人真是风神颖俊啊！当是荀奉倩、卫叔宝之流的人物。”于是令手下人驾车带他前去拜访，谁知刘訏却闭门不见。

刘訏平时穿着粗粗缝制的衣服，头上戴着谷皮巾，每次游山玩水，都流连忘返。他姿貌雍容，气质不俗，在林谷间遇到他的人都以为他是仙人。刘訏家里很贫寒，常常三顿并作两餐吃，腊月寒冬之际，尽管没有毡絮，但他却能安然处之，旁人看不出他有丝毫的饥寒交迫的窘相。从小到大，刘訏都是喜怒不形于色，每遇有竞争时，他都以不战而胜。碰到有想凌侮他的人，看到他的神态，都无不愧然而退。他主张死后薄葬，友人与同宗族之人为其刊石立铭，谥曰“玄贞处士”。

166. 崔慰祖有什么趣事流传?

崔慰祖（465～499），字悦宗，清河东武城（今山东武城县）人。他的父亲崔庆绪在南朝齐曾担任梁州刺史，家境颇好。父亲去世后，为尽孝崔慰祖连盐都不吃，母亲非常担心，劝他说：“你既无兄弟，又未留有子嗣，这样下去如何了得？不进珍馐佳肴是可以的，但怎么能不吃盐呢？你如果继续这样，那我也不吃盐了。”崔慰祖这才作罢。

崔慰祖为人慷慨大方，热心助人，视金钱如粪土。其父亲去世后，留下万贯家财，他都将其散与了同宗族人。他家有很多漆器都题有“日”字，因为大量与人，于是远近各地都有题有“日”字的漆器流传。收拾父亲的遗物时，崔慰祖发现许多向其家赊借钱物时立下的字据，他一把火将它们全部烧掉了，并且说：“他们有钱时自会主动奉还，没有就算了吧。”崔慰祖非常好学，家中累积藏书达万卷，邻里一些少年常向他借书，一天往往要借出去几十帙。慰祖从不推托，而是亲自取书借与。

慰祖曾经担任始安王遥光的抚军刑狱，兼记室。遥光喜欢下棋，屡次都叫慰祖和他对奕。慰祖招架不住，只好借口推托，只在月首和月中见一面。有一次，国子祭酒沈约和吏部郎谢朓在吏部省中与朋友聚会，当时慰祖也在，他们于是向他询问十几个不明白的关于地理方面的问题，慰祖一一作答，有根有据，在座的人都很钦佩。谢朓感叹说：“即使司马迁、班固在世，也难以超过他。”

崔慰祖曾有增补司马迁、班固的《史记》和《汉书》的大志，但只收集了《史记》、《汉书》所遗漏的二百余件事，便去世了，有《海岱志》一书传世。

167. 张绪有什么事迹传世?

张绪，清简寡欲，善于玄谈，言辞风流，使听者忘倦，肃然起敬。他精通《周易》，阐发义理，为当世之宗。因此在刘宋和萧齐时都深受皇帝赏识，名士推重，被视为南方士人中的佼佼者。齐武帝在位时，张绪担任太子詹事、给事中。每次朝见，武帝都要目送着张绪的背影对王俭说：“张绪因为我的位置而尊敬我，我则是因为张绪的才德而敬重他。”后来益州刺史刘悛进献给武帝几株蜀柳，枝条纷披，形态婀娜，武帝 把它种在灵和殿前，赏玩了半天，感叹道：“这些杨柳风流可爱，好似当年的张绪。”竟陵王萧子良以司徒身份兼任国子监祭酒，武帝下诏给王晏说：“我想让司徒辞去祭酒，让张绪担任，你们觉得怎么样?”最终以张绪代替了萧子良做国子祭酒。

张绪不营财利，有了钱财就散给众人，有时端坐清谈，一天都没有东西吃。门生看他饿了，就给他端来饭食，但是他从来也不开口索求。他死之后，被追封散骑常侍、特进、光禄大夫。

168. 张瓌一生政绩如何?

张瓌（guī），南兖州刺史张永的儿子。张永因为在白下（今南京市北）抵抗桂阳王刘休范的叛军时，兵众溃散，弃军而逃，多亏右卫将军萧道成的开解才免于一死，只是被削去官爵。故而张瓌很感激萧道成，尽力结交他。宋顺帝升明元年（477），刘彦节等密谋铲除萧道成，他的弟弟刘遐任吴郡太守，也准备响应。张瓌当时守丧在家，萧道成秘密命令他谋取刘遐。刚好刘遐想征召张瓌，把军事委托给他。张瓌假装接受，趁机率领十几名兵士进入郡府，杀了刘遐。萧道成闻讯后非常高兴，随即任命张瓌为吴郡太守。

齐武帝时，张瓌出任宁蛮校尉、雍州刺史，后入朝拜官左户尚书。他离任之后，安陆王萧沔治理雍州，在赴任的路上，遇见了一个行乞的老人。萧沔问他说："为什么不从事生产而去乞讨?"老人回答道："张使君在雍州时，宽政爱民，百姓家家能够自己养活自己。而后来的官吏为征严酷，我们无法维持生活，只有到处乞讨。"萧沔听了，不由得感叹了许久。

张瓌担任太常时，职位轻闲，所以经常回家。武帝心中不快，对他说："卿等没有富贵时，常抱怨人主不给；富贵之后，又想推卸不干。"张瓌回答说："陛下驾驭臣等，就像养马一样，没事就闲置在马厩里，有事才会牵来。"武帝听了很生气，就让他做散骑常侍、光禄大夫。

齐明帝时，张瓌看到朝廷政局不稳，常常称病在家。齐明帝一直对大司马兼会稽太守王敬则怀有戒心，在他病重时，他任命张瓌为平东将军兼吴郡太守，让他密谋部署兵力，防范王敬则。王敬则造反时，张瓌派遣兵士在松江抵抗。结果这些士兵一听到王敬则的军鼓声，吓得四处逃散，张瓌也弃郡逃到民间去了。王敬则被平定后，他才回到郡府，因此被免去了官爵。

齐东昏侯萧宝卷时，张瓌又任光禄大夫。萧衍起兵，他奉命守卫石头城，不久又弃城逃走。萧衍即位后，他被任命为给事中、右光禄大夫，后来因为脚疾病逝。

169. 戴僧静立有什么军功?

戴僧静，骠骑大将军萧道成的部下。刘宋顺帝升明元年（477），荆州刺史沈攸之起兵，派大军沿江东下。消息传来，司徒袁粲也准备暗中组织人马，响应沈攸之，铲除大权在握、野心勃勃的萧道成。为了防止袁粲作乱，萧道成派遣戴僧静率领心腹将领，以增援袁粲为名，进驻石头。十二月二十三日夜晚，袁粲的行动开始，萧道成得到消息，也派人通知部下动手。在石头方面，萧道成的部将苏烈已经抢先占领仓城。戴僧静领兵前来增援苏烈，但城门紧闭，他只好先在城下射进一封信给苏烈，到了夜里，有人从城上放下绳子，把他拉了上去。戴僧静和苏烈联合攻击袁粲。石头守将孙昙瓘骁勇善战，王天生率领部下拼死战斗，才勉强顶住孙昙瓘的反扑。戴僧静抽出一部分兵力，攻打袁粲官邸的西门。在那里放了一把火，使官邸陷入一片火海之中。正在石头城东门楼上的袁粲望见火起，连忙下来。刚好戴僧静冲了进来，他手提大刀扑过去，袁粲父子顿时倒在血泊之中。石头城的战斗结束了。戴僧静因功被加官为前军将军、宁朔将军。

170. 为什么说周盘龙勇冠诸军、名播北国?

右将军周盘龙，擅长骑马射箭，胆气过人。南齐高帝建元三年（481）春天，北魏军队入侵南齐淮阳地区，在淮河沿岸大肆劫掠，守军将领成买不幸阵亡。齐高帝派遣领军将军李安人前去援救。周盘龙和儿子周奉叔随军前往。

周奉叔首先率领二百名精兵，杀进敌人阵营。魏军出动一万多名骑兵，从两边包抄上来。双方混战在一起，杀得天昏地暗。一个士兵冲出重围，向周盘龙报告："周将军已经阵亡!"周盘龙正在吃饭，一听这话，马上扔下筷子，飞奔上马，挥动着长槊，就冲入敌军阵地。他大叫着："周公来也!"魏军向来听说周盘龙骁勇的威名，吓得纷纷躲闪。周盘龙手舞长槊，直杀得敌人鬼哭狼嚎，四下逃窜。当时周奉叔其实已经从敌人的包围中杀了出来，周盘龙不知道，仍然在敌军中驱马奔驰，左冲右突，锐不可当。有人告诉周奉叔，他父亲还在里面。周奉叔见周盘龙很久都没有出来，就不顾身上有伤，又拨转马头，冲了进去。父子两人在敌人阵地里驰骋往来，左右厮杀，敌人成片地倒下。魏军数万人，竟然不敢和他们正面交锋。在李安人率领的大军配合下，他们大败敌人，把魏军打得丢盔弃甲，狼狈而逃。从此周盘龙父子名播北国。

171．周奉叔为什么能横行无忌、欺凌朝士?

直阁将军周奉叔，勇猛过人，深受齐郁林王萧昭业的喜爱。萧昭业即位后，就把他作为自己的心腹。周奉叔擅长骑马，萧昭业就跟着他学骑马，十分宠信，让他随便出入皇宫。因此周奉叔狂妄自大，目中无人，对朝臣也随意凌辱，无所顾忌。他经常把十口单刀分挂在身体两侧，耀武扬威地出入皇宫，门口的卫兵都不敢吭声。谁要是露出几分不满，他就威胁说："周郎认识你，周郎的刀可不认识你!"

有一次，周奉叔向司空王敬则换米二百斛，王敬则只给了一百斛，结果被周奉叔拒绝了。王敬则心中十分害怕，就赶紧派人送去二百斛米，还另外加上一些贵重的器物。王敬则家里有一个歌妓，萧昭业很喜欢，让周奉叔替他求来。周奉叔也不通报一声，就带着随从，手握单刀，闯进了王敬则的府邸。王敬则吓得光着脚跑进内室。想想没有办法逃过去，只好硬着头皮又走了出来，站得远远地陪着笑脸问："贤弟怎么有空光顾寒舍?"周奉叔这才把皇帝的意思告诉了他，王敬则哪里敢说半个不字，只好看着周奉叔把自己的爱妓带走。

周奉叔在朝中和一帮徒党擅威弄权，萧昭业对他言听计从。辅佐萧昭业的西昌侯萧鸾对周奉叔十分嫉恨。他暗中指使卫尉萧谌、征南咨议萧坦之，劝萧昭业把周奉叔调出京都，作为朝廷的外援，萧昭业答应了。然后他们又极力劝说周奉叔出任方镇，周奉叔也答应了，又要求萧昭业封他为千户侯。萧昭业同意了，但萧鸾从中作梗，只封他为曲江县男。周奉叔大怒，当众挥舞着刀，对着萧鸾大喊大叫。萧鸾劝说了半天，才平息了他的怒气。在周奉叔出任青州、冀州刺史的前夕，萧鸾左思右想，害怕他出京以后更难以控制，于是就趁他前来辞行的时候，把他抓住除掉了。

172. 陆澄有什么逸事流传?

国子博士陆澄，从小博览群书，好学不倦。齐武帝萧赜永明元年（483），他担任度支尚书，兼领国子博士。尚书令王俭自以为博学多识，超过陆澄，陆澄不以为然。王俭就和学士何宪等高谈阔论，让陆澄在一旁听着。等到他们谈完之后，陆澄立即指出他们谈话中的几百条遗漏之处，都是王俭不知道的，王俭这才心悦诚服。王俭曾在尚书省摆出一些物品，让众学士比赛谁知道的故事典故多，谁说出一条，就可以拿走一件东西。陆澄来得最晚，他到的时候，众学士人人都已经得到一两件物品。陆澄不慌不忙，当即说出很多众人不知道的典故，结果他最后把别人手中的东西全部夺走了。大家无不为他渊博的学识所折服。

陆澄学识渊博，被当世称为硕学鸿儒。但他阅读《周易》三年，竟不能解析文义，想撰写《宋书》，也没有写成，所以尚书令王俭戏称他为“书橱”。他家里藏书丰富，人所罕见。他自己撰写的书籍，直到他死后才流传于世。

173. 戚衮的学问为什么被时人推重?

戚衮，字公文，吴郡盐官（今浙江海宁）人，从小聪慧好学，曾经向当时的国子助教刘文绍学习三礼。不到两年的时间，戚衮便掌握了大略。

十九岁那年，梁武帝召他策问《孔子正言》及《周礼义》、《礼记义》，戚衮表现很好，被任命为扬州祭酒从事史。因才学渊博，戚衮很为时人推重。曾经有一个叫宋怀方的，是从北魏回来的，南归时他从北方带来了《仪礼疏》、《礼记疏》，到南朝后任国子博士，宋怀方一直把从北方带来的这两本典籍视为珍宝，秘不示人。临终前，他吩咐家人说：“我死后，戚衮若来了，就把《仪礼疏》和《礼记疏》交给他，如果他没有来，就将之作为我的陪葬品吧!”戚衮就是这样为儒者所看重。

不久，戚衮兼太学博士，简文帝在东宫时，常召戚衮讲论经学。有一次，简文帝召集群儒，让他们互相质难辩论，当时中庶子徐摛名气很大，在集会上他驰骋大义，高谈阔论，纵横捭阖，诸儒为其所慑，一时竟然难以答抗。只有戚衮奋起与之论争，一往一来，戚衮皆镇定自若，对答如流，简文帝对其深为赞赏。戚衮撰有《礼记义》四十卷行世。

174. 庾杲之有什么逸事流传?

御史中丞庾杲（gǎo）容仪秀美，善于应对。齐武帝萧赜曾经和群臣宴饮，酒后，他有点醉意地问大家："你们说，我死后能得到什么谥号?"当时在座的人一下都愣住了，面面相觑，没人敢吭声。尚书令王俭赶紧给庾杲之使了个眼色。庾杲之站起来，从容不迫地对武帝说："陛下寿比南山，与日月齐明，千载之后，哪里是臣子们所能轻易预料到的!"武帝听了哈哈大笑。在场的大臣都对他的机智善辩佩服不已。

后来，庾杲之又兼任主客郎，接待魏国的使者。在宴会上，魏使问他："为什么南朝的百姓家家门上都贴着纸条，难道是要卖宅子吗?"庾杲之回答说："朝廷准备扫荡洛阳，收复神州，所以家家要卖宅子支援朝廷。"魏国使者本来想给庾杲之出个难题，结果碰了一鼻子灰，无言以对，只好闭上嘴巴。

175. 孔珪有什么逸事流传?

孔珪（guī），字德彰，会稽山阴人。他在南齐明帝萧鸾时任南郡太守。

孔珪风韵清雅，喜欢饮酒写文章。他和表兄张融志趣相投，又与琅邪人王思远、庐江人何点、何胤兄弟交情很好。他们都厌烦世务，喜欢山水吟咏。孔珪在他的住宅里，到处构筑山水。他经常悠闲地靠着几案，独自饮酒，别的事情一概不管。他的园子里杂草丛生，池塘中不时传来阵阵蛙鸣。有人问他："孔卿想效仿陈蕃吗?"孔珪笑着回答说："我用这些代替两部鼓吹，又何必效仿陈蕃!"尚书令王晏曾经来访，带着鼓吹仪仗。他听见蛙鸣，就皱着眉头说："这也太聒噪人了!"孔珪说："我听鼓吹的声音，还不如这青蛙叫呢!"王晏听了，脸上顿时露出了惭愧的神色。

176. 王晏手握重权为什么被诛?

尚书令王晏，齐武帝萧赜的亲信。萧赜在东宫时，他担任太子中庶子，和萧赜感情融洽。萧赜登基后，他被任命为吏部尚书，深受宠信。武帝死后，他和徐孝嗣受遗诏掌管尚书事务，辅佐郁林王萧昭业。西昌侯萧鸾图谋废黜萧昭业，王晏积极响应，并四处活动，帮助萧鸾顺利地废掉萧昭业，登上皇帝的宝座，当了齐明帝。王晏因佐命有功，晋号骠骑大将军，晋爵为公。

王晏原来备受武帝萧赜重用，现在反过来经常挖苦武帝的事情，大家都很感到奇怪。他官拜尚书令，处在朝廷大臣中最高的位置，喜欢独断专行，凡重要的职务，他都任命自己的亲信，还经常与萧鸾在用人问题上发生争执，萧鸾心里很厌恶他。始安王萧遥光劝明帝杀了他，明帝说："王晏对我有功，况且又没有罪过，没法杀他。"萧遥光说："王晏对武帝都不忠诚，又怎能忠于陛下呢?"萧鸾默默无言，暗中却派人到街头巷尾去搜集有关王晏的传闻。

王晏为人轻率浅薄，贪心很大，还几次请看相的为他相面，说是有大贵之相。他与客人谈话，喜欢屏退其他人，弄得非常神秘。萧鸾听了这些情况，对王晏的疑心越来越大。许多人看出萧鸾与王晏有嫌隙，就纷纷落井下石，告发王晏心怀异图。当时萧鸾正准备亲自往南郊祭天，他的亲信单景儁等人告诉他王晏和原武帝将领计划在祭天的路上谋反。正好有人报告一只老虎闯进了祭坛，萧鸾心里更加惶恐不安。于是，在祭祀前一天，萧鸾下令不去祭祀，并派人告诉王晏和左仆射徐孝嗣，借机观察他们的反应。徐孝嗣没说什么，王晏则极力反对，并且说："郊祀事关重大，陛下一定要亲自去才是。"萧鸾听了，自然对单景儁的话深信不疑。于是他把王晏召到华林省，当场把他处死。

177. 王思远为什么不愿居台省要职?

王思远，尚书令王晏的堂弟，齐武帝萧赜时任御史中丞，秉公执法。西昌侯萧鸾密谋废黜郁林王萧昭业，王晏积极响应，王思远便劝他说："兄长深受武帝厚恩，现在却要帮助别人对付武帝的皇太孙，人家或者只是暂时利用你一下，不知你将来怎么自立于世？不如现在自杀，至少还能保全门户，不失忠臣的美名。”王晏非常生气，根本不理他。等到萧鸾即位，王晏晋号骠骑大将军，身居显要。他有一次招集同族子弟，在宴会上他志满意得地对大家说：“当初思远劝我自裁，如果听了他的话，岂会有今天的荣华富贵？”王思远应声说：“兄长现在这样做，还不算太晚。”王晏位处朝臣之上，专断独行，重要职务，都任命给自己的亲信。王思远也被升任吏部郎中。王思远认为王晏做尚书令，自己做吏部郎，兄弟同居内台权要之职不妥；而且他也看出齐明帝萧鸾对王晏的猜忌，屡次劝王晏引退，王晏不听，所以他坚决推让吏部郎的职位，而改任司徒左长史。果然，王晏后来被武帝萧鸾杀掉，而王思远则被升做侍中，远祸全身。

178. 垣崇祖为什么能得到齐高帝的宠信?

南兖州刺史萧道成镇守淮阴时，垣崇祖担任他管辖境内的朐（qú）山守将。垣崇祖对萧道成恭敬有加，萧道成欣赏垣崇祖的武勇，对他也很优待。垣崇祖对妹夫皇甫肃说：“萧公真乃吾君也。”所以就私下里向萧道成表明他的忠心。当时萧道成收揽豪俊，已经建立了很高的威信和声望。宋明帝刘彧对他心怀猜忌，所以征他入朝，担任黄门郎，想要借机除掉他。垣崇祖给萧道成出谋划策，这才免去了灾祸。从此萧道成非常信任垣崇祖，他的密谋大计也经常让垣崇祖参与。

宋后废帝刘昱元徽末年，萧道成升为中领军，又加尚书左仆射，权倾朝野。而刘昱暴戾恣睢，为所欲为，有一次竟然要把萧道成当靶子射。多亏刘昱身边人反应快，才使萧道成保住了性命。萧道成十分忧虑恐惧，就和袁粲、褚渊等商议废黜刘昱。刘昱被杀掉后两年，在褚渊、王俭、垣崇祖、王敬则等的支持下，萧道成又废掉宋顺帝刘准，登上皇位，就是齐高帝。垣崇祖被任命为豫州刺史，驻守军事重镇寿春，防卫北魏。

建元二年（480），北魏派出二十万兵力入侵南齐。垣崇祖根据豫州城的特点，决定加固外城，并且在淝河修筑堤坝蓄水，利用淝河加强防守。他在豫州城西北方向修筑了堤坝，拦截河水。在堤坝的北面又修起一座小城，城周围挖了深深的壕沟，派几千士兵守卫在那里。他对长史封延伯说：“敌人认为小城好攻，肯定先攻小城，趁他们攻小城的时候，我们就决堤放水，水势凶猛，敌人被水淹没，我们岂不是费力小而收获大?”他的部下纷纷点头称是，佩服他的主意绝妙。果然，魏军到豫州城下后，围着小城拼命进攻。垣崇祖头戴白纱帽，乘着轿子登上城墙观看。黄昏时分，他一声令下，守卫堤坝的官兵立即决开堤坝。一时间汹涌的大水直泻而下，魏军猝不及防，顿时溃散，被淹死的人马数以千计，其余的人只好狼狈撤退。起初垣崇祖在淮阴遇见萧道成时，他就把自己比做古代名将韩信、白起，别人都不以为然，只有萧道成相信他。等到大破魏军的喜讯传来，萧道成高兴地对大臣们说：“垣崇祖经常自比韩、白，现在是真如其人啊!”立即晋封垣崇祖为都督。垣崇祖要求高帝赐给自己鼓吹乐一部，萧道成爽快地答应了，并且在敕文中说：“韩、白岂可和众人一样待遇!”他对垣崇祖的宠信由此可见。

179. 张欣泰颇有战功为什么却被诛杀?

张欣泰，张兴世的儿子。他虽然出身将门，却爱好书法，喜欢读书，志趣高雅，结交的大多都是名士，和随王萧子隆情投意合。齐武帝时，他曾经领兵讨伐巴东王萧子响。齐明帝建武二年（495）时，魏军围困钟离（今安徽凤阳），他随左卫将军崔慧景前往救援。东昏侯萧宝卷即位后，残暴无道。平西将军崔慧景兴兵讨伐昏君，围攻宫城，张欣泰奉命在城内防守。张兴泰身历数战，颇有战功。但萧宝卷暴虐恣肆，任意诛杀大臣，使得人人自危，朝廷上下都笼罩在一片恐怖气氛之中。张欣泰就和弟弟张欣时密谋策划，打算串通太子右率胡松、前南谯太守王灵秀、直阁将军鸿选等人，诛杀萧宝卷身边的宠臣，废黜昏君。此时，刚好萧宝卷要派遣中书舍人冯元嗣监督军队去救援郢城，茹法珍、梅虫儿以及太子右率李居士、制局监杨明泰等十几个人在中兴堂为冯元嗣送行。张欣泰在宴会上突然抽出怀中藏的刀，砍下冯元嗣的脑袋，又刺穿杨明泰的肚子，砍掉梅虫儿的手指。李居士、茹法珍等人趁乱逃跑了。于是王灵秀就前往石头城迎接建安王萧宝夤即位。他率领数百名文武官员前呼后拥，抬着萧宝夤向王宫进发。张欣泰则赶紧骑马入宫，他以为茹法珍逃到城外，萧宝卷就会乖乖地把城中的兵权交给他，他马上就可以同王灵秀里应外合，另立新君。但是茹法珍很快就逃回来了。他下令关闭城门，并且部署兵力，严密防守。鸿选等人在大殿中也不敢有所举动，城外的官员百姓看到大势已去，便纷纷作鸟兽散。废黜萧宝卷的行动失败，张欣泰、胡松等人也因此被全部诛杀。

180. 褚贲有什么逸事流传?

褚贲，褚彦回的儿子，性情耿介。因为父亲后来帮助萧道成篡位建立齐朝，褚贲认为他对刘宋不忠，所以终身惭愧愤恨，不愿在朝为官，有归隐之志。他把官爵都让给弟弟，自己就一直住在父亲的坟墓旁边。

宰相王俭去世，褚贲骑着一头水牛前往吊唁，到了王俭家，也不通报，把水牛系在门前的柱子上，进去哭悼之后，就出来骑着水牛走了。王俭的家人也不知道他是谁。有一次他病得很重，儿子褚霁趁他昏迷时把他用车拉回家。他醒来后，看见不是原来的地方，就勃然大怒，不肯吃饭喝水，还把房子前后都用木板钉子封闭起来，不和家中人见面说话。过来几天，他就气息奄奄了。谢瀹听说后，赶忙来看望他，门推不开，就用木棒砸开，谢瀹对他说："万物里最难得的是生命，生命中最难保全的是名声，你现在这样做，身体与名声都没有了，不是太可惜了吗?"褚贲说："我早就无心呆在人世间了，还顾虑什么身体名声呢！只想手足俱全地葬在父亲旁边就行了。谁知儿孙不才，违背我的心愿，把我搬到这里来，怎么能叫我不生气呢!"

181. 孔琇之为什么不食而死?

南齐时孔琇之很有才能。他曾先后出任吴县令、临海太守、吴兴太守，所到之处，为政清廉严明，很有声誉。他从临海离任入朝时，按惯例献给齐武帝干姜两千斤，武帝嫌少，后来听说他的为人后，感慨了半天，也就原谅了他。

齐武帝死后，郁林王萧昭业即位，尚书令萧鸾辅政。为了防备宗室诸王，萧鸾在这些出镇州郡的藩王身边设置行事和典签，名为辅佐，实则监视，权力极大。隆昌元年（494），萧鸾任命孔琇之做晋熙王冠军长史，想让他杀晋熙王。孔琇之辞官，萧鸾不许；他想自尽，又被朋友劝阻。他左右为难，最后绝食而死。

182. 刘瓛作为一代大儒有什么事迹流传?

刘瓛（huán），字子珪，南朝著名大儒，晋时丹阳尹刘惔的六世孙。他的父亲刘惠，曾任临贺太守。刘瓛自小就聪颖好学，博通训义。成年后，刘瓛被任命为奉朝请，他没有赴命。在家与兄弟三人住在一间草屋里，后来草屋又为风吹倒，但兄弟三人却仍然自得其乐，努力学习不辍。这时刘瓛已经开始聚徒讲学，跟随他的常有几十人。一次，丹阳尹袁粲在家中后堂宴集，闻听刘瓛的大名后，把他也请来了，对他指着听事前的古柳树说："大家都说这是你的先祖刘尹时所载种，我常想起他的高风亮节，现在看到你才知道你们家德业未衰啊！"

刘瓛为人方直，敢说真话。齐高帝即位称帝后，曾召刘瓛入华林园谈话，向他询问政道之事。刘瓛告诉齐高帝政在孝道，并且劝谏齐高帝要戒前轨之失，为政宽厚，这样虽危可安，否则虽安可危。齐高帝事后称其是方直之士。

刘瓛淡薄功名，无意仕途，齐高帝曾经想任其为中书郎，他予以婉言谢绝。后来因为母亲年老需要赡养，他才出来做彭城郡丞。后来齐高帝想在保留他的彭城郡丞的职位同时，又想任命他为总明观祭酒、豫章王骠骑记室参军，但刘瓛不愿就任。这时刘瓛的名气越来越大，跟随他学习的人也越来越多。

齐永明年间，刘瓛的名气已经非常大了，当世之人称他为大儒，都下士子几乎都从他受业。但刘瓛为人非常谦虚，从不以高名自居，他前去拜访人，从不讲排场，只带一个门生作随从。如果主人没有通知他进去，他便坐在门前等。刘瓛生活非常简朴，他只居住几间瓦屋，尽管有时上面漏雨，他仍然安贫乐道，习以为常。后来齐武帝把杨烈桥故主的住宅赐给刘瓛，门徒都去祝贺。刘瓛却说："这么华美的房屋岂是我居住的？还是把它作为讲堂吧。"但来不及搬迁，便得病去世。梁朝时梁武帝为他立碑，谥曰"贞简先生"。

183. 刘显有什么事迹传世?

刘显，刘瓛的族子，后因刘瓛去世后没有子嗣，齐武帝便下诏令刘显为其后，当时刘显只有八岁。刘显自幼非常聪明，在当时有神童之誉，六岁便能诵《吕相绝秦》和贾谊的《过秦》，琅邪王思远、吴国张融对他大为赞赏。

刘显一生主要生活在梁朝，在当时以博古通今、见识过人著称。任昉曾经得到一篇缺简，文字零落不可识，拿来让大家认读，没有人能读通。独刘显看了后说这是《古文尚书》删逸的篇章。任昉便拿《周书》来翻检，果然像他说的那样。当时的文坛盟主沈约任丹阳尹，曾经策问刘显关于经史方面的十个问题，刘显对出了九个。沈约大感惊奇，便也让刘显策问他几个问题。刘显于是策问沈约五个问题，沈约答出了二个。消息传开，刘显为当时陆倕等名流所推赏。刘显曾经写作一首《上朝诗》，被沈约看到，沈约大为赞赏，让人把它题写到自家住宅的墙壁上。还有一次，北魏人送来一古器，上面有些字已模糊不清，刘显案文读来，竟然读得非常通顺，梁武帝对他非常赏识。

不久，刘显迁尚书左丞，任国子博士。这时有个和尚为田地打官司，武帝只写了一个大大的“贞”字，有关官员不解其意，问了很多人都说不知道。刘显听了此事后，说道：“贞字文就是与上人啊。”消息传到武帝耳中，一时不由生出妒忌之意，便贬其出为地方官，曾为邵陵王长史、寻阳太守。邵陵王镇郢州时，他又任平西府咨议参军，但在府中一直郁郁不得志。卒时年六十三岁。

184. 刘虬为什么不愿为官?

刘虬（qiú），字灵预，南朝宋、齐时的著名隐士，佛学大家。早年在宋朝他曾出仕为晋平王骠骑记室、当阳令。后来罢官回家，一人独处静修，常常穿着有鹿皮交领的衣服，进行辟谷、饵术等修炼，再也无意于仕途。

齐朝初年，豫章王嶷镇守荆州，征辟刘虬为别驾，刘虬婉言谢绝，没有赴命。齐永明三年（485），刺史庐陵王子卿向皇上举荐刘虬及同郡宗测、宗尚之等五人，齐武帝于是下诏征刘虬为通直郎，但刘虬没有赴命。竟陵王萧子良写信询问，刘虬回答说一来因为身体有病，二来因为喜欢寄情山水，无意于仕途，所以只好辜负皇恩了。

刘虬虔诚地信仰佛教，经常穿着布衣服，敬佛吃斋，他曾经为《法华经》作注，阐释佛理。因为江陵西沙洲远离人烟，刘虬于是迁到那里居住。齐建武二年（495），刘虬又被征为国子博士，但他还是没有赴命。这年冬天刘虬病卒。

185. 刘之遴有什么才华见于记载?

刘之遴，字思贞，刘虬之子。自小聪明过人，据史书记载，八岁便能写文章。刘虬常常对人说："此儿必定会以文章振兴我家。"十五岁那年，刘之遴被举为茂才，能明经对策，当时文坛大人物沈约和任昉见了非常惊奇。吏部尚书王瞻一次拜访任昉，碰巧遇到刘之遴也在座，任昉指着刘之遴对王瞻说："这是南阳刘之遴，学业有余裕但没有仕进，你应该提拔他啊！"于是马上被征辟为太学博士。任昉又说："当面夸奖，不如当面试试。"恰好张稷被任命为尚书仆射，委托任昉为其写让表，任昉于是令刘之遴代作，之遴拿起笔一挥而就，思维之敏捷令人叹服。刘之遴的舅舅乐蔼任御史中丞，一遇有上疏奏章，几乎都令之遴操刀。刘之遴博览群书，学习勤奋，明于思辩。当时刘显、韦稜等人都以博闻强记见称，但每当与刘之遴讨论，都自叹不如。

鄱阳嗣王萧范曾经得到班固撰写的《汉书》真本，并把它献给东宫，皇太子于是召集刘之遴、张缵、到溉、陆襄等人参校异同，刘之遴把古本汉书与今本汉书做对比研究，得出不同之处有几十条，显示出深厚的学术功底。

刘之遴喜欢写文章，并且多学古体，当时《周易》、《尚书》、《礼记》、《毛诗》都有梁武帝义疏，唯独《左氏传》没有，刘之遴于是著《春秋大意》十科，《左氏》十科，《三传同异》十科，撰写完毕，上奏武帝，武帝龙颜大悦，下诏予以褒奖。刘之遴的杰出才华受到湘东王萧绎的妒忌，萧绎一次听说之遴西上到了夏口，于是秘密派人送药将之遴毒杀了。

186. 明山宾的生平情况如何？有什么逸事流传？

明山宾，明僧绍之子，自小聪明过人，七岁时能言名理，十三岁便博通经传。在齐朝时，因齐明帝不重经学，所以尽管有左卫将军江祏的举荐，明帝并没有任用山宾。

梁朝建立后，山宾可谓官运亨通。先后任右军记室参军、中书侍郎、国子博士、太子率更令、中庶子、黄门侍郎等职。梁武帝初置五经博士时，山宾首应其选。天监十五年（516），山宾被任命为持节，都督缘淮诸军事、北兖州刺史。普通四年（523），山宾被任命为散骑常侍。不久，东宫新置学士，武帝又以山宾担任。

山宾性格真诚，为人笃实。以前家中困难的时候，山宾曾去集市上把家里的牛卖掉。买卖成交后，山宾对买主说："此牛以前曾患漏蹄，但已治好，恐怕以后复发，所以现在与你说明。"买主听说后，马上反悔，把付出的钱又要回去了。

山宾为官之余，还好著书，撰有《吉礼仪注》二百二十四卷，《礼仪》二十卷、《孝经丧服义》十五卷行世。

187. 王茂在辅佐梁武帝建立帝业过程中有什么事迹流传？

王茂，字休连，又字茂先，在辅佐梁武帝建立帝业过程中立下了汗马功劳。

王茂只有几岁时，便深为时任北中郎司马的祖父王深所赞赏，王深常常对人说："这可是我家的千里驹啊，能够成门户的必定是此儿了。"年纪稍大后，王茂喜欢读兵书。成年后，王茂身长八尺，皮肤洁白，须眉如画，容仪俊美。当时还是布衣的齐武帝见了他，赞叹说："王茂仪表堂堂，将来一定是公辅。"

在齐朝，王茂始为台郎，后为雍州长史、襄阳太守。梁武帝萧衍当时正想举大事，正多方延揽人才，见到王茂，对他非常赏识，曾以王佐之才许之，事无巨细都经常向王茂询问。有人向梁武帝进谗言，说王茂有反心，武帝不相信。进谗言的人又多次向武帝进言，武帝于是派人去查看王茂的盔甲和兵器，发现都沾满了虫网，于是把进谗言的人杀了。有又人说王茂与武帝有二心，武帝的心腹也劝武帝把王茂剪除了。武帝爱惜王茂骁勇，便说："马上要举大事了，怎么还可剪除健将呢?"武帝派心腹之臣郑绍叔前去问候王茂。王茂当时正躺在床上养病，被郑绍叔以大义说动，于是掷掉枕头，掀被而起，前来拜见梁武帝，武帝见了大喜过望，下床迎接，并结为兄弟，推心置腹，王茂于是为武帝建立帝业尽心尽力。

梁武帝起事后，派遣王茂为前驱。平定郢、鲁后，王茂又随武帝东下，军队驻扎在秣陵。这时，东昏侯派遣大将王珍国在朱雀门陈兵以待，号称二十万。王茂率军来战，他跳下战马，手拿单刀，勇往直前。王茂的外甥韦欣庆勇力过人，手拿兵器保护王茂前进，一时把王珍国的军队杀得大败。攻下建康城后，武帝任命王茂为护军将军，并升为侍中、领军将军。当时，东昏侯有个爱妃叫潘玉儿，长得国色天香，美貌异常，武帝想留下来据为己有，便征求王茂的意见，王茂于是说："使齐朝灭亡的就是她啊！留下她的话恐怕会招来非议啊。"武帝于是作罢。王茂在梁朝历任骠骑将军、开府仪同三司、江州刺史，晋位司空，封望蔡县公。去世后谥曰"忠烈公"。

188. 曹景宗有什么逸事流传?

曹景宗，字子震，南朝梁时著名将领，在辅佐梁武帝萧衍建立帝业过程中立有大功，同时在对北魏作战中也颇有军功。

曹景宗小时善于骑马射箭，喜好田猎，经常与几十个少年在泽中围逐獐鹿，每当大家骑着马一起追捕鹿群时，由于鹿马相杂，大家都怕射到马足，只有曹景宗在混乱中举箭射鹿，箭无虚发，獐鹿应声倒地，遂以此为乐。有一次，曹景宗的父亲曹欣之因办事出州，只带了景宗和几个随从，不料在半路上遇到几百个蛮人的围攻。当时景宗带有几百枝箭，于是他骑马四射，每箭都射杀一个蛮人，蛮人大为惊恐，四下逃散。从此，曹景宗以胆勇闻名。曹景宗非常喜欢读史书，每当读到《穰苴传》、《乐毅传》时，都要忍不住释卷叹息道："丈夫当如是!"曹景宗为人有义气，小时他曾与张道门交好。张道门是车骑将军张敬儿的小儿子，张敬儿被诛杀后，张道门也伏法，当时张的亲属故交都不敢前去收尸。曹景宗得知情况后，派船从襄阳到武陵，为其收尸，并迎还埋葬。乡里之人都赞其有义气。

曹景宗刚开始在齐朝为官，以军功任游击将军。齐建武四年(497)，景宗随太尉陈显达攻打北魏的马圈，景宗率兵两千人打败了北魏的援军中山王元英所率的四万人。攻克马圈后，陈显达论功，把景宗摆到了后面，景宗没有一句怨言。后来，魏孝文帝亲率大军来战，陈显达不敌，乘着夜色逃跑，慌不择路，幸亏景宗为之带路，才使显达父子得以保全。

齐朝末年，梁武帝萧衍为雍州刺史，有问鼎天下的雄心，曹景宗对之深自结附，武帝对景宗也深为器重。武帝起兵后，曹景宗率领五服内子弟等三百人前去投奔。在与齐朝军队作战中，景宗与王茂、吕僧珍等人互相配合，多次大败齐军，为武帝建立帝业立下了卓越功勋。梁朝建立后，景宗被封为湘西县侯，任郢州刺史，加都督。后又晋号平西将军，改封竟陵县侯。景宗在州里时，大肆敛聚财货，并在城南建住宅，长堤以东，夏口以北，开街列门，东西延绵几里。而景宗的部下凶横残暴，老百姓非常厌恶他们。

曹景宗是战场上的猛将，但文化功底却颇为欠缺，因为争强好胜，尽管在看书写字时遇到不懂的地方，他却不向人讨教，每每都是望文生义，或自己创造生字，即使在公卿面前都从不谦让。但就是这么一个武将，却有时也能作出让人叹服的诗句来。曹景宗和韦睿在徐州之战中大败魏军，为徐州刺史昌义之解去魏军的围困后，班师回朝，梁武帝在华光殿宴饮庆功，令左仆射沈约赋韵，让大家连句。景宗等了半晌，沈约也没有给他赋韵，于是他脸露不平，要求赋诗。武帝劝说不听，于是便令沈约赋韵。这时韵已用尽，只剩下“竞”和“病”两字。景宗拿起笔，一会儿就写好了，他写的诗是：“去时儿女悲，归来笳鼓竞。借问行路人，何如霍去病。”武帝见了，大吃一惊，赞叹不已。沈约等朝臣也都目瞪口呆，惊叹良久。

曹景宗为人急躁好动，不能沉默。每次出行他都要撩起车子的帷幔以能看到外面，左右都劝他不要这样，因为他名高位重，这样做是不合时宜的。曹景宗很不情愿，对他的部下说：“我以前在乡里时，骑坐着如龙快马，与几十个少年同好，拉弓开箭，发出霹雳声响，箭便像饿鸱叫般向前射去。我们在泽中追逐獐鹿，渴了便饮它的血，饿了便吃它的肉。真觉得是耳后生风，鼻头生火，这种快乐叫人忘记死亡。现在来扬州帮贵人，动转不得，连开个车幔也要受到限制。这种日子过得真像三月新妇啊！”曹景宗嗜酒好乐，寒冬腊月使人在院子里欢呼戏乐，之后他又挨家挨户讨酒喝。其率真如此。

189. 冯道根为什么被沈约称为大树将军?

冯道根，字巨基，是南朝梁时的著名将领，一生与北魏军队多次交战，屡立战功。道根自幼丧父，家里贫穷，常常靠出卖苦力以养活母亲，因而自小便以孝闻名。道根在齐时曾经被郡召为主簿，但他辞而不就，认为自己当封侯庙食，不愿做儒吏。

齐朝末年，梁武帝起兵。当时冯道根正为母在家守丧，听到消息后，马上率乡人投奔梁武帝。作战时，他常常冲锋在前。武帝即帝位后，封他为增城县男。梁天监二年（503），梁武帝任命道根为南梁太守，戍卫阜陵城。冯道根一到阜陵，便率众修理城墙，训练士卒，一副大敌将至的样子。大家看到这情景，都笑道根。道根却说：“我这是怯防勇战啊！”果然，城墙还没有最后修完，北魏将领党法宗、傅竖眼便率两万大军前来进犯，一下子就逼到了城下。当时道根壕沟营垒未固，加之城中部众又少，大家莫不大惊失色。道根却无丝毫惧意，他命令打开城门，很随意地穿着衣服登上城墙，并且又挑选精锐二百人出城与魏军交战，把魏军打得大败。因功他被升为辅国将军。后来冯道根在与北魏军队的交战中，又多次大败魏军。

冯道根虽然身为朝廷重臣，但生活非常俭朴，他居住的屋子不修墙屋，家中无器服侍卫，走到他家中还以为是到了贫贱素士的家里。冯道根性格谨慎忠厚，木讷少言，对部下约束甚严。每次打完胜仗回来，冯道根从不夸耀战功，为消除部下的不满情绪，道根经常对部下说：“英明的君主自然知道你功劳的大小，何必要自我夸功呢！”梁武帝于是对冯道根更加赏识。一次，武帝指着冯道根对尚书令沈约说，这个人从不夸耀自己的功劳。沈约于是赞叹道：“这真是陛下的大树将军啊！”①

---

① 语出《后汉书·冯异传》，原指常坐于大树下之将军。后喻为人谦和、与世无争，不矜功自伐之将领。

190. 张弘策是如何辅佐梁武帝建立帝业的?

张弘策，字真简，是梁文献皇后从父的弟弟，在辅佐梁武帝萧衍建立帝业过程中立下了汗马功劳。

张弘策幼年以孝行闻名远近，据史书记载，其母亲曾经患病，五天没有吃东西，弘策也跟着五天没有吃东西。母亲去世后，弘策三年不食盐菜。张弘策与梁武帝萧衍年纪相仿，关系一直很好，经常随萧衍游玩。张弘策每次进入萧衍的房子，总觉得有云气，景象特异，因此弘策对萧衍非常敬重。一次，张弘策兄弟俩与萧衍一起饮酒，萧衍对他们纵论天下大势，透彻入理，弘策大为敬佩，当下与萧衍定下君臣名分。

齐朝末年，萧衍决定起兵反齐，起兵前，萧衍连夜召集弘策与吕僧珍共商大事。第二天早上，萧衍便发兵起事。萧衍以张弘策为辅国将军、军主，率众一万督后部事。攻下郢城后，萧衍军队内部为是否继续进军发生分歧，萧颖达、杨公则等将领主张驻军夏口，萧衍则主张乘胜进击，长驱直入，直捣建业，张弘策的意思正与帝合。由于事关重大，他们又拜访宁朔将军庚域，庚域也主张直捣建业。于是当天率军进发，一路上军队安营扎寨，立顿处所，都是由张弘策预先图画，做出安排。攻下建业后，萧衍派张弘策和吕僧珍先行进入清宫，封检府库。当时由于战乱刚停，城内珍宝满地，张弘策严厉约束部下，使他们做到秋毫无犯。因功张弘策被升为卫尉卿，加给事中。

当时萧衍霸业初开，东昏余党孙文明等尽管遇赦令，但心中忐忑不安。不久孙文明又在梦中梦见自己乘马至云龙门，孙文明认为是好征兆，于是率数百人作乱。他们攻入南、北掖门，又纵火烧着了神兽门、总章观，接着攻入卫尉府，张弘策遇难。后来幸亏武帝萧衍沉着指挥，才吓退叛军。得知张弘策的死讯后，萧衍不禁痛哭流涕，说道:“真让人痛心啊，卫尉！今后天下大事我找谁商议呢?”诏赠他为车骑将军，谥曰“闵侯”。

191. 张缅有什么事迹传世?

张缅，张弘策的儿子，自小聪颖过人，并且学习勤奋，一拿起书便手不释卷，每当遇有疑难，便随时向人请教，绝不放过一个问题。其外祖父中山刘仲德对他非常看好，曾称赞说："此儿非常器，不仅仅是张家的宝贝，而是会扬名天下。"

齐永元末，武帝萧衍起兵，张缅的父亲张弘策跟随武帝进军建业，把张缅留在襄阳，当时张缅尽管只有十岁，但每当听到军队交战双方的胜负消息后，都忧喜之色形于脸上。张弘策遇难后，张缅袭封洮阳县侯。为官从秘书郎开始，不久出为淮南太守。当时张缅只有十八岁，武帝疑其年纪太小，不能很好处理政事，便派人取其郡曹文案查看，结果发现文案清楚，断决公允，不禁大加赞赏。于是迁其为云麾外兵参军。后来朝中殿中郎一职缺，徐勉看中了张缅，举荐其为殿中郎。不久，张缅又任武陵太守、太子洗马、中舍人等职。

在任豫章内史期间，张缅为政以德，对百姓遍施恩惠，而很少设严刑峻法。下面官吏受感化，也不敢随意欺侮老百姓。当地故老都纷纷感叹说："这真是几十年没有的景象啊！"

因为张缅为官正直，极有威重，武帝于是叫画工给他画图像一幅，悬挂在台省，以为百官楷模。张缅不仅为官颇有政声，而且雅好经史，曾经抄《后汉书》、《晋书》等，著有文集五卷。

192. 庾域父子有什么事迹流传？

庾域，字司大，为官横跨南朝齐梁两代，尤其在辅佐梁武帝萧衍建立帝业过程中立有汗马功劳。

庾域少时为人沉静，在乡里颇有令名。齐朝时，当时梁文帝镇郢州，非常欣赏庾域的才华，征庾域为主簿。后来，长沙宣武王在梁州时，任命庾域为录事参军，兼华阳太守。当时恰逢北魏军队攻打南郑，为激励士气，庾域把州里的数十所空仓库亲自封题，并指着这些空仓库对手下将士说："这里面满是谷粟，足以支撑我们吃二年。大家一定要努力坚守啊！"军心于是安定。魏军退后，庾域因功被任命为羽林监。

齐朝末年，梁武帝起兵，庾域被任命为宁朔将军，领行选。武帝攻下郢城后，与诸位将领在是否继续进军的问题上发生分歧，庾域坚持自己的正确意见，与张弘策一起赞同武帝直捣建业的进军计划。一路上，庾域的计谋多被武帝采纳。

梁朝天监初年，庾域被封为广牧县子、后军司马。又出为宁朔将军，任巴西、梓潼两郡太守。这时梁州长史夏侯道迁降魏，北魏乘机袭击巴西，庾域率军固守。尽管城中粮草怠尽，将士靠吃草维持生存，生活异常艰苦，但都毫无离心。魏军久攻不下，于是撤退，因功庾域被晋爵为伯。不久，卒于官。

庾域的儿子叫子舆，字孝卿。子舆五岁时便读《孝经》，且爱不释卷。齐永明末，其父亲庾域在梁州患病，子舆在旁奔侍医药，昼夜不歇。长沙宣武王前去探望庾域的病情，见到此番情景，不禁说道：“庾录事虽然病情严重，但子舆却更让人担心啊！”不久，母亲去世，子舆哀痛到口吐鲜血。

梁天监三年（504），庾域出守巴西，子舆认为蜀道险难，便请求随父一同前往，以照顾父亲。不久，庾域迁宁蜀，子舆又随同前往。路上，庾域患心疾，每次都疼痛得大声喊叫，看到父亲如此，子舆也每每伤心闷绝。父亲去世后，子舆奉丧还乡，当时恰逢秋水暴涨，巴东有个叫滛预的大石头，高出水面二十多丈，因秋水暴涨，时隐时现，加之又有瞿塘险滩，这一切都增加了行路的难度。子舆见此情景抚心长叫，当夜五更水便减退，子舆一行安然南下。

梁大通二年（528），子舆被任命为巴陵内史，在赴任路上患病，属下劝他到郡就医，子舆说：“我现在身患重病，估计难以治愈，岂可因贪恋官位而陈尸官衙。”于是卒于路上。遗令只用单衣便帽等施行薄葬。

193. 郑绍叔在梁武帝建立帝业过程中有什么贡献?

郑绍叔，字仲明，是辅佐梁武帝建立帝业的重要功臣之一。

齐末，梁武帝萧衍镇司州，郑绍叔在其手下任中兵参军，很受萧衍器重。后来萧衍罢州还都，遣散手下宾客，只有郑绍叔独自坚决要求留下。萧衍于是对他说：“以你的才华，自然会有人重用你，我现在对你没有好处，你还是另思他途吧！”这时，刺史萧遥昌对郑绍叔也很是看重，苦苦要求他前去任官，郑绍叔却始终不为所动。萧遥昌于是决定囚禁他，幸亏乡人解救才得以脱免。后来萧衍镇雍州，郑绍叔闻讯后，抄小路投奔而去，在萧衍手下补宁蛮长史、扶风太守。

东昏侯杀害萧衍之兄后，对萧衍也起了疑心。于是派郑绍叔之兄郑植来到雍州，表面上是为问候绍叔，实际上却是来做刺客。绍叔得知实情后，秘密地告诉了萧衍。萧衍于是在绍叔处安排酒宴，招待郑植。席间，萧衍以戏谑的口吻对郑植说："朝廷派你来有所图谋，今天的宴会，正是动手的大好机会啊!"说完后宾主都大笑起来。酒后，安排郑植参观雍州城，但见士气高昂，器械、舟舰、战马等都十分富足。郑绍叔对郑植说："兄若前来攻打雍州，我便凭着这些与你一战。"

武帝萧衍起兵后，任绍叔为冠军将军，改骁骑将军，跟随东下。攻下江州后，武帝决定留下郑绍叔监州事，并对他说："以前萧何镇守关中，汉高祖得以成山东霸业；寇恂镇守河内，光武帝得建立河北的基业。今天的九江，就是以前的河内，我因此留下你镇守此地，来作为我的羽翼。如果前方战场没有打胜仗，是我的过错，如果后方粮运不畅，则是你的责任。"郑绍叔于是流泪上任，在九江，绍叔兢兢业业，一心专注于公事，保证了江、湘粮运的畅通，从而为武帝在战场上的胜利提供了有力的后勤保障。

郑绍叔为人谦虚谨慎，对武帝忠心耿耿，有错则归咎于自己，有功劳则归功于武帝。他死后武帝潸然流泪，伤心地对朝臣说："郑绍叔立志忠烈，善必称君，过则归己，当今无人可比。"于是下诏追赠为散骑常侍、护军将军，谥曰"忠"。

194. 吕僧珍有什么事迹流传?

吕僧珍，字元瑜，出身寒微，是辅佐梁武帝建立帝业的元老重臣之一。

齐东昏侯即帝位后，昏聩无道，梁武帝萧衍镇雍州，积极为起兵做各种准备。吕僧珍在萧衍手下任职，为中兵参军，是萧衍的心腹之臣和得力助手。吕僧珍暗地里蓄养了一大批死士，为日后起兵之用。萧衍下令砍伐许多木材和竹料，又让人堆积起一座座像山一样的茅草堆，说是为建房子用。当时大家都困惑不解，只有吕僧珍明白萧衍的用意所在。于是吕僧珍也私下准备了几百张橹。及至梁武帝起兵，下令就地取材，把原先砍伐的木材和竹料做成船舰，又把茅草作为覆盖物，这些一下子就办好了。众军将发之际，却发现橹不够用，这时吕僧珍从容不迫地拿出他早已准备好的橹，每船给两张，才免去了大家的争夺。

梁武帝起兵后，以吕僧珍为辅国将军、步兵校尉，可以出入武帝卧室内外，以宣通武帝意旨。大军驻扎在江宁时，武帝派吕僧珍和王茂率精兵先登上赤鼻逻。当天，东昏侯手下将领李居士率部来战，吕僧珍率军把他打得大败。后来王茂移师驻扎在越城，吕僧珍率少数部众独自守白板桥。李居士得知后，乘机率部又来攻打。吕僧珍留下一部分士卒在城上，自己则率三百人抄到李居士军队后面，一时内外夹击，李居士军队溃败。

萧衍即帝位后，任吕僧珍为冠军将军、前军司马，封平固县侯。不久，又迁左卫将军，加散骑常侍，入直秘书省，总知宿卫。吕僧珍长年在外征战和为官，久不归家，梁武帝为使他荣归故里，任命他为南兖州刺史。吕僧珍有亲戚原来以贩葱为业，看到吕僧珍任刺史后，便弃掉原来的行当，要求吕僧珍为其安排一官半职。吕僧珍说道："我深受国家重恩，随时想着报效国家，你们自有常分，怎么能随便提过分的要求呢？赶快返回葱市去。"拒绝了这些亲戚的要求。吕僧珍的旧宅在市北，屋前有督邮官衙，乡人都劝他叫官衙迁走，以扩大旧宅。吕僧珍生气地说道："怎么能够迁官衙以益私宅呢？"吕僧珍有一个姐姐嫁给了一个姓于的，就住在市西临路的小屋子里，与列肆杂处。吕僧珍经常去那走亲戚，不以为耻。

195. 沈众为什么被赐死？

沈众，字仲师，是南朝大文学家沈约的孙子，历仕南朝梁、陈两朝。

在梁朝时，沈众以文才受到梁武帝的器重。当时武帝曾经创作《千文诗》，其注解就是由沈众作的。有一天，武帝同时召沈众和陈郡谢景到文德殿，帝令沈众当场作《竹赋》，沈众作成后献上，武帝看后高兴地说："你的文章文体翩翩，没有辱没你的先祖啊！"在梁朝为官累迁至太子中舍人，兼散骑常侍。"侯景之乱"爆发后，沈众上表请求回到吴兴招募部下以讨伐叛贼。侯景围攻台城时，沈众率宗族及义附五千多人前来支援，其整齐的军容一度令侯景大为害怕。梁武帝于是在城内遥授沈众为太子右卫率。“侯景之乱”被平定后，梁元帝任命其为司徒左长史。

陈武帝建立陈朝后，沈众在陈为中书令。陈武帝因为沈众州里知名，因而对他非常敬重，对他的赏赐也常常超过时辈。但这时沈众的人性弱点开始暴露，尽管他家财数以亿计，但却非常吝啬，不但从不对他人有所馈赠，而且待自己也非常刻薄，每当朝会时，他都穿着破烂衣裳。平时则总是穿着布袍草鞋，用麻绳作为腰带，吃米、麦做成的饼，朝中之士于是都笑话他的行为。沈众是个狷急之人，于是愤恨交加，就厉诋公卿，诽毁朝廷。其言词传到了陈武帝的耳中，武帝大怒，顿生杀意，但考虑到沈众一贯的名望，不好明目张胆加以诛杀，便在沈众休假回武康时，在吴中将其赐死。

196. 范缜有哪些反对佛教的言论?

范缜，字子真，主要生活于南朝齐梁间。范缜生活的时代，佛教盛行，上至帝王将相，下至平民百姓，无不受释风浸染。范缜不为当时潮流所动，在思想和行动上保持着超然的独立性，发表了许多震动当时朝野的反佛教言论，这些言论主要记载在其著作《神灭论》中。

在齐朝时，范缜为尚书殿中郎，当时竟陵王萧子良开西邸，盛招宾客，范缜亦在子良的延揽之列。竟陵王萧子良以佞佛出名，但范缜作为子良的宾客，却并不相信佛教的所谓因果报应说，因此与子良等展开了争论。子良问曰：“君不信因果，世间何得有富贵，何得有贫贱?”缜答曰：“人之生譬如一树花，同发一枝，俱开一蒂，随风而坠，自有拂帘幌坠于茵席之上，自有关篱墙落于粪溷之侧。坠茵席者，殿下是也；落粪溷者，下官是也。贵贱虽复殊途，因果竟在何处?”萧子良哑口无言。范缜“退论其理，著《神灭论》”。《神灭论》认为“神即形也，形即神也”，形和神是“名殊而体一”，即形和神是既有区别又有联系的不可分离的统一体，形和神是不得相离为二的，是不可绝对对立的。此论一出，朝野哗然，萧子良于是组织佛教僧侣、信徒围攻范缜，但范缜始终不屈。于是，子良又诱以高官厚禄，他派王融对范缜说："你再坚持这种说法恐怕会有损名教，以你的才华，只要放弃自己的观点，还怕做不到中书郎？"范缜却大笑说："如果我卖论求官，恐怕已经做到令仆了吧，何止是中书郎！"

梁武帝萧衍建立梁朝后，佛教在梁朝更是盛行一时，天监三年（504），他甚至宣布佛教为国教。范缜以反潮流的精神继续宣传《神灭论》，发表反佛教言论。为了扼杀范缜的进步言论，萧衍亲自出马，纠合当朝权贵、佛教高僧几十人，先后写了七十多篇文章，围攻《神灭论》。范缜"辩摧众口，日服千人"，始终牢牢占领无神论理论阵地。他在《神灭论》进一步用"质"与"用"（相当于"体"与"用"）的关系，论证形神关系，他说"形者神之质，神者形之用；是则形称其质，神言其用；形之与神不得相异。""质"就是实体的意思，"用"就是功能、作用的意思，"形质神用"意即：人的形体是实体，是精神的物质承担者，而神只是物质形体的功能、作用，神是由形而派生的。既然只有体才是实体，而神只是形体的作用，那么作用就决不能脱离实而存在。范缜还以"刃利之喻"巧妙地给"形质神用"的论点进行通俗地诠释。他说："神之于质，犹利之于刃；形之于用，犹刃于利。利之名非刃也，刃之名非利也。然而舍利无刃，舍刃无利未闻刃没而利存，岂容形亡而神在？"这就是说：神和形的关系犹如刀刃与锋利的关系一样，刀刃是质体，锋利是功能，有刀刃才有锋利，有锋利才称得上是刀刃。虽然刀刃不即是锋利，锋也不即是刀刃，但是离开了锋利就称不上刀刃，离开了刀刃就不会有锋利。既然从未听说过刀刃不存在了而还有锋刃，那怎么能说形体死亡了而精神还存在呢？

佛教信徒还提出这样一项驳难：既然只有人的形体才有知觉作用，那么人死后形体仍在，故而还应有知觉，可见灵魂并不是随形体死亡而消灭的，神是不灭的。范缜针对此回答说：活人与死人的质完全不同，"生形之非死形，死形之非生形"是显而易见的。从"生者之形骸"变为"死者之骨骸"，乃是质的变化和区别。人死后，形体并不是一下子就能消灭尽的，但死人的形体绝不同于活人的形体，犹如活着的花木能开花结果、而枯死的树不能再花繁叶茂。所以说，活人的质与死人的质是不一样的。

197. 韦睿一生征战立有什么功勋?

韦睿，字怀文，京兆杜陵（今陕西西安东南）人，是生于南朝宋、长于齐、主要活动于梁的南朝著名将领。他率领南朝军队多次与北魏军队作战，立下了不朽功勋。

合肥之战。南梁天监五年（506），韦睿受命都督众军，反攻北魏。韦睿先命长史王超、梁郡太守冯道根等率军进攻魏军占据的小岘（山名，在今安徽合肥东），未能攻克。韦睿后来率众巡视围栅，魏军在营门外列阵，出精锐数百人，韦睿正要与他们作战，部下诸将却说："我们乃轻装而来，还是回去披甲再战。"韦睿说："不然，魏寨中有两千多人，闭门坚守不出是能够自保的。现在他们无故出于营外，一定是其勇者，如果把这些人挫败了，寨子自然就攻下来了。绝不能失去这个有利战机。"于是韦睿下令进击，军士拼死奋战，魏军大败，韦睿率军乘势急攻，果然夜半攻下寨子。韦睿率军继续进攻合肥。

当时，右军司马胡景略已攻合肥数日，但没有进展。韦睿来到后，巡视了一下合肥的地形，说："'汾水可以灌平阳'，即是此计。"于是下令各军连夜筑堤修堰，及至天明，堰成水通，舟舰继至。魏军为加强防御，事前已在合肥东、西各筑小城一座，形成掎角之势，韦睿下令先攻下东西二小城。不久，魏军五万援军到达。面对敌众我寡的形势，韦睿坦然面对，趁敌军立足未稳，督军奋击，结果大破敌军，并破东西二城。接着又在堤堰保卫战中获得胜利。然后韦睿率众起斗舰，高与合肥城相齐，四面围攻，于是攻克合肥城，斩俘敌众万余人，获牛羊几万头。

徐州之战。梁天监六年，魏中山王元英进犯徐州，率军数十万众，连营四十余座，围刺史昌义之于钟离（今安徽凤阳东北），形势十分危急。武帝命令韦睿率军前去救援。韦睿受命后率军火速前进，旬日到达邵阳，并连夜挖掘长堑，树鹿角，截州为城，及至天明，营垒建立，距魏营只有百余步。魏将元英天明发现营垒修到营前，十分吃惊，以杖击地，说："怎么竟然如此神速啊!"比韦睿先期到达的曹景宗担心城中危惧，于是募军士数人，潜行水底，入城报信，使其固守。城中守军得知援军来临，勇气大增。魏将杨大眼率万余骑，持勇来战。韦睿结车为阵，魏军聚骑围攻，韦睿用强弩二千，同时俱发，杀伤魏军无数，杨大眼亦右臂中箭，慌忙败走。第二天，魏中山王元英亲自率众来战，韦睿乘木舆，手执白角如意指挥将士作战，一日数令，元英败退。当夜，魏军又乘夜袭营，敌人的箭像雨点般地落下，韦睿的儿子韦黯劝他下城避箭，遭到韦睿的厉声申斥，于是军心始定，魏军见无机可乘，只好撤退。

为彻底打垮魏军，韦睿决定把重点放在淮河桥上。韦睿命令梁郡太守冯道根、庐江太守裴邃、秦郡太守李文钊等率水军，利用淮水涨势，斗舰齐发，直临敌垒；又派小船载草，浇灌油脂，纵火烧桥。一时风怒火盛，冲击战士拔栅斫桥，倏忽之间，桥断栅尽。水军又乘势对魏营发起强攻，人人皆奋力作战，于是魏军大败，主将逃走，斩杀及投水死者十余万人，降俘十余万人，获其器械、牲畜不计其数。捷报传入京师，武帝遣中书郎周舍劳军淮上，并晋封韦睿为侯爵。

韦睿作战料事如神，并且非常有理智，并不一味逞强，而是当强则强，当弱则弱。梁天监八年，司州刺史马仙琕为魏将王英击败，魏军长驱南下，武帝诏令韦睿前去救援。韦睿军至安陆，便增筑城防，开掘大堑。众将都说这是示弱，韦睿却说："不是这样的，为将者当有怯时，不能一味恃强。"王英至，看到韦睿严阵以待，不得不引军退还。

198. 韦放有过什么功勋?

韦放，韦睿的儿子，生得容貌奇伟，据史书描述，身长七尺七寸，且为人弘厚笃实，轻财好施。其一生的主要功勋是在对北魏的涡阳之战中大败魏军，立下奇功。

南朝梁大通元年（527），梁武帝派遣兼领军曹仲宗等攻打涡阳，同时又以韦放为明威将军，总兵会之。路上，韦放与北魏大将军费穆率领的军队相遇，当时韦放的军队营垒未立，且麾下只有二百余人，敌众我寡。韦放面对危局，处惊不变，率众与魏军死战，韦放穿的甲胄中了三箭。部下大惊失色，纷纷请求韦放突围逃走。韦放坚决不从，且对部下大声说道："今天只有与他们决一死战！"接着韦放脱下甲胄，跳下战马，率众继续与魏军死战。部下一时受到极大鼓舞，莫不以一当百，于是终于到达涡阳。韦放攻打涡阳时，北魏也派常山王元昭、大将军李奖、费穆等率五万人马前来支援，韦放把他们打得大败而逃。涡阳城主王纬被迫开城投降。涡阳之战，韦放擒拿了费穆的弟弟费超，连同王纬一起押送建业。回到建业后，韦放升为太子右卫率。

199. 韦粲在"侯景之乱"中有什么表现?

韦粲，韦放之子，韦睿之孙，身长八尺，容貌奇伟，有乃父之风。刚开始为晋安王行参军，晋安王为皇太子后，韦粲迁为步兵校尉，入为东宫领直。后因梁武帝萧衍一次得重病，韦粲面露喜色，以为皇太子即位在即，受到武帝忌讳，出为衡州刺史。不久被武帝复召为散骑常侍。

在回都途中，"侯景之乱"爆发。听到侯景作逆的消息后，韦粲马上率众前来平叛。到达豫章时，韦粲拜访豫章内史刘孝仪，请求其出兵一同讨伐侯景。但刘孝仪一边置酒款待韦粲，一边以上面没有诏书为由拒绝出兵，韦粲大怒，把酒杯摔在地上，对刘孝仪大声斥责。恰逢当时江州刺史当阳公萧大心派人邀请韦粲，韦粲于是抓住机会劝说萧大心，萧大心派中兵柳昕率兵两千随韦粲前往讨逆。韦粲把家累全部留在江州，乘轻舸上路，并把自己的私人财产散发给战士以鼓励他们英勇作战。不久，韦粲的外弟司州刺史柳仲礼、豫州刺史裴之高率众前来，与韦粲在新林王游苑会合。在推举谁为大都督时，韦粲与裴之高发生分歧，韦粲主张推举柳仲礼，而裴之高则认为自己资历老,耻居其下。争论多日，不能决断。韦粲于是抗言于众，大义凛然地说："今天大家共赴国难，义在除贼。我之所以要推举柳仲礼为大都督，是因为他久捍边疆，侯景对他颇为忌惮，并且他的士马精锐。其实，若论位次，柳在我下，若论年纪，柳比我小，只是我们大家都以国家社稷为重罢了。今日之事，贵在将和，若人心不和，大事肯定不成。"接着又到裴之高的军营进行劝说，裴之高终于感动，柳仲礼被推为大都督，大家一同率军讨逆。

柳仲礼令韦粲连夜进扎青塘，由于天降大雾，士兵迷路，等到达青塘时，夜已过半，韦粲所率军队的垒栅到天明时还没有立就。侯景登上禅灵寺看到粲营未立，有机可乘，于是率领精锐前来攻打，韦粲不幸被打败，左右都拉韦粲逃走，但韦粲视死如归，不愿逃走，于是遭到杀害。与韦粲一起遇难的还有他的三个兄弟和亲戚几百人。简文帝听到韦粲遇难的消息后，伤心流泪地说："国家社稷的希望就在韦公身上，想不到他却先行遇难了。"诏赠护军将军。元帝平定"侯景之乱"后，追加其谥号为"忠贞"。

200. 裴邃作为一代名将有什么事迹传世?

裴邃，字深明，河东闻喜人，是南朝梁时著名将领，与一代名将韦睿、陈庆之齐名。裴邃自小便聪明过人，史书记载，他十岁便能写文章，并且精通《左氏春秋》。作为将帅，裴邃平时少言笑，深沉有思略，为政宽明，居身方正，很得士心，在军中有威望。他率军多次与北魏军队作战，并建立奇功。

梁天监五年（506），裴邃征邵阳洲，魏人在淮河上架长桥以渡河，裴邃命部下秘密建造船舰，建成后，恰好天下大雨，淮水暴涨，裴邃抓住这个机会，率众乘舰开到桥侧，奋力进攻，于是大败魏军。因为战功，裴邃被封为夷陵县子。

不久，裴邃被升为广陵太守，因为一次与乡人共入魏武庙，高谈帝王功业，被其妻甥王篆之密告到梁武帝萧衍处，说他多大言，有不臣之迹。于是裴邃被左迁为始安太守。裴邃素来有志于在边疆建功立业，不愿在闲远的地方任职，经过他自己的请求，朝廷又先后任命其为竟陵太守，北梁、秦二州刺史，在任两州刺史期间，他率众屯田几千顷，于是仓廪盈实，人民安居乐业。入朝为大匠卿时，当地民众心存感激，相率送他千余匹绢以为告别，裴邃只是象征性地收纳了两匹。

梁普通二年（521），义州刺史文僧明率州投降北魏，魏军派兵前来接应，梁朝于是派裴邃为信武将军，率军前去讨伐。裴邃大败北魏任命的义州刺史封寿，迫使封寿投降，义州得到平定。因功裴邃被任命为豫州刺史，镇守合肥。

普通四年，梁武帝派军队北伐，进攻北魏，命裴邃总督征讨诸军事。大军先袭击寿阳，攻破了寿阳的外城，南朝军队一天与魏军大战九次，后来因为后军蔡秀成失道不至，南朝军队失去后援，裴邃不得已退军。裴邃重新整合军队，收集士卒，并命令诸将各以服色相别，裴邃自为黄袍骑。裴邃率军又先后攻下了狄丘、甓城、黎浆等地，并屠安成、马头、沙陵等营垒。第二年，南朝军队攻至北魏汝、颍间，北魏寿阳守将长孙承业、河间王元琛出城挑战，裴邃临淮河而叹道："今天不破河间，就要为谢玄所笑话了。"于是把所率军队分为四翼，严阵以待。又命令直阁将军李祖憐假装逃跑以引诱承业出来，承业上当，率众追赶，一时南朝军队四翼齐发，魏军大败，被斩杀的有万余人。魏军逃归，坚闭城门不敢出来。不久，裴邃在军中患重病，同年五月卒于军中。死后裴邃被追赠为侍中、左卫将军，晋爵为侯，谥曰"烈"。

201. 陈庆之在对北魏的战争中有什么作为?

陈庆之，字子云，义兴国山（今江苏宜兴）人，是南北朝时梁朝极具传奇色彩的将领。他虽身为武将，却射箭不能穿札，且不善于骑马，但善抚士卒，能使部下为其效死力。在对北魏的多次战争中，他率领南朝军队审时度势，趁其不备，出奇制胜，创造了一系列以少胜多的经典战例，立下了卓绝战功。

涡阳之战。梁大通元年（527），陈庆之与曹仲宗、韦放（韦睿之子）联合进攻北魏涡阳（今安徽蒙城），魏孝明帝派常山王元昭率军来援，前锋先抵达距涡阳城四十里的驼涧，陈庆之将要率兵迎战，但韦放却劝阻说："敌人的前锋一定是轻锐部队，我们战胜了算不得功劳，但如失利，会使我军心动摇，不如不打。"陈庆之反驳说："敌人远道而来，疲倦不堪，我们乘机出击，肯定胜利。"于是率领五百骑出击，果然破其前锋，魏人气势大衰。陈庆之回来马上与诸将连营西进，与魏军对峙，从春到冬，交战百十次，士兵都很疲乏。这时，魏军在梁军阵地后筑营垒，消息传来，梁军惊恐，曹仲宗等人害怕腹背受敌，主张退兵。陈庆之立节杖于军门，进行慷慨陈词的劝说，曹仲宗深受鼓舞，于是一同作战。陈庆之在夜色掩护下，出动骑兵突击魏军，连克四个营垒，其余九个营垒，在梁军的凌厉攻势下，也先后溃败，梁军大败魏军，斩俘甚众，涡水一度断流。梁武帝获讯大为赞赏，亲写诏书嘉勉，并诏令将涡水之地设置为西徐州，陈庆之率军乘胜进至城父。

护送北魏北海王元颢回洛阳并助其称帝过程中对北魏的一系列战争。中大通元年（529），北魏发生内乱，魏北海王元颢来降，请梁朝出兵助其称帝，梁武帝萧衍以元颢为魏王，并以陈庆之为假节、飚勇将军，命其率兵七千人护送元颢北归，陈庆之迎来了他一生中最辉煌的一段日子。

同年四月，陈庆之乘虚攻占荥城（今河南商丘东），进逼梁国（今河南商丘）。魏将丘大千率众七万分筑九城，以御梁军。陈庆之率军进攻，一日之内攻占三城，迫使丘大千投降。元颢遂于睢阳城南称帝。这时，魏济阴王元晖业率羽林军两万来救援，进屯考城。考城四面环水，守备严固。陈庆之率部下攻陷其城，俘元晖业。而后直趋洛阳，所过之处，魏军望风而降。

同年五月，魏帝元子攸分派部众扼守荥阳、虎牢等地，以保卫京都洛阳。陈庆之继续西上攻荥阳。魏将杨昱、元庆、元显恭等率羽林军七万守荥阳，以据梁军。魏军兵锋甚锐，加上荥阳城坚，陈庆之攻之不克。时魏将元天穆大军将至，先遣其骠骑将军尔朱兆、骑将鲁安率兵增援杨昱。又遣尔朱世隆、王罴率骑兵进据虎牢，对梁军进行合围，梁军将士皆恐。陈庆之边解马鞍边喂马，平静地对将士们说："我等才有七千，贼众四十余万，今日之事，义不图存，须平其城垒。"号召将士一决死战。乃亲自擂鼓攻城，只一鼓，梁军便悉数登城，遂克荥阳，俘杨昱。不久，元天穆等引兵围城，陈庆之率三千精兵背城而战，大破之，鲁安于阵前投降，元天穆、尔朱兆单骑逃跑。旋即进攻虎牢，尔朱世隆不敢战，弃城而逃。元颢遂入洛阳，以陈庆之为侍中、车骑大将军，增邑万户。不久，元天穆、王老生等又率兵攻克大梁，尔后元天穆分遣王老生、费穆进据虎牢，刁宣、刁双入梁、宋。陈庆之闻讯后，率军掩袭，魏军皆降，元天穆率十余骑北渡黄河而逃。萧衍闻讯后，再次亲书诏书进行嘉勉。陈庆之和部下皆穿白袍，一路上所向披靡，所以洛阳城中童谣曰："名军大将莫自牢，千兵万马避白袍。”一时气壮山河。陈庆之以七千之众，从铚县至洛阳，前后作战四十多次，攻城三十多座，皆克，所向无敌，自古用兵罕有。

尔后，元天穆、尔朱兆不甘心于失败，又纠集军队号称百万，来攻打元颢，陈庆之以七千之众相抵抗，且战且退，杀伤甚多，使得尔朱荣竟然动了撤退的念头，后来山洪暴发，梁军死散殆尽。陈庆之剃除须发，化装成僧人，回到建康。

陈庆之攻魏战争因孤军深入，后援无继，以失败结束，但虽败犹荣，梁武帝拜其为右卫将军，封永兴侯。

202. 颜协是怎样知名于世的?

颜协，字子和，琅邪临沂（今江苏南京东北）人，以善于书法闻名当世。其父亲颜见远是位节操高尚之士，在齐曾位至御史中丞。梁武帝受禅即位后，颜见远绝食，发愤而死。因父亲早卒，颜协由舅舅抚养长大。后来舅舅去世时，颜协感谢其养育之恩，以叔伯之礼为其发丧，受到时人赞赏。

颜协从小聪慧过人，博涉群书，尤以擅长草隶飞白闻名，当时荆楚一带的碑碣之文，大都出于颜协之手。当时会稽谢善勋善于八体六文，京兆韦仲善于飞白，两人都在湘东王府供职，王府中人认为颜协的书法比韦仲要好，但不如谢善勋。

颜协家里贫寒，但非常讲究仪表，没有车马从不出游。后来湘东王镇守荆州时，颜协曾为记室，但一直未至高位。颜协死时梁元帝非常叹惜，曾作《怀旧诗》一首悼念他。

203. 为什么说王僧虔机智善辩?

王僧虔，金紫光禄大夫王僧绰的弟弟，他爱好文史，妙解音律，擅长书法。他的书法，尤其是他的隶书，堪称一绝。齐高帝萧道成也善于书法，但他与王僧虔比，就逊色多了。他不服气，就和王僧虔比书法。写好以后，他问王僧虔说：“谁是第一?”王僧虔回答：“臣第一，当然陛下也是第一。”萧道成听了哈哈大笑：“卿真可谓是善自为谋，机智善辩啊!”

204. 王志有什么突出的政绩?

王志，王僧虔的儿子。他在任宣城内史时，廉政爱民。境内有两人因田产发生纠纷，多年都没有解决。这两人一听说王志到任，就在父老的劝说下一起前往府衙请罪，主动和解，他们所争讼的那块田地竟然成了双方都不要的闲田。后来王志又担任东阳太守，有一年冬至，他看到郡狱里还有十几个重犯冷冷清清的，就让他们全部回家过节，等过完节再回来。犯人们十分感动，节日一过，便纷纷返回，只有一个人没有按期归来。狱司慌忙向王志禀报，王志说："这是太守的责任，你不要担忧。"第二天一大早，那个犯人也回来了。原来他妻子怀孕了，他为了照顾妻子耽误了一天。这件事情传开后，当地的官员百姓对王志都叹服不已。

梁武帝天监初年，王志出任丹阳尹。丹阳城里有一个寡妇，没有儿子，独自赡养婆婆。婆婆死后，借钱营办丧事，但事后却无力还贷。王志听说了，就拿出自己的俸钱替那个寡妇还了债。当时庄稼歉收，正闹饥荒，王志就令人每天早上做好粥，摆在郡门口救济饥饿的百姓，百姓都十分感念他的恩德。

王志后来入朝任中书令。他性情谦和敦厚，对下属总是隐恶扬善，宽大为怀。故而所到之处，都建立了良好的声誉，被人们称为长者。

205. 王神念为什么要禁止淫祠?

王神念，太原祁（今山西祁县）人，从小喜欢儒术，通诸子百家，又善于骑射，有文武之才。先在北魏任颍川（今河南许昌）太守，后与儿子王僧辩归顺了南朝萧梁，被封为南城县侯，又历任安成、武阳、宣城内史，做官法纪严明，颇有政绩。后一度为青、冀两州的刺史。王神念性格刚正，不信巫鬼，他所管辖的州郡一律禁止淫祠。他任青州刺史时，青州东北有座临海的山叫石鹿山，山上设有神庙，有袄（xiān）教巫人在上面活动，他们妖言惑众，欺骗百姓，百姓信之者甚众，远近都来祈祷，财物浪费严重。王神念得知后，下令撤毁神庙，赶走巫人，当地的风俗于是为之一改。

206. 王僧辩在平定“侯景之乱”中发挥了什么作用?

王僧辩，字君才，是一个学识渊博，言辞快捷的人，尤其精通《左氏春秋》。他器宇轩昂，仪表堂堂，虽然射不穿札，但却有凌云之志，是南朝梁的著名将领，在平定“侯景之乱”中起了至关重要的作用。

侯景乱起，湘东王萧绎派王僧辩率舟师一万前去救援，刚一抵达，台城陷落，于是王僧辩又重新回到萧绎身边。不久，侯景带兵西进，攻下了郢城，又准备攻打荆州，所过之处，皆望风归附。王僧辩被任命为大都督，带兵抵抗，驻扎在巴陵。王僧辩叫部下把船只全部沉于水下，并且放倒旗帜，禁止鼓声，驻地安静得像是空城，制造全军遣逃的假象。侯景于是带领军队攻城，突然，城里飞箭石头一时像下雨一样，侯景军队不敌，于是撤退。这时，萧绎派来的援军胡僧祐和陆法和部赶到，把侯景打得大败，并擒捉了其大将任约。

萧绎又任命王僧辩为征东大将军、江州刺史、开府仪同三司，命令他率领巴陵诸军讨伐侯景。王僧辩先率军攻下鲁山，接着进攻郢城，又用计擒拿了侯景手下大将宋子仙、丁和，把他们押送江陵处死。

平定郢城后，王僧辩又率部攻下寻阳。接着又攻下南陵、鹊头等地。这时为江州刺史的陈霸先亦兵发南康，进屯西昌，与僧辩遥相呼应。不久两人在白茅洲（今安徽怀宁东）会师，歃血为盟，并共读盟文，文辞慷慨动人，一时群情激昂。

王僧辩率部直捣建康，侯景率兵在石头城北迎战，被王僧辩打得大败。侯景部下将领卢晖略听说侯景吃了败仗，遂打开城门投降，王僧辩进入石头城，占据台城。侯景遁逃入海，路上被部下杀死。

207. 羊侃在防守台城抵御侯景之战中发挥了什么重要作用?

羊侃，字祖忻，泰山梁父（今山东泰安东南）人，是从北朝率兵反叛回到南朝梁的著名将领。侯景乱起，临贺王萧正德里应外合，侯景迅速渡过长江天险，威逼建康，兵临城下。这时城中堪担抵御大任的只有柳津、韦黯和羊侃。但是柳津年老多病，韦黯懦弱少谋，而羊侃素以文武双全、有胆有识闻名，因而率军抵抗的大任落到了他肩上。

侯景叛军威逼而至的时候，老百姓闻讯都惊慌失措，混乱不堪，军人争入武库，自取器甲。羊侃率众御敌，先制止混乱，然后拒守城池。侯景逼近，羊侃又谎称已经接到来书，说外地勤王之师已接近都城，于是军心稍安。叛军猛攻东掖门，纵火甚盛。羊侃率众用水灭火，射杀数十人，敌众才退。接着，敌军又用尖顶木驴攻城，能避矢石，羊侃传令作雉尾炬，上带铁爪，灌之以油，点燃掷出，木驴一下子着火被烧成灰烬。敌众又在东西堆起土山两座，进逼城垣，羊侃命令挖掘地道，使土山不能立起。敌人又做十余丈的登城楼车，想居高向城中射箭。羊侃不以为意地说："楼车很高而壕沟空虚，他们肯定会自己跌倒，大家不要惊慌。"后来果然如他所料。敌众频繁攻城无效，于是筑长围。有人主张出击，武帝萧衍问羊侃，羊侃分析说："不能出击，敌众多日攻城，因为攻不下，才立长围。现在出击，出人若少，不能破贼；出人若多，一旦失利，门窄桥小，必然遭受重大伤亡。"萧衍不从，一意孤行，派千余人作战，未及交锋便望风而逃，果然争桥落水者甚多，死者大半。

羊侃的长子羊鷟（zhuó）在外城为侯景擒获。侯景攻城不下，于是把羊鷟绑到城下，要挟羊侃投降。羊侃不但不降，反而引弓射之。贼众无法，只好将其带回。侯景又派部将傅士哲诱降，又无功而返。后来，老天连降大雨，城内土山崩倒，贼众乘势而入，羊侃又令部下掷火，以阻挡贼众进攻，并且在城内又筑小城，指挥军士坚守，叛军暂不能入。不久，羊侃患病身亡，台城被攻破。

208. 祖皓在平定"侯景之乱"中有什么作为?

祖皓，南朝著名数学家祖冲之的孙子，为人慷慨大义，有文武之才，从小便继承家学，善于算术历法，在梁朝曾任江都令、广陵太守等职。"侯景之乱"爆发，不久逆贼攻陷台城，祖皓恰好在城中，怕遭到杀戮，于是沿长江以西逃跑，遇到广陵人来嶷。来嶷是个文武双全的奇节之士，他劝说祖皓说："现在逆贼犯下滔天罪行，王室遭到毁坏，这正是志士仁人捐躯报国、发愤图强的时候，更何况你家深受皇恩，又不为贼所容。”为祖皓分析当时形势，劝说祖皓聚众讨逆。祖皓为之动容，于是招募士卒，手下聚集了勇士耿光等百余人，率众袭杀了侯景的手下、时任兖州刺史的董绍先。并且推前太子舍人萧勔为刺史，接着联合东魏作为支援，发布讨逆文书，计划率众讨伐侯景。听到消息后，侯景大为惊恐，马上率侯子鉴等前来攻打。不久城被攻陷，祖皓被生擒。侯景让人把他缚住，把他射得满身是箭，然后处以车裂之刑，城中之人，无论老少，皆坑埋或用箭射死。

209. 王伟为什么被剜肠钉舌而死？

王伟，侯景的属下，从发动叛乱起的一切行动几乎都出于他的策划。王伟的先祖是略阳人，他的父亲王略曾在北魏任许昌令。王伟精通六艺经典，尤精《周易》，才思敏捷，辞采雅高。侯景叛高澄后，高澄曾作书给侯景，想使其回心转意，王伟替侯景回书，文辞非常优美，高澄看后吃惊地问道：“这是谁写的？”左右告诉他是王伟写的。高澄听后遗憾地说：“这样的人才为什么不让我早知道呢？”

侯景作乱兵败后，王伟逃窜，躲藏在草丛中，被守卫直渎（今江苏盱眙县南）的黄公喜擒捉，押到江陵。王伟为求不死，在狱中写了一首五百字的长诗献给梁元帝。梁元帝被他的文才打动，准备赦免。朝中之人对王伟大多非常嫉恨，得知后，对梁元帝说：“以前王伟写的檄文也很好呀。”梁元帝找来一看，原来上面写道：“项羽重瞳，尚有乌江之败；湘东一目，宁为赤县所归！”于是元帝勃然大怒，将王伟的舌头钉在柱上，开膛剖肚，一刀刀碎割而死。

210. 羊侃有什么逸事传世？

羊侃，身材高大，雅好文史，且有武略，以勇力闻于当时。在北魏时，一次皇帝问他：“有人说你是老虎，是不是本质是羊，只不过披着虎皮罢了？你给我扮老虎试试。”羊侃于是伏在地上，以手挖掘宫殿地面，竟然没指而入，皇上大为敬佩，赐给他珠宝和宝剑。从北魏回到南朝后，一次陪梁武帝宴乐，少府前来报告说新打造的两刃稍（shuò）已经成功，长有二丈四尺，围长一尺三寸。武帝于是让羊侃骑着河南国的紫骝马试试新兵器。羊侃执稍上马，左右上下击刺，极尽其妙，围观的人纷纷上树观看，武帝说：“这树肯定要因为羊侃折断。”

不一会儿，树果然折断，于是武帝便把此矟命名为折树矟。羊侃神勇如斯。

与战场上的雷厉风行、吃苦耐劳以及严谨的作风相比，在平时生活上，羊侃则完全是另一作派。他生活非常讲究，可谓穷奢极欲。初次到衡州时，曾经在两艘小船上搭起三间相通的小居室，用珠宝和有花纹的锦织品加以装饰，周围盛设帷屏，一边饮酒，一边听女乐演唱，解开船缆随波漂荡，一时两岸观者如潮。一次，北魏派使者阳斐来到南梁，羊侃与阳斐在北魏时曾是同学，于是羊侃宴请阳斐。到达的宾客有三百余人，用的食器都是金玉打造，音乐奏的是三部女乐。到傍晚的时候，一百多侍婢手拿金花烛照明。

羊侃性格宽厚，为人有大量。曾经有一次在船上喝酒，有个客人叫张孺才的，喝醉之后不小心使船里失火，一下子蔓延开来，烧了七十余艘船，烧掉金银玉帛无数。羊侃听到消息后，毫不在意，只是一个劲地叫上酒。张孺才又惭愧又害怕，于是逃跑，羊侃让人叫回他，仍待之如旧。

211. 周兴嗣为什么见重于梁武帝?

周兴嗣，字思纂，陈郡项（今河南沈丘县）人，世居姑孰（今安徽当涂），才学渊博，以善写文章名重一时。据说，一次周兴嗣在旅店投宿，夜里忽然听到有人对他说：“你才学超世，刚开始有贵臣赏识你，后来将见遇明主。”说完那人便不知所终。后来果如其言，先是齐隆昌年间（494），侍郎谢朏任吴兴太守，对他非常赏识，后来又因善于写文章深受梁武帝器重。

梁天监初年（502），周兴嗣献《休平赋》，文辞优美，武帝大加赞赏，任命他为安成王国侍郎。不久，河南献舞马一匹，武帝一时兴起，命到沆、张率与周兴嗣各作赋一篇，作完献给武帝，武帝认为周兴嗣的写得最好，升兴嗣为员外散骑侍郎。武帝后来以三桥旧宅为光宅寺，需寺碑一块，叫周兴嗣和陆倕各作一篇，写成奏上，武帝最后还是用了周兴嗣写的。从此，周兴嗣文名大震，武帝每次需要什么文章，几乎都叫兴嗣撰写，每次写完奏上，武帝几乎没有不满意的，兴嗣也因此得到很多赏赐。但好景不长，天妒英才，先是周兴嗣两手患上了风疽，不久人又染上疠疾，且左眼盲。武帝深感痛惜，亲手抄药方送给他。当时的大文学家任昉爱惜他是个人才，常感叹说："兴嗣如果没有此病，御史中丞的官职当指日可待。"周兴嗣后来死于武帝普通二年（521），撰有《皇帝实录》、《皇德记》、《起居注》等著作百余卷，另有文集十卷。

212. 何思澄有什么逸事流传?

何思澄，字元静，东海郯（今山东郯城）人，是南朝梁一位特立独行的诗人，这可能跟其父亲的影响有关。其父亲叫何敬叔，曾任南朝齐长城令，以清廉能干出名，一生从不受人馈赠，但有一次却突然开门受礼，于是几天内便得米两千余斛，还有其他许多财物，何敬叔后来把它们全部用来代穷人交租。

何思澄从小学习刻苦，善于写诗文。一次写《游庐山》一诗，当时的文坛盟主沈约见了，大加赞赏，甚至认为自己都写不出这样的好诗。恰好当时沈约家建一座小楼阁，于是他叫工匠把这首诗题在墙壁上。

梁天监十五年（516），武帝下诏命太子詹事徐勉召集才学之士到华林撰写《遍略》，何思澄与顾协、刘杳等五人入选，经过八年才把书写成，共七百卷。何思澄非常喜欢交游，在校定时把书稿交给亲朋校定，自己甩手不管，而一门心思地整天游玩。朝中知名人士他无不遍访，当时有人把他比作游侠楼护，他欣然接受。

何思澄在梁朝先为廷尉，后为书侍御史，又历湘东王萧绎事参军兼东宫通事舍人。当时，徐勉和周舍以才学在梁居要位，他俩都喜欢与思澄交游，经常轮流召唤他。何思澄卒时撰有文集十五卷。

213. 徐文盛为什么会死在狱中?

徐文盛，字道茂，彭城（今江苏徐州）人，先祖曾是北魏的将领。其父亲在由北归南的路途中死去，徐文盛率众继续前进，遂归顺南梁。

侯景乱起，徐文盛招募了几万人马投奔湘东王萧绎，萧绎任命他为秦州刺史，让他讨伐侯景。徐文盛一路东下，在武昌与侯景的大将任约相遇，相持不下，萧绎又派护军将军尹悦、平东将军杜幼安等支援，都受徐文盛节度，于是在贝矶大败任约。侯景闻讯，率大军西上增援，并使出恩威并用的招数。原来，徐文盛的妻子石氏滞留在建业，侯景知道后，不但不加以伤害，反而命人用车辆送回。徐文盛非常感谢侯景，于是与侯景密通信使，约好两军不打仗。徐氏此举激起部众的愤怒，杜幼安等于是单独率领部属进攻，把侯景打得大败。侯景这时秘密派遣部众攻陷郢州，消息传来，徐文盛的部队军心动摇，溃不成军，徐文盛回到荆州。萧绎不咎既往，仍任命他为城北面大都督。徐文盛又暗地敛聚财物，萧绎知道后大怒，历数其十条罪状，免掉了他的官职。文盛又私下里怨恨，萧绎闻知后，把他投入监狱。富有戏剧性的是，这时侯景的大将任约也被擒获，与文盛关在一起，文盛对任约说："你为什么不早投降呢？以至于使我到了今天这个地步？"任约说："城门外根本就没有你的人马，你叫我怎么投降？"文盛无言相对，不久就死在狱中。

214. 阴子春有什么逸事见于记载？

阴子春，字幼文，姑臧（今甘肃武威）人，梁武帝萧衍打天下前，其父亲阴智伯曾与萧衍比邻而居，关系很好，一次进入萧衍卧室，看见有五彩异光，大为惊奇，于是握着萧衍的手说："你今后一定会大富大贵，定非一般人臣，现在天下大乱，安苍生者肯定就是你了。"后来，萧衍果真当上皇帝，阴智伯也官至梁、秦二州刺史。

阴子春也是位逸事颇多的将领，他曾历任朐（qú）山（今江苏连云港）戍主、东莞（今山东沂水县）太守。当时任青州刺史的王神念禁止淫祠，派人捣毁了临海的石鹿山上的神庙。神庙梁上有一条丈余的大蛇，捣毁神庙的人没有捉住它，此蛇遂潜入了海中。当夜，阴子春梦见有人自通姓名拜访他并且说："有人把我的屋舍破坏了，现在我安无居所，听说你德行宽厚，想在你的境内休息。"阴子春暗暗记住姓名。过了几天听说了王神念捣神庙有大蛇逃走一事，想起梦中情境，大感惊奇。于是置办牺牲美酒祭祀，把它安置在一个地方。过了几天，又梦见一穿红衣服的人前来辞谢说：“非常感谢你的惠赐，当以一个州来报答你。”阴子春心里大喜，祭祀更加殷勤。过了一个多月，北魏前来袭击朐山，阴子春设下伏兵把他们打得大败，于是被任命为南青州刺史。梦中情境果然兑现。

阴子春没有别的才能，只是以廉洁著称。他不讲卫生，身穿肮脏的衣服，脚几年才洗一次，且经常说每洗一次脚，就会失财败事，还说在梁州时，就因洗脚使梁州失败。

215. 张彪是怎样死里逃生的？后又是怎样死的？

张彪，籍贯不明，从小在若邪山占山为王，手下人马颇多。临城公萧大连出镇东扬州，张彪率众投奔他，受到器重，一度被任命为中兵参军。后来侯景派手下大将宋子仙攻下了东扬州，张彪又依附子仙，不久他又离开子仙，重新回到若邪山起事，并攻打宋子仙，但没有取胜。赵伯超哥哥的儿子赵稜被侯景任命为山阴令，赵稜弃官不做，投奔张彪。但不久，赵稜便生异心，想置张彪于死地，于是设计和张彪歃血为盟，喝血酒，自己先用刀子在心口刺出血来，张彪上当，也拿刀子来刺心口。赵稜乘机用手加力，刀子直刺张彪心窝，幸亏刀子一斜，伤得不深。赵稜又重新拿刀刺向张彪，张彪头面受伤，一时气绝倒地。赵稜大喜，以为张彪已死，于是跑到外面对张彪部下宣布说：“张彪已经死了，我们大家快去求富贵吧。”张彪的部下韩武到里面察看，这时张彪刚好苏醒过来，于是细声地对韩武说：“我还活着呢。”韩武马上诛杀了赵稜。张彪大难不死，后侍奉梁元帝，元帝对他很欣赏。

“侯景之乱”被平定后，张彪曾作为王僧辩的左膀右臂，与杜龛齐名，时人称为“张杜”。王僧辩被陈霸先诛杀后，张彪并没有动摇移易，继续与陈氏对抗。但是由于手下大将沈泰、申进等相继背叛，投向陈氏，张彪遭到惨败，最后带着妻子、兄弟和一条叫黄苍的狗躲入了若邪山。陈文帝陈蒨派章昭达带领一千人并重金悬赏来捉拿他。当时张彪正在睡梦之中，不知危险已经临近。黄苍狗大声吠叫，并咬死一来犯之人。张彪惊起，拔刀对抗来人，并大声喊道：“你们竟做这样的丑事，需取我的话只可取我的人头，我发誓生不见陈蒨。”他知道逃脱已不可能，便与来敌约好，到岭下平地处赴死。在岭下平地处，来敌割下他和他弟弟的头，献给章昭达。那条叫黄苍的狗在张彪的尸体旁悲鸣不已。

216. 周文育一生经历过哪些战争？

周文育，字景德，义兴阳羡（今江苏宜兴）人，是南北朝时陈朝名将。他本来姓项，名猛奴，被时任寿昌浦口戍主的义兴人周荟看中，收为养子，并请时任太子詹事的周舍取名为文育。周文育少时于经籍毫无兴趣，认为“取富贵但有大槊耳！”一心只是摆弄枪棒，醉心骑马射箭。

周文育在战争中初露锋芒始于陈庆之交付的一次使命。周文育养父周荟与名将陈庆之关系很好，陈曾派周荟率五百将士慰劳白水蛮。白水蛮却密谋要擒捉周荟献给北魏，周荟察觉，于是和周文育奋力抵抗。当时白水蛮人多势众，但周文育父子一日之中与他们战数十回合，周文育冲锋陷阵，勇冠军中。结果周荟战死，周文育在身中九创的情况下，驰马夺其尸而还。让一代名将陈庆之赞赏不已。

梁大同八年（542），周文育和杜僧明起事，攻打广州。战争中，两人为陈霸先击败。陈霸先见二人骁勇过人，又非主谋，便将他们收为己用，让他们在军中任职，从此，周文育跟随陈霸先南征北战，立下了赫赫战功。

侯景乱起，陈霸先发兵征讨，周文育与杜僧明为前军，攻克兰裕，又援助欧阳頠，立下了战功。陈霸先破蔡路养于南野，周文育被蔡路养重重包围，飞箭就像流星雨般地下，周文育的马也被射死。但周文育处变不惊，他右手搏战，左手解下马鞍，冲出包围，与杜僧明会合，二人再战，大败敌军。接着，又在大皋口（今江西吉安南）击败了高州刺史李迁仕的反叛。

承圣元年（552），侯景兵败巴陵后，梁元帝令王僧辩率军东征。二月，陈霸先从南江出湓口，与王僧辩在白茅湾会师。作为陈霸先军的先锋，周文育袭取了南陵、鹊头（今安徽铜陵北鹊头山）两个戍所，并在姑孰击败了侯子鉴军。

让周文育名扬天下的是建康保卫战。太平元年（556）五月初，徐嗣徽联合北齐军队进攻建康。陈霸先令周文育屯驻古山埭（今江苏江宁南秦淮河附近），以防御北齐兵。齐军跨秦淮河修筑桥梁渡兵，夜里到达方山埭；徐嗣徽则以舟舰切断周文育的退路。周文育留下一部分士卒驻守方山，指挥余部大声鼓噪，徐嗣徽等不能制。天亮后，周文育反攻，徐嗣徽部下猛将鲍砰独乘小船殿后抵挡，周文育也乘快船与其近战，跳入鲍砰的船中，将其斩杀，并把他的船也牵回来了。徐嗣徽军大为惊恐，只得留船芜湖，改由陆路进攻。五月底，齐军从方山挺进倪塘，京城人心惶惶，梁敬帝带着宫娥及卫兵驻入寺庙躲避，形势十分危急。为集中兵力，周文育率军与陈霸先会合。将要与齐兵决战时，风刮得甚急，陈霸先说："逆风而进乃兵法大忌。"周文育答道："军情紧急，何必拘泥于古法！"说完抽出一枝大槊冲进齐营，一口气杀了数十人，大大鼓舞了士气。在侯安都的配合下，周文育冲破徐嗣徽的阵地，徐嗣徽兵溃，建康得到保全。

作为一代名将，周文育亦非战场上的常胜将军，也曾遭到惨败。他曾与西道都督侯安都会师武昌，一道进攻王琳。但两军没有统摄关系，缺少协调，加上侯安都临阵轻敌，致使沙口（今湖北武昌西沌水入长江之口）一战，周文育和侯安都遭到惨败，两人双双被擒。十个月之后，周文育才借机逃回建康，已经成为陈武帝的陈霸先宽宥了他的兵败之过，官复原职。

217. 王莹有什么事迹见于记载？

驸马都尉王莹，光禄大夫王懋的儿子。他任义兴太守时，前任太守谢超宗离任，回到京都，要求王懋给王莹写一封信，替他安排一个官职。王懋说："老爹一旨，办这件事如汤浇雪。"然而王莹却答复说："安排官吏是公事，不可徇私。"谢超宗就到王懋家，当着很多客人的面讽刺说："汤肯定不能浇雪。"王懋顿时面红耳赤，羞得无地自容。不久王懋到谢超宗家去，谢超宗用精白鲍、美鲊等招待他。王懋问他从哪里搞来的这些美味。他骗王懋说是义兴的朋友送的。接着他又假装吃惊地说："老爹怎么能得不到这些东西呢？"王懋十分生气，马上向朝廷告儿子不孝，说王莹供养不足。王莹因此被免官了好长时间。

王莹后来先后担任东阳太守、吴兴太守，以能干著名。永元初年，朝政由六贵掌握，王莹任太子詹事，只是拱默守职而已。等到尚书令徐孝嗣等被诛杀之后，他开始参与朝政，占据徐孝嗣的旧宅，并把徐孝嗣的封号枝江县侯取为己用。他的堂弟觉得这样做不合适，王莹生气地说："当年我从吴兴太守离任，徐孝嗣已经是宰相，不能重用我，只让我担任领军长史。现在我住在他的旧宅，也没有什么好愧疚的！"崔慧景起兵围逼台城，王莹领兵在湖头抵抗，兵败逃回。萧衍建梁后，因王莹曾任萧衍的相国左长史，为人又清明谨慎，所以梁武帝萧衍很看重他，任命他为尚书令。有一次，萧衍正在和群臣宴饮，有人来报告一只猛兽闯进了城里，萧衍心里很不舒服，就问这是怎么回事，群臣面面相觑，不知如何回答。王莹当时就站起来对武帝说："帝舜时天下清明，乐官敲击石磬，百兽都随着音乐起舞；如今陛下膺当大位，所以虎象也前来祝贺。"他的一番话，听得萧衍龙颜大悦，在座的群臣也都不得不叹服他的机智才辩。

武帝天监十五年（516），王莹官拜左光禄大夫、开府仪同三司、丹阳尹。他既然已经位列三公，就要开黄阁议事。原来的官署前面很狭小，他准备买下紧挨着官署南边朱侃的一半宅子来扩展地盘。朱侃害怕，就贿赂王莹了三百万钱，王莹于是就改向东扩展。当时人因此编了个顺口溜："欲向南，钱可贪；遂向东，为黄铜。"等到阁子建好，将要拜官的时候，让人铸造官印，前后铸了六次，印上的龟都铸坏了，最后一次虽然铸成了，但龟的头仍是空的，只好用别的东西填了进去。结果王莹在新官位上只呆了六天，就暴病而亡。

218. 王亮为什么被贬为庶民？

王亮，东晋丞相王导的六世孙。因出身名门，宋末时被选为驸马，拜官驸马都尉、秘书郎。齐竟陵王萧子良开西邸，召纳才俊，王亮也是其中之一。齐明帝萧鸾在做宰相时，很赏识他，任命他做领军长史。齐明帝末年，朝政掌握在右仆射江祏（shí）和侍中江祀兄弟二人手里。王亮极力和江祏结交，江祏就在明帝面前对他大加赞誉，所以明帝对他也很器重，任命他为吏部侍郎。江祏兄弟被太子东昏侯萧宝卷杀害后，朝政由萧宝卷的亲信把持，官吏任命，也多由这些人决定，王亮虽任吏部侍郎，选用官吏局限于门第资历，不能引进贤才。

而萧宝卷在位穷奢极欲，滥杀大臣，王亮为尚书左仆射，无所匡谏，也只是明哲保身而已。

南齐东昏侯永元二年（500）冬天，尚书令萧懿被东昏侯用毒酒害死。萧懿的弟弟雍州刺史萧衍听到消息，起兵攻打建康。萧衍的军队到达新林时，朝臣纷纷前来投靠萧衍，连没有攻下的州郡也派使者前来表示友好，而王亮不去。萧衍占领建康后，百官推选王亮为代表，前去和萧衍见面。萧衍见了王亮，语含讽刺地说："社稷危难而不知扶持，那要宰相干什么！"王亮当即就说："如果可扶，明公岂有今日！"萧衍建梁后，王亮仍担任侍中、中书监，并兼任尚书令。天监二年（503）元旦日朝会，梁武帝大会群臣，接见各国使节，所有朝臣都到了，只有王亮称病不来上殿。武帝心中不快，派人去察看，发现王亮正在别的官署里大摆宴席，谈笑风生，丝毫没有生病的迹象。御史中丞因而弹劾他大不敬，依法应当弃市。武帝下诏从宽处治，削去封爵，废他为庶人。

219. 王奂因何事受到朝廷的讨伐？

雍州刺史王奂，与宁蛮长史刘兴祖不和。南齐武帝永明十一年（493），王奂派遣将领朱公恩讨伐蛮人失利，刘兴祖想向朝廷告状。王奂大怒，把他抓起来关到监狱里。刘兴祖在狱里，用针在漆盒盘上写了一封信，躲过狱吏的检查，让家里人上告。王奂也派人上书朝廷，诬告刘兴祖煽动蛮人造反。齐武帝萧赜知道刘兴祖冤枉，就下诏让王奂把刘兴祖送到京都。王奂害怕实情败露，就杀了刘兴祖。武帝闻讯大怒，就派遣中书舍人吕文显、直阁将军曹道刚领兵前往雍州逮捕王奂，另外又派梁州刺史曹武从江陵走陆路直抵襄阳，两路合力并进。

王奂的儿子王彪性情凶猛，愚顽不化，而且平时就喜欢干预政事，州府官员都对他很痛恨。为了对付王彪，吕文显用漆盒装了一把筌篌，摆在船上，让部下扬言说："这是奉诏斩王彪的刀。"雍州的官员听了，自然不肯为王奂父子卖命。

等到曹道刚、曹武、吕文显人马都到了雍州城下，王奂看到朝廷军队人多势众，又害怕漆盒中封的刀，于是和部下商量，准备要闭门抵抗。长史殷睿是他的女婿，劝他说："现在如果打开城门迎接台使，不过是被装在囚车运回京师，罢官免爵而已。”王彪坚决反对这样做。殷睿又建议说：“应该派典签官走小路到京都去申辩，也不怕不会被宽宥。”王奂就让殷睿写了一封奏章，派典签陈道齐出城，结果一出城，就被吕文显抓住了。殷睿叹息说：“忠不背国，勇不逃死，为了子孙后代，不如饮药保全名声吧！”王奂又不听。王奂的门生郑羽叩头要求王奂打开城门迎接台使，王奂说：“我不想做贼，只想先向朝廷解释清楚。为了避免受到曹、吕这些小人的凌辱，所以暂且闭城自守。”王彪领兵出战，大败而回。当地的百姓趁机起义，攻打州府的西门。王彪登城抵抗，才把他们打退。而王奂部下司马黄瑶起、宁蛮长史裴叔业在城内起兵，攻打王奂，王奂和儿子王彪、女婿殷睿等都死于乱刀之下。

220. 王锡有什么事迹传世?

王锡，幼年机敏聪明，与兄弟们在一起学习，到了休息时间，别人都玩耍去了，他还在孜孜不倦地看书，因此右眼的视力受到损伤。他十二岁时进国子学，十四岁因品学优异被授官秘书郎，后来又担任太子洗马。当时昭明太子萧统年纪尚小，梁武帝下令让王锡和秘书郎张缵入宫，陪太子读书游玩。王锡、张缵和另外的八个学士是当时最负盛名的才学之士。王锡因母亲是梁武帝的妹妹义兴长公主，被封永安侯。

梁武帝普通初年，北魏派使者刘善明前来通好，梁武帝让中书舍人朱异接待。刘善明出身于彭城大族，很有才气，因此有些傲慢。在招待宴会上，他借着酒意自负地对朱异说：“南国口辩才学像中书者有几个人?”朱异说：“我之所以能够接待您，因为这是我的职责所在。如果以才学为标准来选的话，那是轮不到我的。”刘善明又说：“在北方我经常听说王锡、张缵的大名，不知怎样能见到他们?”朱异把这些情况禀报了武帝。梁武帝就下令在南苑设宴，让王锡、张缵、朱异与刘善明会面。刘善明一到宴席上，就谈经论史，滔滔不绝，而王锡、张缵思维敏捷，应对如流，刘善明不禁大为叹服。宴会后他感叹地对朱异说：“一日之内，见到两位贤才，真是名不虚传。没有君子，怎能治国！”宴会上，徐僧权奉武帝之命，坐在座位后面，把当时的一言一语都记录了下来。

王锡二十四岁时，被朝廷任命为吏部郎中，他以体弱多病为由辞官不拜。从此以后，他便谢绝宾客，闭门读书，一直到三十六岁病逝。

221. 到溉与梁武帝为什么习气相投?

到溉，到彦之曾孙，身长八尺，风仪俊美，善于应对，富有文采，所以深得梁武帝的赏识，武帝经常与他以诗文唱和。武帝的第七子湘东王萧绎出镇会稽时，武帝选到溉担任萧绎的轻车长史，处理府郡事务。武帝在给萧绎的诏书中还特别强调说："到溉不只是你的部下，他的才能足以做你的老师。"

到溉后来先后担任御史中丞、吏部尚书、散骑常侍等官职，生活简朴，立身廉洁，不好声色。梁武帝喜好下棋，到溉的棋艺很高，所以武帝经常召来到溉同他对弈，一下起来就通宵达旦。有时到溉实在困得不行了，下着下着就垂下头打起盹儿来，武帝看见他那个样子，就做诗嘲笑他说："状若丧家狗，又似悬风榷。"到溉的宅第临近淮水，宅前有一块奇异的大石，有一丈六尺长。有一次武帝与到溉打赌，就以这块石头和一部《礼记》作为赌注。结果到溉输了。武帝私下问朱异说："不知到溉的石头能送来不?"朱异回答说："臣子事君，怎么能够失礼?"武帝高兴得大笑起来。过了两天，到溉就把石头送来了，武帝立刻命人把石头放置在华林园宴殿前面。运送石头的时候，全城的人都来围观，热闹非凡，大家把这块石头称作"到公石"。

到溉笃信佛教，所得俸禄，都捐给寺院。常年素食，不进荤腥。他在宅第外边另盖了一个小房子，早晚都要跟着僧徒一起诵经礼佛。武帝也信奉佛法，所以他每月有三次把自己的素斋派人送给到溉吃。他对到溉的这种恩遇，是当朝很少有人能比得上的。

222. 到洽为什么被称为才子?

到洽，到溉的弟弟，机敏有才。谢朓文章名扬天下，他一见到洽，就非常赏识，屡次称赞到洽是文武双全。著名学士任昉曾到他家拜访，也感叹到洽天下无双。到洽、到溉及堂弟到沆均有才名，三人都受到齐武帝的器重。武帝任命到洽为太子舍人。武帝曾在华光殿设宴，命令到洽、到沆、任昉等侍宴，君臣赋诗唱和，最后评定到洽的文辞最好，到沆的文思最快，武帝当即赐给到洽绢帛二十匹，以示褒奖。并对任昉说："到家兄弟真可以称得上才子。"任昉回答说："臣私下常说，宋朝得到了到家的武功（指到彦之），梁朝得到了到家的文才。"武帝听了大为赞同。

223. 到仲举的生平情况如何?

到仲举，到洽的儿子。在梁朝时官居长城令。陈武帝陈霸先是长城县（今浙江长兴）人，他的侄子陈蒨在乡里居住时，和到仲举交情甚好。侯景之乱，陈霸先以江州刺史的身份率兵前往建康，帮助平定叛乱。侯景被平定后，陈蒨出任吴兴太守，就聘任到仲举为郡丞。陈武帝死后，陈蒨即位，是为陈文帝。到仲举被授予侍中，后来官居尚书左仆射，封建昌县侯。到仲举的儿子到郁还娶了文帝的妹妹信义长公主，官任宣城太守。

到仲举不学无术，也不善于政事，官吏的选举任用，均出于袁枢之手。他性情粗疏怠慢，不理政务，也不和朝臣往来，只是嗜好酗酒、聚敛钱财而已。文帝多年有病，不亲理朝政，政务都委任到仲举处理。文帝临终时，遗诏安成王陈顼为尚书令入朝佐政。到仲举与左丞王暹、中书舍人刘师知等矫诏，派中书舍人殷不佞假传圣旨使陈顼回到他的王府。结果事情败露，刘师知被下狱赐死，其他人被逮捕审查，到仲举被免官。

到仲举被免官在家，儿子到郁这年迁任南康内史，因为国丧还未赴任，呆在家中。两人心中都有些惴惴不安。当时韩子高在京都，人马很多，到郁就经常坐着小轿，乔装成妇人的样子，前去和韩子高密谋。韩子高的军吏向上告发，韩子高、到仲举、到郁都被下狱赐死。

224. 为什么说蔡撙风骨鲠正?

吏部尚书蔡撙，梁武帝萧衍的亲家。他性情刚直，在朝中无所畏惧。有一次，他向武帝奏请任用琅邪人王筠为殿中郎，武帝一看他进呈的文书，上面没有其他参与官员的署名，就把文书推到地下，愠怒地说："卿太不明白事理。"蔡撙俯身捡起文书，神色严正地对武帝说："我认为选用自己了解的人才，就不必烦劳其他人署名了。臣少年时就进入仕途，从未有人觉得臣不明事理。"说完，他捧着文书走出门外，驾着车就回去了。武帝见他径直走了，也很生气，但不久也就后悔了，还是同意了他的建议。

武帝曾宴请群臣吃饼，蔡撙也在座。武帝有事要问他，一连叫了几声他的名字，他就像没听见似的，只是低头吃饼。武帝觉得他在闹脾气，就又改叫他一声："蔡尚书！"蔡撙这才放下筷子，拿起笏板，说："臣在。"武帝恼怒地说："蔡卿的耳朵为什么刚才聋，现在不聋？"蔡撙回答说："臣贵为右戚，况且职在纳言，陛下不应该直呼臣的名字。"武帝脸上一红，也不好再责怪他了。

225. 何点为什么被称为"孝隐士"？

何点，何尚之的族孙。他眉清目秀，学识渊博。在他十一岁时，父亲因疯病发作误杀了他的母亲，被处以死刑。一时间父母双亡，使幼年的何点痛不欲生。成人后，他有感于家庭的悲剧，所以无心仕途，也不想娶妻。何尚之强行为他订亲，聘礼已经行过，该到迎亲的时候，何点三番五次痛哭流涕地请求退亲，何尚之也只好同意了。他的兄长何求死后，他哀痛不已，三年滴酒不沾，只吃一些素食。

何点任率旷达，不拘小节，傲视权贵，喜欢高谈阔论。有时他坐着柴车，穿着草鞋，想去哪儿就乘车前去，往往是大醉而归。有一次，豫章王萧嶷前去拜访何点，刚到前门，何点闻讯后就从后门逃走了。宰相王俭想见何点，曾在他家门前等候了很久，最后也失望地回去了。梁武帝与他过去交情很好，即位后写信与他叙旧，并赐给他鹿皮巾等物，召他到皇宫来。何点穿着粗布衣服来见齐武帝，武帝与他饮酒赋诗，气氛十分融洽。武帝即刻下诏，任命何点为侍中。何点捋着武帝的胡须，开玩笑地说："你是想让老子做你的臣子，老子不干！"他声称自己有病，坚决不接受任命，武帝也无可奈何，只好作罢。

何点一生事亲至孝，又隐居不仕，所以世人称他为"孝隐士"。

226. 周弘正有什么学问?

周弘正，字思行，他精通《老子》、《周易》，善谈玄理，是梁代末年的一代宗师。他十五岁时，补国子生，在国学讲《周易》，国子生们传习的都是他所讲解的经义。在梁武帝普通年间，藏法师在开善寺讲经，听众很多。周弘正当时年轻，还不出名，他也在门口听。众人见他相貌丑陋，衣着随便，都很轻视他。但不久他开始向法师发出诘难，语惊四座，连法师也被他折服，对他赞赏不已。

周弘正常常自称有才无相，仆射徐勉主掌选举，觉得他相貌太丑，不合适做尚书郎，就任命他担任国子博士。他在京城西边的士林馆里讲授经书，朝中大臣都前去聆听。“侯景之乱”平定后，周弘正历任黄门侍郎、左户尚书等职。陈朝建立后，他先后担任国子祭酒、尚书右仆射，并给陈宣帝的太子讲授《论语》、《孝经》，深受太子礼遇。

周弘正学识渊博，善谈玄理，兼通佛典，即使是硕德名僧，也都向他请教疑难。梁元帝萧绎曾在他著的《金楼子》中说：“高僧中我看重琰法师，隐士中我看重陶弘景，士大夫中我看重周弘正，他们都是一时的名士。”从中可见周弘正在当时的声望地位。陈宣帝太建六年（574）周弘正去世，享年七十九。他所撰写的《周易讲疏》、《论语疏》、《庄子疏》、《老子疏》以及《孝经疏》流传后世。

227. 庾仲容有什么著述见于记载?

庾仲容，幼年丧父，被叔父抚养成人。长大后，他杜绝杂事，只是专心读书，从早到晚手不释卷。他先后担任太子舍人、永康令、钱塘令、武康令等职务，政绩平平。后来任尚书左丞，因处理政事不公正而被免官。庾仲容博学多才，少年时就有盛名，故而他任气使酒，喜欢高谈阔论，行为狂放，当时被很多士人非议。庾仲容一生勤于读书，并且亲手抄录，他曾抄写子书三十卷、集部书三十卷、地理书二十卷、《列女传》三卷。这些连同他的文集二十卷，都在当时流传。

228. 沈浚是如何面对侯景叛乱的?

梁武帝太清二年（548），河南王侯景叛乱，率领大军进入建康，包围了皇帝居住的台城。台城被围困四个多月，一直攻克不了，加之各地勤王的朝廷援军已经赶到，侯景只好停止进攻，派人向台城投递文书求和。朝廷同意了他的请求，派右卫将军柳津前去订立盟约。而侯景和朝廷讲和后，却迟迟不肯退兵。沈浚当时任御史中丞，太子萧纲就派他去催促侯景践约。侯景狡诈地说："天气越来越热了，不是行军的时间，况且我留下来还想报效朝廷呢！"沈浚冷笑着说："大将军这样说，是意在得城。城内虽然困乏，兵粮还可支百日，何况外援已到，我听说将军粮草已尽，十万大军留在此地，不知有何意图?"侯景听了大怒，把刀横在膝上，双目圆睁，大声呵骂沈浚。沈浚毫不畏惧，他义正词严地说："将军身为人臣，却举兵围困皇宫；现在朝廷已经赦免你的罪过，和你歃血为盟，口血未干，你就背弃盟约。不忠不义，世所少有。沈浚年已六十，又是皇帝的使者，奉命而行，难道还怕逆臣的刀吗?"说罢，他扭头就走。

台城失陷后，沈浚逃回故乡吴兴。吴兴太守张嵊（shèng）组织军队，修缮城墙，准备据守吴兴，和叛军周旋。沈浚积极协助他。但不久吴兴被叛军占领，张嵊和沈浚被俘。侯景一直对沈浚怀恨在心，就把他杀害了。

229. 柳庆远为什么能得到梁武帝的赏识?

梁武帝时，侍中柳庆远深受宠信。柳庆远在南齐东昏侯时任襄阳令，萧衍出镇雍州时，慕名征召他为雍州别驾。柳庆远对自己的亲信说："如今局势混乱，萧公雄才大略，定安危平天下者非他莫属。"因此他尽心竭力辅佐萧衍。萧衍起兵后，柳庆远经常居帷幄之中，为萧衍出谋划策。他跟随大军东下，在战斗中也总是能身先士卒，奋勇拼杀。萧衍大军途中扎营，柳庆远的营舍往往最为严整。萧衍见了不由得感叹说："如果人人都能这样做，那我还有什么可担忧的呢！"

建康平定以后，柳庆远被任命为侍中。建康城内有一次起火，火焰冲天，城里民众惊惶奔走，乱成一团。萧衍当时正在宫中，他把皇宫各门的钥匙都收在一起，问左右柳侍中在哪儿。柳庆远闻讯赶来，萧衍当场把所有的钥匙都交给了他，然后就放心地走了。

萧衍登基后，柳庆远官居散骑常侍，封云杜侯。后来他出任雍州刺史，萧衍亲自到新亭给他饯行。萧衍拉着他的手说："柳卿衣锦还乡，镇守雍州，朕就没有西顾之忧啦！"柳庆远在雍州刺史任上，为政清廉，深受当地百姓爱戴。他去世后，灵柩运到京都，武帝亲自前往吊唁，极尽哀痛，方才返回。

230. 柳仲礼手握重兵为什么还被侯景攻破台城？

梁武帝太清二年（548）八月，河南王侯景起兵叛乱，率军进逼建康，围困皇宫所在的台城。衡州刺史韦粲、江州刺史萧大心以及其他前来勤王的朝廷援军会合在一起，驻扎在新林，共同推选司州刺史柳仲礼为大都督，统率各军。柳仲礼让韦粲在青塘屯兵，抵挡侯景军队，结果韦粲遭到叛军精兵围攻。消息传来，正在吃饭的柳仲礼马上扔下筷子，披挂上阵，飞快地奔向青塘，当时身边只跟了骑兵七十名。等他赶到，韦粲已经全军覆没。柳仲礼怒不可遏，立即与侯景展开一场恶战。柳仲礼越战越勇，他猛地一抖长矛，向侯景刺来。眼看就要刺中侯景的身体，侯景的部下支伯仁一下窜到柳仲礼的身后，举刀就砍。柳仲礼急忙躲闪，结果被第二刀砍中了肩膀。他的马不巧又陷进了泥淖中，动弹不得。叛军围上来，就要杀他。幸亏他的部将郭山石拼死搏斗，才把他救了出来。

这一仗，使一向自视为英雄的柳仲礼元气大伤，一蹶不振，从此再也不愿谈及作战的事。他好像变了一个人，神情傲慢凶狠，凌辱将领。邵陵王萧纶每天骑马来看他，等候很长时间，他也不见。每日只是置酒会友，或者劫掠百姓。他的父亲骂他，他根本不听，仍然谈笑自若。侯景知道了，送给他一个金环，他欣然接受。他闭营不战，将士天天请战，他都拒绝了。

台城陷落后，侯景矫诏让各路援军解散。柳仲礼马上招集诸将领商议。邵陵王萧纶对他说："今天朝廷的命运，全寄托在将军的身上。"柳仲礼看了萧纶一会儿，没有回答。裴之高、王僧辩等人见他这个样子，忍不住气愤地说："将军拥兵百万，却使台城沦陷。现在正应全力和叛军决一死战，还有什么好说的!”柳仲礼仍然一言不发。最终，他还是解散了兵马，打开营门，向侯景投降。

231. 刘孝绰为什么知名于当时?

刘孝绰，梁朝著名的文士，从小天资聪颖，七岁时就能写文章，有神童之称。他擅长诗文，书法也很好，舅父王融、名士沈约、任昉、范云对他都很赏识。梁武帝时，他历任著作佐郎、尚书水部郎等官。有一次，梁武帝设宴，在酒席上让沈约、任昉等赋诗。刘孝绰当时也在座，他做了七首诗呈上。梁武帝看了，对每一篇都叹赏不已。从此朝野上下都对他刮目相看。

刘孝绰后来担任太子萧统的属官，深受萧统礼敬。萧统爱好文学，广纳文士，徐勉、陆倕、到洽、王筠等都聚集在他的门下。他经常和文士一起讨论篇籍，商榷古今。他特意建立乐贤堂，并在乐贤堂的墙壁上为名士画像，刘孝绰是第一个享此殊荣的人。萧统的文章，文士们都争着想替他结集撰序，但萧统只指定刘孝绰一个人来为自己编订文集，并且让他协助自己编纂《文选》，可见对他的器重赏识。

刘孝绰少年时就有盛名，因而恃才傲物，放荡不检，得罪的人很多，前后五次被免官。但他的文才辞藻为当世推重，他每作一篇文章，早晨刚写好，晚上就已经传遍京城。爱好者咏诵传抄，甚至在北朝境内的亭苑柱子墙壁上，也经常能看到他的文章。他的同族兄弟子侄辈擅长文章的达七十多人，在当时可以说是绝无仅有的。

232. 郭祖深的上书提出了什么主张?

郭祖深，襄阳（今湖北襄樊）人，早年随梁武帝起事，后任后军行参军。郭祖深为官廉洁，生活简朴，常穿一件旧衣服，连所用的办公木案都不事雕琢，极其简陋。曾有一老妪送一青瓜给他，他推辞再三，实在无法，只好收下，后立即叫家人送了一匹布给她。梁武帝后期，沉溺佛教，社会佞佛之风大盛，人们多不事生产，加之佞臣当道，忠直之人沉沦下僚，表面稳定繁荣的政局下隐藏着严重的危机。面对此种政弊，郭祖深叫手下人抬着棺材跟在后面，向梁武帝仗义执言，表现出大义凛然、视死如归的气魄。其上书主要有这些主张:

第一，指责梁武帝过于宠爱功勋之臣，驭下太宽，致使廉洁者自进无途，贪婪无功之徒反而大发其财，得到擢升。鉴于此，主张明法令，严刑罚，禁奢侈，薄赋敛，如此，“则天下幸甚”。

第二，主张重农桑，抑工商，通过崇儒抑佛来改变社会风尚，实现劳动力由佞佛向务农的转移。郭祖深认为，人为国之本，而食则是人的命根子。但是郡县之吏实行苛暴之政，不劝农桑，从而导致所谓丰收之年老百姓都面有饥色的社会现实，如遇水旱之年，则无以救荒。因而主张广兴屯田，贱金贵粟，从而使国家家给人足。

第三，面对梁佛教盛行，僧尼队伍庞大，国家财政空虚的状况，主张让四十岁以下的僧尼还俗，从事农业生产，并且僧尼都实行蔬食。

郭祖深上书言辞激烈，义正辞切，批判的矛头直指梁武帝，梁武帝没有降罪郭氏，反而嘉其正直，部分采纳了他的意见，并提拔他为豫章钟陵令，员外散骑常侍。

233. 严植之在儒学方面有什么造诣?

严植之，字孝源，建平秭归（今湖北秭归）人，早年善于老庄，后来偏爱《周易》、《毛诗》、《左氏春秋》等，对儒学造诣很深，撰有《凶礼仪注》四百七十九卷。

梁天监二年（503），梁武帝准备兴儒学，于是下诏求通儒修五礼，有关人员便推荐严植之。天监四年，武帝正式开五馆，立国学，置五经博士，严植之以才学兼五经博士。严植之讲学条理分明，分析鞭辟入理，因而每当登坛讲授时，五馆的学生全都赶来听课，听众往往多达千余人。

严植之不但理论水平高，而且在生活中也对儒家美德一以贯之。他很小时父亲便死了，为了尽孝，一连二十三载菜食。在南齐做官时，早年为广汉王萧峻右常侍，后来广汉王遭诛，时人躲之犹恐不及，严植之却大哭，为之奔丧，并为之建好坟墓。做建康令时，他以清廉出名。严植之乐于助人，帮助人从不求回报。一次，他在山中遇一病人，病情已严重到不能回答人的问话。他用车载病人回家，为其治疗，病人六天后死去，他又用棺材把其埋葬了，最终都没有弄清这个病人是哪里人。还有一次，他又遇到一个被人遗弃的病人，就把他带回家，治疗很长时间才痊愈。病人感激不尽，愿意终身为奴来报答他，但严植之最终还是把他送回家去了。

234. 沈峻有什么才华？

沈峻，字士嵩，吴兴武康（今浙江德清）人，出身于世代以耕种为业的农民家庭。沈峻小时候便聪颖好学，表现出与众不同的特质。他曾与舅舅太史叔明一道向同宗族人沈麟士学经术，一连几年，昼夜不辍，每当瞌睡时，便用杖击打自己，堪称悬梁刺股，终于精通了《五经》，尤其擅长《三礼》。在梁时先为国子助教，受到当时吏部郎陆倕的赏识，陆写信给时任仆射的徐勉推荐沈峻说："凡是圣贤所讲之书，必须根据《周官》立义，《周官》一书实际上是诸经的源头。但是《周官》的学问已经失传很久了。现在唯独国子助教沈峻精通此书，曾经让他开坛讲经，刘嵒、沈宏、沈熊这些一时名儒都在下面听讲，他们听后都非常叹服，竟然不能置一微词。"在信中，陆倕对沈峻极尽赞美之能事，建议徐勉重用沈峻。徐勉于是奏请皇上任命沈峻为五经博士，在馆内讲授经学，前去听课的人经常达到几百人。后来中书舍人贺琛奉敕撰写《梁官》，沈峻就是最重要的助手之一。沈峻在梁一度曾任武康令，死于任上。

235. 沈文阿为什么要躲避侯景的追索？

沈文阿，南朝梁时大儒沈峻的儿子，性格刚强，膂力过人。很小便跟着父亲学习经术，精通《三礼》、《三传》，长大后位至五经博士，是个文武双全的人才。梁简文帝曾引其为东宫学士，简文帝撰写《长春义记》时，曾让沈文阿撮合异闻，对该书进行增补。

后来侯景乱起，简文帝派沈文阿招募士卒，保卫都城。台城失陷后，沈文阿又与张嵊一同保卫吴兴，但被侯景打败，文阿逃跑，在山林间东躲西藏。侯景素来听说文阿的大名，便派部下四处追索，欲使文阿为其所用。文阿走投无路，只好爬到树上准备自缢，但被人救起，由于树太高，文阿从上面摔下来，折断了左臂。

"侯景之乱"被平定后，陈霸先逐渐掌握了大权，他对文阿深为赞赏，提拔他做了原乡令。梁敬帝绍泰元年（555），沈文阿入朝为国子博士，不久又任步兵校尉。陈朝建立后，沈文阿先后任通直散骑常侍、廷尉卿等职，撰有《春秋义记》、《孝经义记》、《论语义记》等书七十多卷，《经典大义》十八卷，行通于当世。

236. 陆襄一生有什么业绩?

陆襄在担任鄱阳内史的时候，郡内有个人叫鲜于琮，常年修道服食丹药。鲜于琮进山采药时，曾捡到五色旗和石玺，他住的屋子上面又常常有奇异的云气，所以很多百姓都很迷信他，奉他为神。梁武帝大同元年（535），鲜于琮纠集门徒攻杀了广晋县令王筠，自己设置官署，建号上愿元年。他前后纠集了上万名徒众，准备带领他们攻打郡邑。陆襄得到消息，已经率先布防。等到鲜于琮一来，一战就击溃了这帮乌合之众，活捉了鲜于琮。当时邻郡官员都在清查鲜于琮的同党，他们收受贿赂，所以冤枉连累了很多无辜的民众。只有陆襄所在的州郡没有出现这种情况。当时有人就作了一首歌谣说："鲜于抄后善恶分，人无横死赖陆君。"鄱阳境内又有彭姓、李姓两家人，起先因一点小事闹矛盾，就互相到官府诬告对方。陆襄了解情况后，就把他们引入内室，好言相劝，又设宴款待他们。两人感激不尽，就尽释前嫌，握手和好，酒宴后陆襄又用自己的车子送他们一起回家。当时人因此又作了一首歌谣称赞陆襄："陆君政，无怨家。斗既罢，仇共车。"陆襄在任六年，政绩卓著，百姓无不交口称赞。郡中百姓四百多人到朝廷上表，称赞陆襄的德政，请求为他立碑，皇帝降旨准许。他们又上表请求让陆襄留在鄱阳，因陆襄坚决要求回京，方才作罢。

侯景攻陷台城时，陆襄当时任度支尚书。他从台城逃出来，到了吴郡，被吴郡的义军推举为郡守，率领义军和叛军周旋，后来兵败，忧愤而死。

237. 陆杲、陆煦兄弟是什么人?

陆杲（gǎo），擅长书法绘画，风采出众。梁武帝天监五年（505），陆杲任御史中丞。他执法严明，不徇私情，不畏强权。山阴县令虞肩在任贪污钱财数百万，陆杲将他拘捕，准备依法处置。中书舍人黄睦之为虞肩说情，陆杲置之不理。梁武帝萧衍听说后，就召来陆杲，问他有没有这回事。陆杲说有。武帝又问陆杲："陆卿认识黄睦之吗?"陆杲回答："不认识。"当时黄睦之正好就在一旁侍立。萧衍用手一指："这就是。"陆杲毫不留情地说："黄君是个小人，怎么能为罪人开脱呢?"黄睦之顿时脸色涨红，羞得无地自容。后来，陆杲又弹劾他的从舅张稷。张稷借侍宴的机会，向武帝抱怨陆杲不讲情面。武帝说："这是陆杲的职务所在，张卿怎么能怪罪他呢!"

陆杲的弟弟陆煦，担任太子家令。他学问精深，有《陆史》十五卷、《陆氏骊泉志》一卷，流传于世。

238. 侯瑱建立过什么功勋?

侯瑱，南朝乱世将领之一，先用事于萧梁，后归降侯景，最后投奔陈霸先。

侯瑱是巴西充国人（今四川南充），父亲叫侯弘远，其家族是西蜀豪强。当时张文萼在白崖山聚众万人，占山为王，梁益州（今成都）刺史鄱阳王萧范任命侯弘远讨伐，侯弘远不幸战死。侯瑱带兵为父亲复仇，每次都在前面冲锋陷阵，最后斩杀了张文萼，从此声名大振。萧范死后，其部卒由侯瑱统率。

侯景之乱起，侯瑱率部投降侯景，侯景看到他与自己同姓，非常高兴，引为同宗兄弟，很器重他。但是，侯景对他并不放心，一方面派他外出征战，一方面又扣下他的妻子儿女作为人质。后来，侯景在巴陵战败，侯瑱乘机诛杀侯景党羽，依附梁朝，侯景马上杀了他的妻子儿女。侯瑱在王僧辩的都督下，讨伐侯景，在吴松江大败侯景。

侯瑱又与北齐、魏多次交战，把他们的统帅元建、慕容恃德等杀得大败。王僧辩被陈霸先杀死后，侯瑱势力强大，一度拥兵自重，不肯归顺陈霸先。其部下将领侯方儿在侯瑱带兵攻打余孝顷的时候，把侯瑱军府中妓妾财物洗劫一空，归顺了陈霸先。侯瑱这时进退失据，经过一番思想斗争，觉得武帝陈霸先宽容大度，能容人，于是依附了他。陈霸先既往不咎，恢复了他的爵位。

与梁朝将领王琳的芜湖之战是侯瑱一生中的经典战例。王琳是梁朝的坚定拥护者，也是陈氏一统南朝的最大障碍。天嘉元年（560），王琳率领合肥巢湖的部队来犯，侯瑱率军迎战。初一交战，王琳军退却。这时，西魏大将史宁也率军而来。王琳害怕军队溃败，于是率军坐船东下，停泊在离芜湖十里的地方。不久，北齐军队与王琳联合起来，共同对抗侯瑱。侯瑱面对强敌，处变不惊，只是命令部下烧火做饭，严阵以待。两军刚要交战，这时忽然从东南方吹来微风，于是侯瑱施以火攻，定州刺史章昭达乘大船从中江进攻，王琳大败，部下逃脱的仅十之二三，从此王琳一蹶不振，投降北齐。

239. 侯安都身居高位为什么却被赐死?

侯安都，南朝时陈朝著名将领，字成师，出生于始兴曲江（今韶关南）的名门望族。他能诗善文，棋琴书画，无所不通，五言诗也写得清丽可人，又擅长骑射，是一个文武双全的将才。侯景之乱爆发后，他招集三千人马投奔陈霸先，在平定侯景之乱中立了大功，被任命为兰陵太守。后又在跟随陈霸先建立陈家天下过程中屡立奇功：他亲自带兵出击袭敌，生擒王僧辩；又奉命率军打败徐嗣徽，督水师南破余孝顷与萧孜；与梁朝将领王琳的军队经过几次激烈的战斗后，又大败王琳部下将领周炅、周协，并生擒了他们，为陈朝打下了半壁江山。

陈武帝陈霸先死后，侯安都与临川王还朝。这时，朝中为争帝位的事相持不下。太后力主拥衡阳王当皇帝，侯安都按剑上殿，说到："临川王为打下陈家天下立了大功，我们应当拥戴他当皇帝，今天的事就这样定了，反对的杀无赦。"他让太后拿出玉玺，把临川王推向了皇帝的宝座，是为陈文帝。文帝封他为司空，兼南徐州刺史。安都后又杀掉了文帝的竞争者衡阳王陈昌，被晋爵为清远郡公。后加封为侍中、征北大将军，朝廷并立碑颂扬他的功绩，连他的九岁儿子也当上了官。侯安都从此自认为功安社稷，日渐骄横，行为经常越轨，部下将士违反法度，他都予以包庇。有一次，侯安都陪陈文帝宴饮赏乐，问文帝道："当皇帝与做临川王感觉何如?"文帝不应答，他又重复问，文帝才回答说："这虽是天命，但也得益于你的帮助。"宴饮完毕，侯安都又要求带妻妾到御堂欢会，文帝表面上答应，心中已非常恼怒。从此，文帝暗暗做准备，决心除掉安都。天嘉四年（563）春，文帝坐收侯安都于嘉德殿，翌日赐死，葬以士礼，其妻子家口不予追究。

240. 杜稜在迎立陈文帝即位一事中有什么功劳?

杜稜，字雄盛，吴郡钱塘人（今浙江杭州）。少年时读过一些书，过了一段落魄的生活。后来投奔陈武帝陈霸先，在平定“侯景之乱”中立了功。“侯景之乱”平定后，陈武帝准备杀掉王僧辩，召侯安都和杜稜等密议，杜稜不同意此次行动。武帝害怕他泄露消息，于是用手巾把他绞晕，关到密室里，军队行动了，才召他同行。后来王僧辩为侯安都生擒。

永定元年（557），杜稜被任命为侍中、中领军。武帝驾崩时，后来的文帝时为临川王的陈蒨正在南皖（今安徽安庆市西）。这时陈朝内无嫡嗣，外有强敌，侯安都、侯瑱等都在外面领军打仗，朝廷宿将，只有杜稜在皇都独掌禁军。于是，他与蔡景历等秘不发丧，一心等着临川王回来。侯安都与临川王兼程赶回，夺取了帝位。杜稜因功封为永城县侯。

241. 孔奂身为高官是怎样做到清白自守的?

陈朝侍中孔奂，幼年丧父，由叔父抚养成人。他勤奋好学，博闻多识，富于文采。梁武帝末年，河南王侯景叛乱，攻陷建康，孔奂当时任尚书仪曹侍郎，和许多在朝的大臣都被拘押起来。有人向侯景的亲信侯子鉴推荐了孔奂，侯子鉴就放了孔奂，并让他掌管文书。侯子鉴权力很大，朝臣们无不曲意逢迎，只有孔奂刚直不阿。侯景的将士在台城里为非作歹，烧杀抢掠，孔奂总是竭尽全力地保护民众，很多人因此才免于一死。

陈武帝受禅建陈后，孔奂出任晋陵太守。晋陵从宋、齐以来已经成为大郡，虽屡经战火，但仍然很富庶，历任州郡长官无不大肆搜刮，鱼肉百姓。孔奂赴任时，不带妻子儿女，自己独自乘着一只小船前往府衙。每次官俸一领，他马上就分发给生活困难的老弱孤寡，自己则过着简朴的日子。有个富人看见他的住处太简陋了，就要送给他一块毛毡，他婉言谢绝了。他说：“我身为太守，俸禄优厚，怎么能置办不起这个东西？我只是考虑到有些百姓温饱还尚未解决，我怎能独自享用这些呢?”孔奂在晋陵为政清廉，爱护百姓，因此当地百姓亲切地称他“神君”。

陈文帝时，孔奂被任命为御史中丞。他性情刚直，敢于进谏，秉公执法，朝中百官都很敬畏他。文帝病重，他任五兵尚书，奉命和仆射到仲举一起处理政事。有一次，他和仆射到仲举、吏部尚书袁枢以及文帝的弟弟安成王陈顼一起去探望文帝病情，文帝对大家说：“现在天下三足鼎立，需要年长的君王来统治。我想效法殷代兄终弟即的做法，把皇位传给弟弟，你们要遵从我的意思。”孔奂当即跪下，流着眼泪回答说：“陛下不久就会痊愈，太子已经长大成人，废黜太子的事情，臣不敢听。”文帝感叹说：“在爱卿身上，我看到了古代忠臣的耿直品德。”太子因而保住了地位，文帝并命孔奂担任太子詹事，辅佐教导太子。

陈宣帝在位时，孔奂担任吏部尚书。他选用官员，公正无私，不受王公贵族或亲戚朋友的请托。凡是他所提拔的人，朝臣无不心悦诚服。始兴王陈叔陵镇守湘州时，屡次暗示孔奂想要入朝做三公，孔奂说：“这个位置必须授予有德行的人，皇亲国戚未必就能授予。”陈后主当时还在东宫做太子，他想让自己宠信的江总担任太子詹事，派人私下对孔奂说，孔奂不同意。陈后主怀恨在心，就自己对宣帝提出来。孔奂反对说：“江总文学之士，华而不实，现在太子文采出众，并不需要他这方面的帮助；依臣之见，倒应该选用敦厚持重之人来辅佐太子。我看都官尚书王廓就可以胜任此职。”陈后主站在宣帝身旁争论了半天，终于让江总当上了太子詹事，孔奂也因此得罪了陈后主。

242. 江总有什么文学成就?

江总，字总持，祖籍济阳考城（今河南兰考）人。五世祖江湛是宋文帝末年的吏部尚书，家世显贵。江总早年丧父，依靠舅家萧氏成长。梁时曾历任尚书殿中郎、太子舍人、太常卿等官。侯景攻陷台城时，他避难会稽，后来又流寓广州多年。陈文帝天嘉四年（563），江总被征回建康，任中书侍郎。江总后任太子詹事，与太子陈叔宝接近。陈叔宝即位为陈后主，江总历任吏部尚书、尚书仆射、尚书令等要职。他居官不理朝政，只是和陈后主、陈暄、孔范等人在后庭纵酒赋诗，被当时人称为“狎客”。隋文帝平陈后，江总进入长安，依然显贵，官居上开府。隋开皇十四年（594），江总在江都去世，终年七十六岁。

江总天资聪颖，才华高妙，是陈朝著名的文人。他善长写五言、七言诗，流丽缠绵，风格浮艳，号称艳诗，深受陈后主赏识宠爱。他的这些艳诗在当时及后世广为流传，影响很大。江总虽以艳诗著称，但他留存下来的诗中还有不少清新朴素的作品，大多是离乱或亡国之后所作，诗风清劲，一洗宫体诗的脂粉气，表现了他作品风格的另一面。

243. 王猛有什么事迹传世?

王猛，陈武帝时金紫光禄大夫王清之子。王猛五岁时，父亲王清遇害，母亲带着他逃到会稽，才免于被株连。他长大后勤奋好学，博览群书，熟习兵法，为人意气慷慨，渴望建功立业。因父亲王清是陈文帝所杀，所以在文帝当政时，他一直不听音乐，粗食布衣，以丧礼自处。到陈宣帝时，他才出来求取功名，先后担任鄱阳王府中兵参军、太子右卫率等职。在任晋陵太守期间，他严政爱民，宽猛相济，境内大治，盗贼绝迹，因而赢得了良好的声誉，郡中民众把他比做汉代良吏赵广汉。陈后主即位初年，王猛升任左骁骑将军，很受后主的信任和重用。广州刺史马靖不服从朝廷命令，王猛受命率兵讨伐，所到之处望风而定，马靖也被擒押送到京。祯明二年（588），王猛被授予镇南大将军，都督二十四州诸军事，不久朝廷又令他镇守广州。他还未到任，隋朝的军队就已经渡过长江，进攻建康。王猛当即率领部下前往救援。建康失守的消息传来，王猛就下令将士白衣素服，为国哀悼，并且整顿兵马，沿江据守。后来他知道后主已经投降隋朝，才派人前往京师投诚。隋文帝很赏识他的忠义之举，当日就下诏王猛仍然留守治理岭南。王猛的妻子儿女随同陈后主一起进入关中，文帝赏赐给他家的宅第财物很丰厚，并派遣使者前往慰劳王猛。岭南山越人叛乱，王猛平定了叛乱，派人向文帝报告，文帝大喜，降下手书褒奖。不久王猛在广州去世，文帝听到后十分悲痛，立即派遣使者前往吊祭，并追封王猛为归仁县公。

244. 褚玠任山阴令时政绩如何?

陈宣帝太建年间，山阴县有很多不守法度的豪强大族，很难治理，朝廷派去的历任县令都因贪污被免职。陈宣帝很忧虑，让中书舍人蔡景历选择合适的官员，蔡景历就推荐了中书侍郎褚玠。褚玠上任后，山阴县民张次的、王休达等人勾结一些小吏狼狈为奸，隐匿了很多户口。褚玠就把张次的等拘押起来，把情况向上级汇报。宣帝降下手书慰劳褚玠，并派使者协助褚玠，最后简括出被豪强隐藏的人口军民八百多户。当时山阴县里有个富户陈信，巴结上宣帝宠信的舍人曹义达，陈信的父亲因此仗势欺人，横行乡里，为非作歹。褚玠不畏权势，派人把陈信父亲抓来，打了一百鞭，从此官民都很畏惧褚玠，不敢再轻举妄动。但是后来陈信还是通过曹义达向宣帝进谗言，褚玠因此被免去了山阴县令的职务。

褚玠在任只有一年多，清廉自守，平时的收入只有俸禄。因此在离任之时，他没有足够的路费回京，就只好暂时留在山阴县，靠种蔬菜维持生活。皇太子听说后，就亲自写了一封信，赐给他粟米两百斛，他这才得以返回京城。

245. 徐世谱建立过什么功勋?

徐世谱，字兴宗，巴东鱼复（今四川奉节）人，世代都是镇荆州的主帅。徐世谱膂力过人，作战勇敢，尤其善于水战，在平定“侯景之乱”和辅佐陈霸先称帝过程中建立了卓著功勋。

侯景乱起，他带领水军在司徒陆法和的节度下，与侯景在赤亭湖展开大战。当时，侯景军队气势很盛，世谱于是打造楼船、火舫及水车等来增加军威。快要开战时，他又乘大船一马当先，于是军队气势大壮，侯景被打得大败，侯军大将任约也被擒。接着，徐世谱又随王僧辩攻打郢州，在迫使宋子仙投降中起了很大作用，以军功被任命为信州刺史，封鱼复县侯。

绍泰元年（555），徐世谱被任命为侍中、左卫将军。陈武帝霸先在与王琳的对抗战中，所有的水战用具，都由徐世谱打造。徐世谱机巧过人，既精通旧有的制造方法，又能随时随地根据具体情况对器具加以改造变通，常常妙思迭出。永定二年（558），被任命为护军将军，文帝即位，又封为右光禄大夫。死后谥号为“桓”。

246. 萧摩诃在军事方面有什么突出表现?

萧摩诃，字元胤，在他只有几岁的时候，父亲便死了，由姐夫蔡路养抚养长大。摩诃不善言辞，但作战勇敢，勇力过人且有谋略，在战场上有关羽、张飞之威，是陈朝不可多得的名将，在多次对敌作战中均有卓越表现。

侯景作乱的时候，陈霸先带兵支援建邺，蔡路养率兵抵抗陈霸先。萧摩诃当时只有十三岁，他单骑出战，陈氏军中竟无可抵挡者。蔡路养被打败后，萧摩诃归顺了侯安都。后来任约、徐嗣徽引北齐军队攻打南朝，侯安都带兵抵抗，安都对萧摩诃说：“素闻你骁勇有名，千闻不如一见哪。”摩诃回答说：“今天让你见一见。”两军开战时，侯安都不幸从马上坠下，被敌人围住，摩诃单骑杀向齐军，把安都救出。

太建五年（573），萧摩诃随都督吴明彻渡过长江攻打秦郡（今江苏六合），这时北齐派尉破胡等率众十万前来支援，北齐军队精良，前面有旗号为“苍头”、“犀角”、“大力”等的劲旅，个个都身长八尺，膂力绝伦，加之又有个西域胡人，箭法神通，从不虚发，南陈军队有点怯阵。开战前，吴明彻对萧摩诃说：“如果杀了西域胡人，就可打击对方的军威，你也可赢得关、张一样的威名，简直可斩杀颜良了。”萧摩诃探明胡人的长相，饮过吴明彻敬的酒，驰马上阵，胡人应战，摩诃不及他发箭，便拿一把小矛远远地掷过去，正中胡人的额头，胡人应声落马。齐军“大力”阵营中又有十余人出来迎战，摩诃又斩杀了他们，北齐军败退。摩诃以功被封为廉平县伯，后又以功被任命为晋熙太守。

太建九年，吴明彻进军吕梁（在今江苏铜山县），与北齐展开大战，萧摩诃率七骑先入敌阵，亲手夺取了齐军大旗，齐军溃退，萧摩诃以功被任命为谯州（今安徽蒙城）刺史。

周武帝又派大将宇文忻来争夺吕梁，当时宇文忻有精骑几千，萧摩诃只带领十二骑杀入周军，横冲直撞，杀死了很多敌人。后来，北周又派来援兵，截断陈军后路，萧摩诃又乘着夜色率精兵八千骑突围而走，以功被任命为右卫将军。隋文帝杨坚灭陈后，归附隋朝，后因谋反被诛。

247. 陈武帝为什么对蔡景历非常器重?

蔡景历，字茂世，是济阳考城（今河南兰考）人。其祖父蔡点曾为梁尚书左户侍郎，到他父亲时家道衰落。蔡景历相貌俊爽，家里虽然贫困但勤奋好学，草隶兼工，尤其写得一手好公文。“侯景之乱”平定后，陈霸先镇守朱方（今江苏镇江），他早就听说蔡景历的大名，于是修书一封邀请他来归附。蔡景历马上当着信使的面回信，一气呵成，一刻也没有停笔，并且一点也不需改动。陈霸先拿到回信，更加钦佩欣赏，当天就任命他为征北府中记室参军，从此成为陈霸先的头号笔杆子，随同南征北战，深受霸先器重。

陈霸先密谋诛杀王僧辩的时候，只与侯安都等极少数人商议，蔡景历也不知道，等到事情准备妥当，陈霸先马上召蔡景历写檄文，景历拿笔一挥而就，并且辞义既激奋人心，用语又合适恰当。陈霸先当上皇帝后，升他为秘书监、中书通事舍人，专门为皇帝写诏诰。

248. 韩子高为什么被赐死?

韩子高，会稽山阴（今浙江绍兴）人，出身微贱，年少时容貌美丽，长得像女人。“侯景之乱”爆发的时候，他寄居在都下。当时的临川王即后来的陈文帝恰好出守吴兴（今浙江湖州），看到他便问：“愿意侍候我吗?”韩子高欣然答应，文帝便把他原来的名字蛮子改成了子高。韩子高在文帝身边努力学习骑马射箭，慢慢成了有胆有识的人，平定杜龛的军队后，文帝便划拨一部分人马给他带。

文帝讨伐张彪时，张彪手下沈泰等投降，文帝占有了城池，这时周文育镇守在香岩寺。不料张彪夜里发动偷袭，文帝不敌，仓皇逃跑，韩子高处乱不惊，收拢溃乱的散兵，与周文育会合，第二天打败了张彪。韩子高保护文帝有功，文帝于是又划拨了很多人马给子高率领。子高轻财重士，又另有很多将士归顺了他。

文帝登基后，任命韩子高为右军将军，封为文招县子。扫平王琳后，又有许多将士归顺他，他的部众就更多了。废帝即位后，由陈宣帝辅佐，韩子高被加封为散骑常侍。这时，子高想到自己兵权过重，深感不安。果然，光大元年（567）八月，前上虞县令陆昉和子高的军主告发子高谋反，陈宣帝便借召集文武大臣商议立皇太子的机会，擒拿了韩子高，不久被赐死，但对他的父亲和他的儿女都不予追究。

249. 沈炯被北魏所俘为什么又能回到南朝？

沈炯，字初明，吴兴武康（今浙江德清）人，才华横溢，在当时即享有盛名。侯景作乱的时候，叛军大将宋子仙占据吴兴，派人请沈炯掌书记之职，沈炯借口有病推辞，触怒宋子仙，宋子仙命人斩杀他，幸亏有人相救，得以不死。宋子仙被打败后，王僧辩用重金悬赏寻求他，找到他的人得赏金十万，于是沈炯为王僧辩所用。王僧辩与陈霸先在白茅湾歃血为盟，盟文就是出自沈炯之手。后来侯景东奔吴郡，把沈炯的妻子儿女捉来杀了，其弟弟带着母亲逃脱。“侯景之乱”平定后，梁元帝非常同情他，封他为原乡侯，后又征为给事黄门侍郎，领尚书左丞。

北魏攻下荆州时，沈炯被俘，但北人对他甚为礼遇，授他仪同三司的官职。沈炯在北魏很不安心，想念母亲，老是想着回归南朝。他害怕因为自己文才太盛，会被北魏长期扣留，于是闭门纳户，不与人交往，偶尔写有文章，便马上毁掉，不让它流传开。一次曾经单独经过汉武帝时筑的通天台，于是便对着通天台上奏，诉说自己的思乡之情，辞义感人，不胜哀怨。当天夜里，沈炯做了个梦，梦见自己到了一个禁卫森严的宫殿所在，于是他把自己的思乡之情又予以陈诉。朦胧之间，他听到有人对他说，不久就放他回去。果然过了几天，他和王克等获准东归，不久回到南朝。

250. 傅縡为什么被下狱治罪？

傅縡（zài），字宜事，北地灵州（今宁夏灵武）人，自小聪敏过人，七岁时便能背诵十余万言的古诗赋。事陈文帝时深受器重，曾为撰史学士、骠骑安成王中记室、太子庶子等职。陈后主即位后，因其文思敏捷，写文章不用打草稿便能一气呵成，且成文后不用修改，又受后主倚重。傅縡性格刚直倔强，加之有时恃才傲物，甚至凌侮人，因而朝中之人对他多有怀恨。当时的佞臣施文庆、沈客卿等乘机谮毁他，后主相信，于是把他投入监狱。刚直倔强的傅縡非常忧愤，于是在狱中给后主上书说："做君主的，应当对上虔诚地侍奉上天，对下爱护黎民百姓，节制一己之欲，疏远佞臣，旰衣宵食地工作。但是陛下酒色过度，任用小人，恶忠臣如仇敌，看百姓是野草。宫中妾婢穿着拖地的长绣裙，厩里马匹饱得连豆粟都不想吃，百姓却流离失所，饿死不得葬，尸体抛弃在荒野上。天怒民怨，众叛亲离，我看陈朝就要完了。"陈后主看后大怒，派人告诉傅縡说："你能改过吗？你能改过，我就免你的罪。"傅縡坚决拒绝，答道："我的心同我的面貌一样，如果我的面貌可以改，那么，我的心也可以改。"陈后主更是怒不可遏，便杀了傅縡。

251. 姚察在南朝有什么事迹见于记载？

姚察，字伯审，吴兴武康（今浙江德清）人，历仕梁、陈、隋三朝，皆为当朝者所重，是南朝著名的大学者、历史学家。

姚察从小就特别喜欢读书，不好玩耍嬉戏，性至孝，在当时以孝顺闻名。六岁的时候就能背诵上万言的书，十二岁的时候就能写文章。当时，梁简文帝萧纲还在东宫当太子，他经常让才十三岁的姚察到皇宫里一个叫宣猷堂的讲堂，在那里听讲并参加辩论，一些年迈学者对姚察称赞有加。等到萧纲即位当了皇帝，就让姚察做南海王国左常侍，兼司文侍郎。梁元帝萧绎上台后，任姚察为原乡令。

梁朝灭亡之后，姚察仕陈，于太建初年（569）补宣明殿学士。沛国的刘臻曾经就《汉书》的一些疑难问题向他请教，他为之深入分析，有根有据，刘臻大为叹服。姚察为人极有主见，从不顺时随俗，随波逐流。陈宣帝想祭祀天地，就音乐的设置一事让大家讨论，并说出自己的意见。当时的硕学名儒都对宣帝随声附和，独姚察意见与大家不一样，他引经据典，让大家非常信服。

姚察在陈朝官至给事黄门侍郎、度支和吏部二尚书，位居显要。

他生活极其简朴，立下规矩，一律不因私事和人往来。曾有一次他的学生来拜访他，不敢送重礼，只是送了少许丝织品。姚察对他说："我穿衣服，只用粗麻布就够了，这些物品对我毫无用处，如果大家诚心交往，就不要这样。"来人一再坚持，姚察于是厉言把他赶出，从此无人再敢给他送礼。

陈朝亡后他入隋做官，隋文帝对他非常欣赏，一次曾对朝臣说："姚察的学识和品德无人能比，我灭亡陈朝，只得到他一人。"姚察死后立遗嘱薄葬，棺材只用薄松板做成，不立灵位，祭奠时用一般的普通菜果即可，不可特意购买。

姚察一生勤奋著述，到老也不懈倦。其著作主要有《汉书训纂》三十卷、《说林》十卷、《西聘》、《玉玺》、《建康三钟》等记各一卷；所撰写的《梁史》、《陈史》没有写完，后由其子姚思廉完成。

252. 沈洙在经学方面有什么造诣?

沈洙，字弘道，吴兴武康（今浙江德清）人，他的父亲沈山卿是南朝梁的国子博士、中散大夫。在良好的家学氛围熏陶下，沈洙从小爱好学习，而不热衷于四处交游。他刻苦勤奋，博闻强记，在年轻的时候便有着颇深的经学造诣，精通《三礼》、《春秋左氏传》，于经史诸书，几乎没有能难倒他的问题。在只有二十几岁的时候，他便在梁朝担任尚书祀部郎，深受时人器重。"侯景之乱"爆发，沈洙逃到临安，在那里遇到后来的陈文帝，陈文帝曾亲自向他学习经学。"侯景之乱"被平定后，陈霸先掌握梁朝的实际权力，任命沈洙为国子博士，与沈文阿一同执掌仪礼。

陈霸先受禅即帝位后，又加授沈洙为员外散骑常侍，位至扬州别驾从事史、大匠卿。这时朝中发生了一件事关国家风化大仪的棘手之事，沈洙利用自己深厚的经学知识为武帝陈霸先圆满解决了这一难题。事情的原委是这样的：建康令沈孝轨到北周去迎接父亲的灵柩，但很长时间都没有返回，家中老小为此已经服丧很长时间，由此给个人生活造成了很大不便，尤其影响年轻人的婚嫁大事。沈孝轨的门生陈三儿上书陈述此事，除丧还是不除丧，请求陈武帝定夺。当时中原沦陷，南北对立，又值"侯景之乱"平定不久，百姓在异地身死难葬的事极为普遍，可以说沈孝轨家的事在当时具有很大代表性。陈武帝咨询沈洙，沈洙认为“礼有变正，又有从宜”，既要遵守《礼记》的有关规定，又要根据实际情况权加变通，在东晋已有这样的做法。现在既然沈孝轨归期未定，在家的老小可以除去丧服，暂不举行祭奠，待沈孝轨迎柩回来再行改葬之礼。沈洙娓娓道来，引经据典，既有历史深度，又符合当下现实，既不违背有关礼仪，又具有人情味，说服力极强，陈武帝极为赞肯。

253. 郑灼和贺德基为求学有什么逸事流传?

郑灼，字茂昭，东阳信安（今浙江衢州）人，从小聪明过人，且有志于儒学，很小便向当时的大儒皇侃学习儒学。郑灼学习时心不旁骛，专心精思，以致做梦都梦到他的老师皇侃。有一次，他梦见在路上遇到皇侃，皇侃对他说：“郑郎把口张开。”郑灼于是把口张开，皇侃便往里唾了一口。据说从此以后，郑灼对义理的理解掌握大大精进。郑灼家中贫寒，常常夜以继日地手抄义疏，笔头用平了，便用刀削尖重复使用，且常常靠吃菜蔬度日。但他学习的劲头并没有因此有丝毫的松懈，终于精通了儒学，尤其擅长《三礼》，为时人所重。在梁曾位至中书通事舍人，在陈曾任中散大夫，后兼国子博士，但还没上任便死了。

贺德基，字承业，他的祖父贺文发，父亲贺淹，皆以儒为业，在梁朝都曾任祀部郎，在当时很有名气。受家学氛围影响，贺德基也醉心儒学，年少时曾游学都下，一连几年不回家，因而所带财资用尽，衣物也破旧不堪。严冬时节，因不愿穿破旧衣服，便只穿夹衣夹裤，结果冷得瑟瑟发抖。贺德基一次在白马寺遇到一位着盛装的贵妇人，贵妇人叫他入寺，脱下白纶巾送给他，并且说：“你将不久于贫寒，要成为重器了，故把此物送给你。”贵妇没有留下姓名就走了。后来，贺德基终于以精通《礼记》位至尚书祀部郎，虽然官不大，但一家三代皆因通儒学而位至此官，在当时传为美谈。

254. 顾越有什么为人称道的经历?

顾越，字允南，吴郡盐官（今浙江海宁）人，所居住的地方叫新坂黄冈，历代都有乡校，因而顾氏一门多精通儒学之辈，顾越家中更是世代相传儒学，并且有人专门教授。顾越从小便聪明过人，有辩才，学习起来不舍昼夜，很有拼劲。弱冠之年曾游学都下，遇到通儒硕学，定要登门造访，就疑难问题进行请教，从不知疲倦。不久，他便诸子经艺，无所不通，尤其擅长《毛诗》、《老子》、《庄子》，长于论难，并且诗文、公文兼擅，为时人所重。当时太子詹事周舍以精通儒学受到器重，是当时的知名人士。他见到顾越，大为叹异，便让哥哥的儿子弘正、弘直与他交游，互相学习。当时，会稽的贺文发经史兼通，名重一时，与顾越被时人称为发、越。

顾越的才能不久受到了朝廷的注意，梁武帝便任命顾越为南平元襄王萧伟右常侍，不久为行参军。大通中（528），梁武帝命飚勇将军陈庆之送投降南朝的魏北海王元颢返回北魏，入主朝政。陈庆之素闻顾越的才能，便邀请顾越与他一同前往北魏。陈庆之一路上所向披靡，直抵洛阳。但是元颢入主朝政后，日益骄纵，弄得上下离心。这引起顾越的警觉，顾越认为再呆下去定有祸害，于是托口有病往南朝赶。刚抵达彭城，陈庆之就遭到失败，后陈庆之化装成和尚才得以安全返回。顾越在这一事件中表现出的先见和机识，受到时人的赞赏。回到南朝后，顾越被任命为安西湘东王府参军。

“侯景之乱”爆发后，顾越逃难东归，侯景素闻他的大名，便多次相召，并授以爵位，但顾越坚决不赴命。承圣二年（553），顾越被任命为宣惠晋安王府咨议参军，领国子博士。但是顾越认为世路未平，无心仕进，于是回到乡里，在武丘山栖居，与沈炯、张种、孔奂等人交游。绍泰元年（555），顾越复为国子博士。陈朝文帝天嘉年间，顾越被任命为东中郎鄱阳王府咨议参军，很受尊重。不久又领羽林监，升为给事黄门侍郎。当时朝廷处于初创阶段，有许多疑议难以决定的事情，顾越都能提出自己的见解，并多被采纳。废帝即位后，由宣帝辅政，有人到宣帝面前进谗言，说顾越打算煽动蕃镇为乱，于是顾越被罢官。后在太建元年死去，享年七十七岁。

顾越一生著述颇丰，撰有《丧服》、《毛诗》、《老子》、《孝经》、《论语》等义疏四十卷，并另撰有诗颂碑志等二百多篇行世。

255. 永阳王为什么要穿壁以观陆庆?

陆庆，吴郡（治所在今江苏苏州）人，从小聪颖好学，精通《五经》，特别擅长《春秋左氏传》，以节操高尚著称于时，在南朝梁曾担任娄令。陈代梁后，于天嘉初年征陆庆为通直散骑侍郎，但陆庆没有赴任。后来永阳王为吴郡太守，知道吴郡有个大名鼎鼎的陆庆，便想与陆庆相见，陆庆却以疾病为借口多次推托。有个叫陆荣的，是陆庆的同宗族人，任吴郡五官掾，陆庆有一次上门去拜访他，永阳王知道后，便微服进驻陆荣家，在陆家墙壁上穿了一个洞，从洞里偷视陆庆，为其神采折服。永阳王对陆荣称赞陆庆说："陆庆风神凝峻，深不可测，即使是严君平、郑子真恐怕都难以赶上他。"后来，鄱阳王、晋安王都征他以记室之职，他还是没有赴任，只是筑室隐居，天天以诵禅为能事。

256. 周迪作为叛将为什么百姓宁死也不愿意检举他?

周迪，临川南城（今江西南城东南）人，在山谷中长大，膂力过人，能挽强弓射箭，天天以打猎为能事。侯景乱起，周迪的同宗族人周续在临川起事，周迪招募了一批乡人投奔他。每次在战场上，周迪都英勇作战，在军中享有盛名。周续的部下，大多是豪族出身，有时不免骄横气盛，周续经常严厉约束，为部下所嫉恨，部下于是杀了周续推周迪为主帅。

陈霸先称帝后，梁朝将领王琳率军东下讨伐。周迪想自据南川，召集所管辖的八郡守宰结盟，陈王朝恐其有变，于是深结厚纳。周迪大败前来讨伐的王琳部下将领李孝钦等。陈文帝即位后，熊昙朗反叛，周迪与周敷等把熊昙朗打得大败。文帝于是让周迪出镇盆口，周迪持观望态度，不赴任。文帝又对有功的周敷等加官厚赏，周迪知道后心中甚是不平，于是暗地与叛将留异勾结。天嘉三年（562），文帝派江州刺史吴明彻都督众军，讨伐周迪，相持不下。章昭达攻打周迪，周迪大败，逃到山谷中。

以前侯景之乱爆发的时候，军队烧杀抢掠，老百姓也多弃本为盗。但是周迪的军队从不侵扰百姓，老百姓在其辖区安居乐业。周迪性格质朴，沉默少言，不修边幅，冬天穿短布袍，夏天穿普通薄衣服，凡事多身体力行。并且济危救困，广施财物，临川的老百姓非常拥戴他。这次被章昭达打败后，老百姓都守口如瓶，竭力隐藏，即使遭到杀戮也不出卖他。后来，周迪东山再起，又被文帝派程灵洗打败，再次躲入山中，不幸被临川太守骆文牙发觉，惨遭杀害。

257. 孙恩、卢循起义是怎么回事?

孙恩、卢循起义是东晋末年由渡江来南的低等士族孙恩、卢循以宗教为号召、在浙东发动的农民大起义，起义最后以失败告终。

孙恩，字灵秀，琅邪人；卢循，字于光，小名元龙，范阳涿（今河北涿县）人。

自东晋初以来，经百余年的开发，三吴地区成为江南重要的政治和经济中心，门阀世族在这里大量聚居，东晋政权的赋税徭役也多由此地负担。居住在三吴地区的国家编户农民生活悲惨。东晋末年，统治阶级内部争夺也异常激烈，王恭、桓玄等占据上游荆、江、襄等八州，专擅赋税，不事朝廷，东晋王朝仅能控制扬州，这就是由来已久的荆扬之争，此时渐趋白热化。为对付上游的威胁，当时操掌朝政的司马元显在加重赋税的同时，有鉴于北府兵不听指挥的现状，决定建立一支完全由自己控制的新军，于是强制征发浙东诸郡“免奴为客”的壮丁，担任兵役。命令一颁布，就搞得“东土嚣然，人不堪命，天下苦之矣”。

以此为契机，孙恩于隆安三年（399）十月，从海岛率百余众登陆，以宗教形式发动起义。起义军很快就攻破上虞（今浙江上虞）和会稽郡治山阴，部众在短期内骤然扩大到几万人。东晋皇朝马上任命司马元显为中军将军，命令谢琰（谢安之子）兼督吴兴、义兴军事，率军东征。北府兵著名将领，南徐、南兖二州刺史刘牢之，也从京口发兵。由于起义军被开始的胜利冲昏了头脑，没有对东晋王朝的军事反攻进行任何物质和精神上的准备，猝然应战，因而接连败退，孙恩被迫撤回海岛，重整军事以待时机。隆安四年（400）五月，孙恩率军再次登陆成功，并在山阴之战中大败官军，杀谢琰和其二子。但由于义军在浙东地区没有建立根据地，从而使人员和物资补给发生困难，加上孙恩本人优柔寡断，坐失许多战机，最后起义归于失败，孙恩投水自尽。

孙恩死后，起义军余众推举孙恩妹夫卢循为领袖继续斗争。卢循在东晋王朝军队尤其是刘裕军队的疯狂反击下失利，于是率部众进驻广州，初步建立起以番禺和始兴为中心的根据地。但是后来卢循没有抓住东晋统治集团内部争权夺利的机会进行反攻，而在对建康的北伐中又多次临阵迟疑，导致战机丧失，刘裕军队喘息过来后，全力反扑，义军惨败，卢循步孙恩后尘，也投水自尽。

258. 张丽华是什么人?

张丽华本为兵家之女，家境贫寒。陈叔宝做太子时，张丽华入宫为龚贵嫔侍者。陈叔宝因迷恋张丽华美貌而加为贵妃。张丽华生性聪慧，因而更加得宠。陈后主为张丽华等大造宫殿楼阁，极尽奢华，又与张贵妃以及女学士等诗酒唱和，并谱《玉树后庭花》等赞张丽华的美貌。张丽华发长七尺，浓密如漆，光可照人。她又聪慧过人，举止雍容娴雅；善于识记，长于察言观色。史称其利用鬼道迷惑后主。当时后主荒于政事，常常置张丽华于膝上，共决国事。张丽华因其聪明伶俐而受到宫廷内外的趋奉。而张氏亲族则仗势胡为，致使陈朝纲纪更加混乱。史称“（陈）后主嗣业，实败于椒房（后宫）。既曰牝晨①，亦惟家之索也”。实际上，陈朝的灭亡，几乎全部的责任都应归于陈后主君臣的贪于淫乐与不理国政，如果将亡国之过直接归于张丽华，实在是荒谬不过的愚顽之见。

259. 范晔在史学上有什么成就?

范晔，字蔚宗，顺阳（今河南淅川）人，南朝宋杰出的史学家，其史学成就集中体现在史学名著《后汉书》的创作和与此相关的史学理论上。

范晔创作的《后汉书》，自唐宋以来，与《史记》、《汉书》一起

---

① 古代称女性掌权为母鸡司晨或牝鸡司晨。

合称为三史，至清代，加上《三国志》合称四史，是屈指可数的史学名著。该史书记事上起汉光武帝刘秀建武元年（25），下讫汉献帝建安二十五年（220），井井有条地叙述了东汉一代的历史兴亡大势，错落有致地描画出东汉一代的社会政治、民情风俗与人物百态，囊括东汉一代一百九十六年的历史。范晔原计划写十纪、十志、八十列传，共合一百卷，但十志未成，他卷入朝廷内部斗争，以谋反罪名被杀。后来梁人刘昭注《后汉书》时，取西晋宗室司马彪的《续汉书》中的八志补范书之缺，故今仍称此志为《续汉志》。

《后汉书》巨大的史学成就历来受人褒扬。刘知几在《史通·补注》中称赞《后汉书》"简而且周，疏而不漏"，王应麟则说："史裁如范，千古能有几人?"考其究竟，《后汉书》主要在以下两方面取得了巨大成就：

首先，范晔特别重视史论。他采用论赞的形式明文评论史事，把史论作为重心，从而成为《后汉书》的一个特点。司马迁、班固和陈寿在他们的著作中也都明文评史，只是具体名目不同。《史记》称"太史公曰"，《汉书》为"赞"，《三国志》曰"评"。"论"、"赞"在《后汉书》中的重要性远在前面三书之上，因为范晔不但利用这种形式评论史实，还对某一历史人物或事件进行综述，从几个方面反复进行分析，对本传起到题解作用。范晔还继承了司马迁"通古今之变"的编撰思想。他在很多序、论中，打破朝代的断限，尽量地把某一历史现象的发生、发展及其结果描述清楚，尽量从历史形势发展上论述古今变异，总结历史发展的规律。例如，在《党锢列传》序中，范晔详细地论述了从春秋到汉末士风的变迁：战国时期重计谋、尊说士，因而诱导很多人饰巧驰辩进行钓利；汉高祖文礼简阔，引起人们的轻死重义，怨恚必仇；武帝崇尚儒学，又出现了党同伐异的纷争；到桓灵之际，主荒政谬，宦官当权，则造成清议的流行。一条线下来，非常清晰。在《党锢列传》序中，范晔还用四组矛盾的事物来比喻党锢问题所面临的矛盾，阐述了作者的朴素辩证法思想，这在过去的史书上是很少见的。

其次，范晔对史书的体例有所创新和变动。《后汉书》虽说在体例上承袭《汉书》，但又有新的创立。如专立《皇后纪》把后妃从外戚传里独立出来，类传增加了《党锢列传》、《宦官列传》、《文苑列传》、《独行列传》、《逸民列传》、《方术列传》、《列女传》七个新项，从而集中反映了当时的时代特点。尤为可贵的是，范晔首创《列女传》，并公开提出要记载“才行尤高秀者”，而不能只限于表扬贞节烈女，如他在书中就为并不符合礼教道德标准的才女蔡琰立传。这无疑在正史中为妇女争得一席地位，肯定了妇女的历史作用，在历史上是一大进步，表现了范晔的独到见识和无畏胆量。

除了以创作实践高标其巨大的史学成就外，范晔还总结出了先进的史学创作理论，这主要体现在他被杀之前所写的《狱中与诸甥侄书》一文中，该文对自己的长期史学实践进行了反思与总结，提出“以意为主，以文传意”的主张，表现了他对历史著作中文辞表达与历史认识关系的看法，对史学理论的发展做出了应有的贡献。范晔所说的“文”，指的是史家叙述历史的“文”，而其所说的“意”，则是指史家对历史的看法或者见解，“以意为主，以文传意”，指出了史家撰史的目的与其使用的手段之间的辩证统一关系。在范晔看来，史家撰史的目的是“传意”，即表达自己的历史见解，而为文只是实现这一目的的手段，这种手段必须服务于“传意”即表达自己的历史见解的目的，但同时又揭示了恰当的文辞表达的必要性。这是中国史学史上第一次从正面提出历史著作中“文”与“意”的关系命题，并且第一次直接强调了史识的极端重要性。

260.“二傅、沈、刘，不如一丘”说的是什么人？

丘仲孚，字公信，是丘灵鞠（南朝著名文人丘迟之父）的重孙，自幼喜欢读书，经常学习到深更半夜，这种刻苦精神深受时人赞叹，灵鞠常夸他是千里驹。齐永明初年，丘仲孚成为国子生。

入仕以前，因家里贫穷，丘仲孚曾有过一段不光彩的经历。他与人结帮为盗，在三吴一带劫掠。因仲孚为人聪明，有谋略，群盗对其言听计从，故每次行动都有所获，并一直没有被官府发觉。

后来仲孚入仕为于湖令，以能干出名。当时，太守是幸臣吕文显，他常动不动就对下属凌辱责骂，仲孚却不为之屈服。齐明帝即位后，仲孚为曲阿令，这时会稽太守王敬则乘朝廷不备反叛，部众直逼曲阿而来。仲孚沉着应战，挖开了长冈埭大坝，阻挡了王敬则的进军，后来王敬则被打败，仲孚因功升为山阴令，在这里他兢兢业业，赢得了很好的声誉，老百姓称赞说："二傅、沈、刘，不如一丘。"二傅是指傅琰父子，沈指沈宪，刘指刘玄明，他们都曾做过山阴令，并颇有政绩，但老百姓认为他们都不如丘仲孚。

由齐入梁后，仲孚深受梁武帝器重，先后任卫尉卿、豫章内史等职，更加勤勉廉洁，卒于任上，豫章老百姓得知消息后，携老扶幼，前来为其送葬，一度使运柩车不得前进。

261. 陶渊明在文学上有什么成就？

陶渊明，名潜，字元亮，世号靖节先生，浔阳柴桑（今江西九江附近）人。陶渊明的曾祖陶侃是东晋开国元勋，官至大司马，都督八州军事、荆江二州刺史，封长沙郡公。陶渊明的祖父做过太守，父亲早死，母亲是东晋名士孟嘉的女儿，到陶渊明时家道已经开始没落。陶渊明在当时只以隐士著称，他的文学作品并没有得到时人的高度评价。第一位发现陶渊明文学价值的人是南朝梁昭明太子萧统，萧统既推崇其人格又推崇其文学。到了宋朝，特别是经过苏轼、朱熹的弘扬，以及汤汉对其作品的诠释，陶渊明才真正确立了他在文学史上的崇高地位，这地位一直保持到今天，并获得了世界性声誉。

陶渊明是我国文学史上开宗立派的重要诗人。他所处的时代，形式主义文风盛行，诗坛上充斥着谈玄言理的玄言诗，玄言成分的过度膨胀，使诗歌偏离了艺术，从建安、正始、太康以来诗歌艺术正常发展的脉络中断了。正是陶渊明异军突起，以崭新的内容和形式的诗作卓立于诗坛，表现出革新精神，使诗歌艺术的脉络重新接上，并且增添了许多新的充满生机的因素。陶诗沿袭魏晋诗歌的古朴作风而进入更纯熟的境地，像一座里程碑标志着古朴的歌诗所能达到的高度。他成功地将"自然"提升为一种美的至境；将玄言诗注疏老庄所表达的玄理，改为日常生活中的哲理；使诗歌与日常生活相结合，并开创了田园诗这种新的题材。

陶渊明流传至今的诗歌有一百二十余首，陶诗的一大特点也是他的一种开创，就是将日常生活诗化，在日常生活中发现重要的意义和久而弥淳的诗味。在他以前，屈原、曹操、曹植、阮籍、陆机等等都着重于关乎国家政治的题材，陶渊明着重写普普通通的生活，用家常话写家常事，写得诗意盎然。陶诗中的“理”不是抽象的哲学说教，而是在生活中亲自体验到的，其中包涵着生活的情趣。陶诗表现了他对宇宙、历史和人生的认识，是探求其奥秘和意义的结晶，而这一切又是用格言一样既有情趣又有理趣的语言表现的，取得了言有尽而意无穷的效果。陶诗的另一好处是他善于在平淡中见警策，陶诗不仅仅是朴素，而是能在朴素中见绮丽。陶诗所描写的对象，往往是最平常的事物，如村舍、鸡犬、豆苗、桑麻、穷巷、荆扉，而且一切如实说来，没有什么奇特之处。然而一经诗人笔触，往往出现警策。陶诗很少用华丽的辞藻、夸张的手法，只是白描，朴朴素素，但读来却有滋有味，韵味悠长。

陶渊明在散文和辞赋创作上的成就，不亚于他的诗歌，特别是《五柳先生传》、《桃花源记》和《归去来兮辞》，这三篇最见其性情和思想，也最著名，他们与其诗歌一起奠定了陶渊明在文学史上的地位和影响。

陶渊明在文学史上地位崇高，以其极高的艺术造诣泽被后世人。钟嵘《诗品》称誉他为“古今隐逸诗人之宗”。可以说，历代有成就的诗人，几乎无不受到他的艺术熏陶，以至后世的“拟陶”、“和陶”诗不下上千首。李白、杜甫、白居易、苏轼、陆游等大诗人，都表示过对陶渊明其人其诗的赞美与仰慕。沈德潜《说诗晬语》云：“唐人祖述者，王右丞（王维）有其清腴，孟山人（孟浩然）有其闲远，储太祝（储光羲）有其朴实，韦左司（韦应物）有其冲和，柳仪曹（柳宗元）有其峻洁。”这说明，陶诗给了后代诗人多么丰富多彩的艺术营养，并且直接影响着唐代诗歌创作黄金时代的到来。

262. 陶弘景的生平如何？他撰修了哪些著作？

陶弘景，字通明，晚年号华阳陶隐居，是丹阳秣陵（今江苏南京东南）人，生于南朝宋孝武帝孝建三年（456），死于梁武帝大同二年（536），活了八十一岁，经历了南朝的宋、齐、梁三个朝代，是继葛洪之后我国古代又一个著名的炼丹家和医药家。

陶弘景的出生充满着神秘色彩，据说他的母亲梦见两个天人手拿香炉来到他们家中，不久其母便怀上了陶弘景。陶弘景自幼聪明过人，四五岁时就常“以荻为笔，画灰中学书”，稍稍长大更爱学习，“读书万余卷”，具有“一事不知，以为深耻”的钻研精神。据《南史》本传中记载，他在幼年的时候，练就一手好书法，草书、隶书写得很好，行书更是妙绝一时。他还未成年的时候，就被当时任南朝宋的宰相萧道成（即齐高帝）看中，为诸王侍读，在宫中任职。

陶弘景小的时候，曾经看过葛洪著的《神仙传》，受影响很大，立下了学仙养生的志向，后来其父被妾所害，陶弘景遂决定终身不娶。成年后，陶弘景身高七尺七寸，眉疏目朗，仪表俊秀，更有十余根毛从两耳孔长出约二寸，右膝有几十个黑痣呈七星文状，相貌神异。齐武帝永明十年（492），陶弘景辞去官职，隐居句容（今江苏省）茅山，一心钻研学问，修道炼丹，并遍游名山，寻访仙药。梁武帝萧衍天监四年（505），他移居积金东涧。

梁武帝即位后，曾多次以厚礼聘请陶弘景出山入仕，陶不从。于是每遇国家吉凶征讨大事，梁武帝都要前去向他请教咨询，并常有书信来往，当时的人称陶为“山中宰相”。

陶弘景知识渊博，成就是多方面的，在药物、冶炼、天文、地理、生物、数学等方面，都有一定贡献。永明十年（492）正式归隐茅山后，他对天文历算、地理方物、医药养生、金丹冶炼诸方面都有所著述，其著作主要有《学苑》百卷、《孝经》、《论语集注》、《真诰》、《真灵位业图》、《登真隐诀》、《肘后百一方》、《本草集注》、《图像集要》、《药总诀》、《导引养生图》、《养性延命录》、《合丹法式》、《集金丹黄白方》、《太清诸丹集要》以及《天文星算》、《帝代年历》等，可惜大多佚失不传。

263. 陶弘景对道教的发展做出了什么贡献?

陶弘景在道教史的贡献主要表现在三个方面，即总结发展上清派的修炼方术，创立茅山教团，完成对道教神仙信仰体系的建构。

陶弘景十分重视道教养生学的研究，他所著的《登真隐诀》一书，是一部抄录汇集诸《上清经》中有关方术秘诀的著作，专论上清派养生登仙之术，该书继承和总结了东晋以来上清派思神内视及导引、按摩等内修养生之术，并保存了部分天师道的请神上章、符咒驱鬼的方术，主张道士的修炼应从养神、炼形入手。为总结道教在养神、炼形方面的修炼经验，他又撰写了《养性延命录》一书，强调养神当“少思寡欲”，“游心虚静，息虑无为”，调节喜怒哀乐情绪，防止劳神伤心；炼形则要“饮食有节，起居有度”，避免过度辛劳和放纵淫乐，辅以导引、行气之术，方能延年益寿，长生久视。

陶弘景整理了杨羲 、许谧等人传教的史料 ，以顾欢的《真迹经》为底本编成了《真诰》一书 ，系统阐述了上清经派的历史，成为上清派实际的创始人，并且在茅山经营多年 ，开设道馆 ，广收门徒 ，开创了茅山派 。针对魏晋以后道教发展变化 ，神系混乱的实际情况 ，陶弘景编定了《真灵位业图》，对道教诸神仙排座次，编排了一个等级有序、统属分明、庞大完整的道教神仙谱系，从而完成了对道教神仙信仰体系的建构 。

264. 陶弘景在药物学上有什么贡献?

陶弘景在药物学方面的最大贡献，是对《神农本草经》的科学整理。

《神农本草经》总结了汉代以前劳动人民积累的药物知识，共收载药物三百六十五种，分成上、中、下三品。书中对每一味药的产地、性质、采集和主治的病症，都做了详细的记载。对各种药物如何配伍以及简单的制剂，都做了概述。但随着实践的不断深入，人们的药物知识渐趋丰富，到了南北朝时期，这本《神农本草经》分类粗糙的内容已不能满足实践的需要，加之该书辗转传抄，字义残缺，讹误较多，这一切引发了陶弘景对本草学做一次全面的总结的决心。

首先，陶氏在《神农本草经》仅三百六十五种药物的基础上又增加药物三百六十五种，使中国药物发展到七百三十种，并对《神农本草经》加以认真订正、调整、分类注释，编成《本草集注》一书。其次，他淡化了方士服石炼丹以求长生不老术给予编撰《神农本草经》的影响，改变其上中下三品分类法，创造性采用药物自然来源和性质，将七百三十种药物分为玉石、草木、虫鱼、禽兽、果菜、米食及有名无用等七大类，这种分类方法后来成为我国古代药物分类的标准方法，在以后的一千多年间，一直被沿用，并加以发展，如后来的唐《新修本草》、宋《经史证类本草》、明《本草纲目》等等，其分类法几乎无不采用此法或仅加调整充实而已。

在分类法上，陶氏还创用了根据对疾病的治疗作用分类法，即“诸病通用药”。这是将若干有相同作用的药物集中在一起以便临床选用之参考的分类法，这种按药物的临床功用进行的分类法为医学家们学习和临床治病处方用药提供了许多寻检和记忆的便利条件。此外，临床用药之剂量也是一个重要问题，因为我国历代度量衡多有变迁，如不很好掌握，在学习古人医疗经验和处方用药方面就可能出现严重的过错。于是他又对古今度量衡进行了考订，为用药的精确性做出了贡献。另外，陶氏对丸、散、膏、丹的制备以及各种药物入汤之工艺、生药加工炮制等，也都做了规范化要求，而且十分严格细致具体，其内容十分丰富。

265. 鲍照在文学上有什么成就?

在南朝文学史上，鲍照以其杰出的文学成就而获得了突出的历史地位。

鲍照（？~466），字明远，宋东海（今山东苍山南）人，出身寒微，但极有抱负。据载：鲍照拜见临川王刘义庆时，“未见知，欲贡诗言志，人止之曰：‘卿位尚卑，不可轻忤大王。’照勃然曰：‘大丈夫岂可遂蕴智能，使兰艾不辨，终日碌碌，与燕雀相随乎!’于是奏诗。”鲍照因曾任临海王刘子顼前军参军，后世又称鲍参军。后刘子顼反叛兵败，鲍照也死于乱军之中。在豪门士族的压抑之下，鲍照一生始终有志难伸。突出的才华与不幸的遭际造就了一代优秀的文学家。

鲍照的文学成就是多方面的，他在诗歌、辞赋和骈文方面都为我们留下了许多名篇，而以诗歌取得的成就最高。鲍照将其满含愁苦愤懑的不平之气发而为诗，使其诗作突出表现了其不凡的抱负和备受压抑的痛苦。因而充满了对门阀社会的批判与抗争的时代精神，代表着广大寒士的强烈呼声。鲍照在山水诗的创作方面也有明显的成绩。鲍照诗歌突出的艺术风格是俊逸豪放，矫奇凌厉。他的诗以凌厉的气势和“发唱惊挺”的独特魅力，不仅在当时特出于众家，征服了同时代的许多读者文人，而且深得后世学者文士的赞许。鲍照的诗歌艺术风格独特，能在学习前人的基础上，自创格调，创造了以七言为主的歌行体，为七言诗的发展开拓了广阔的道路。鲍照以其杰出的文学成就而与谢灵运、颜延之并列为元嘉三大家。

266. 顾野王有哪些著作见于记载?

顾野王，字希冯，吴郡吴（今上海金山县）人，是南朝著述丰富的大学者。他从小就很好学，七岁便开始读“五经”，并且能弄懂大略意思，九岁已能写文章，曾经作《日赋》一篇，引起当时大臣朱异的注意。十二岁的时候，随父亲到建安（今江苏南京），撰写《建安地纪》两篇。长大后，更是博览群书，精于文字训诂，通天文、地理和卜筮，亦擅绘画。总其一生著作，主要有《玉篇》三十卷，仿《说文解字》体例写成但有所改进，为我国现存的第一部楷书字典，原本只存残卷；另撰写《舆地志》三十卷、《符瑞图》十卷、《顾氏谱传》十卷、《分野枢要》一卷、《玄象表》一卷及志怪小说《续洞冥记》一卷，另撰《通史要略》一百卷、《国史纪传》二百卷，可惜没有最后写完他就去世了。

267. 何逊有什么文学成就?

何逊，字仲言，是南朝梁出身下层的一个著名诗人，东海郯（今山东郯城）人，后人称其“何记室”或“何水部”。据说何逊八岁就能做诗，二十岁左右被举为秀才，当时著名诗人范云见到他的试策，赞赏不已，并因此结为“忘年之交”。时为文坛盟主的沈约也非常欣赏他的诗，但何逊的仕途却不如他的诗运，可谓一生都郁郁不得志。梁武帝天监中，他曾任建安王萧伟的记室，并随萧伟去江州。后来回建康，又任安成王萧秀的幕僚，还兼任过尚书水部郎。晚年在庐陵王萧续幕下任职，再度去江州，不久病逝在那里。

何逊的诗作，不大用典故，往往寓目即书，看似信手拈来，毫不费力，但细细品味，却情景交融，情真意切，在写景中体现惜别和惆怅的心情，读后令人难以忘怀。他抒写离情别绪及描绘景物的诗作历来为人称道，如《临行与故游夜别》的“夜雨滴空阶，晓灯暗离室”两句，又如《与胡兴安夜别》中“露湿寒塘草，月映清淮流”两句，堪称情景交融的佳句。他还善于用流畅的语言细致贴切地描摹自然景物，对仗工整但又不觉其平板，对后来的杜甫有明显的影响，如《入西塞示南府同僚》中的“薄云岩际出，初月波中上”之句，又如《赠王左丞》中的“游鱼乱水叶，轻燕逐风花”之句堪称这方面的代表。

何逊的诗在当时曾与刘孝绰齐名，被人称为“何刘”。颜之推的《颜氏家训·文章篇》认为何逊的诗虽有“清巧”的长处，但多“苦辛”、“饶贫寒气”，不及刘孝绰。其实这正是何逊的坎坷遭遇的真实反映，而并非无病呻吟。

何逊的诗受“永明体”的影响，很讲究声律，某些作品比沈约等人更接近成熟的近体诗。日本僧人遍照金刚《文镜秘府论》在论诗的声律时，曾举他的《伤徐主簿》三首为例；宋代洪迈的《万首唐人绝句》还把他的《送司马长沙》误作唐人五绝选入。

何逊除诗以外，还有少量辞赋和骈文传世。他的骈文中辞藻较好的是《为衡山侯与妇书》，但并无显著的特色，远不如他的诗。何逊死后，与他同时代的人王僧孺把他的作品编定为《何逊集》，共八卷。

268. 刘勰的生平情况如何?

刘勰，字彦和，原籍东莞莒县（今山东莒县），其先人在永嘉之乱中渡江避难，居京口（今江苏镇江），刘勰即在这里长大，是南朝齐、梁时代著名的文学理论批评家。

刘勰的家族并非高门，他的祖父无官，父亲刘尚曾任越骑校尉，在刘勰尚年幼时，父亲便离开了人世。由于家境清贫，刘勰一生未婚，早年入上定林寺依靠名僧僧祐生活，与之相处十余年。刘勰笃志好学，这一时期，他深研佛理，博通经论的同时，又饱览经史百家之书和历代文学作品，“深得文理”。从“齿在逾立”开始，刘勰经过五六年的努力，于齐和帝中兴元年、二年（501～502）间，写成了《文心雕龙》。其时刘勰还寄身佛寺，声名未显。书成后，不被时流所重视。当时沈约名高位显，在文坛上也富有声誉，于是刘勰便找机会背着自己的《文心雕龙》文稿在大路边等沈约，样子像卖书的一样。当沈约坐车经过时，他拦住了车。沈约好奇地把《文心雕龙》拿来阅读，立即被吸引住，认为此书“深得文理”，大加称赏。后来《文心雕龙》竟成为沈约的案头常阅之书。经过沈约的称扬，《文心雕龙》终于在士林中传播开来。

梁武帝天监初，刘勰起家为奉朝请，先后担任和兼任过中军临川王萧宏、南康王萧绩的记室，车骑仓曹参军，太末（今浙江衢州）令，步兵校尉，东宫通事舍人等职务。在兼任东宫通事舍人期间，与昭明太子萧统交好，共同“讨论篇籍，商榷古今”。萧统选录的著名文学总集《文选》，与《文心雕龙》“选文定篇”多有契合之处，应该不是偶然。中大通三年（531）四月，昭明太子死后，刘勰奉敕与沙门慧震于上定林寺撰经。经成以后，他便弃官为僧，法名慧地。出家后不到一年即去世。

除《文心雕龙》外，刘勰还写过不少有关佛理方面的著作。刘勰写文章善于阐发佛理，因而“京师寺塔及名僧碑志，必请勰制文”。然其文集在唐初已失传。今尚存《梁建安王造剡山石城寺石像碑》（见《艺文类聚》卷七十六）和《灭惑论》（见《弘明集》卷八）两篇散文。

269.“江郎才尽”说的是谁？

“江郎才尽”这一成语说的是南朝人江淹的事。

江淹是济阳考城（今河南兰考）人，从小与母亲相依为命，虽然家境贫困，但聪颖好学，追求上进，凭着自身的努力，青年时代的江淹就已写得一手好文章，从而为时人所称，他的《恨赋》和《别赋》至今仍是脍炙人口的佳作。后来，江淹的才名传到了南朝宋建平王刘景素那里，刘景素很欣赏江淹的才华，就提拔江淹做了南兖州的官。没想到有个叫郭彦文的县令犯了罪，为了开脱罪责，竟诬告江淹接受过他的贿赂，江、郭二人一起被抓到监狱中。为了给自己申辩，江淹便在狱中给刘景素写了一封辞情恳切的长信，信中慷慨陈词，抒发内心委屈之情，实在是一篇精美绝伦的好文章。刘景素看了这封信后，十分感动，便立刻派人把江淹从狱中放了出来。

齐高帝萧道成辅政后，闻听江淹非常有才华，便把他召为尚书驾部郎、骠骑参军事。江淹为萧道成分析天下大势，深合萧道成之意。齐朝建立后，江淹始掌史官之职，后又先后兼尚书左丞、御史中丞、秘书监等职。梁朝建立后，江淹又先后任散骑常侍、左卫将军、金紫光禄大夫等职。一生可谓占尽高位，尽享荣华。但江淹当了大官以后，过着养尊处优的生活，时间一长，便才思减退，再也没有写出为时人称道的名篇佳作了。因此，人们都很惋惜地说："江郎才尽了。"

270. 任昉有什么才学？

任昉（fǎng），字彦升，乐安博昌（今山东寿光）人，是南朝齐、梁时著名的文学家，以善于撰写表、奏、书、启著称，语言精善，当时王公表奏，无不请他代笔，他起草即成，不加点窜，禅让文诰，亦多出自其手，与当时以诗闻名的沈约一起被称为"沈诗任笔"。

关于任昉的才学，据史书记载，与他的神奇出生颇有关系。他的母亲一次白天睡觉，梦见有一面五色彩旗盖在四角悬铃上，从天而坠，其中一个正好落到其母亲的怀中，不久其母亲便怀上了任昉。占卜的人听了后说："一定会生个大才子。"任昉自幼聪敏，有神悟。他四岁便诵诗几十篇，八岁已能写出像样的文章，深为时人赞叹。

开始，任昉在齐朝为奉朝请，后又为太学博士，深受卫将军王俭器重，王俭曾面对任昉写出的文章感慨说："这正是我心中想说的话啊！"于是王俭时常让任昉为自己改定文章。当时琅邪王融以才学著称，自认为当世无敌，见了任昉写的文章后，惆怅自失良久。任昉与萧衍都是"竟陵八友"中人，两人相为友善，萧衍攻克建业后，任命任昉为骠骑记室参军，专命负责起草文书。任昉读书广博，自己有藏书万余卷，并有很多异本，与沈约、王僧孺同为当时著名的藏书家。贺纵、沈约校勘皇室藏书目录时，曾取任昉的藏书以补正。

任昉一生著述甚丰，据《梁书·任昉传》载，著有文章三十三卷，又《杂传》二百四十七卷、《地记》二百五十二卷，均佚。此外，古小说《述异记》二卷，旧题任昉撰。又《文章缘起》，一作《文章始》一卷，旧题任昉撰，为论述文体起源的专著。

271. 刘孝标所撰《广绝交论》的内容是什么?

刘孝标，即刘峻，平原（今属山东）人。幼时与母亲同为北魏兵掳掠为奴，母子俩一度出家为尼、僧。滞留北方期间，刘孝标刻苦求学，南归后更是博览群书，人称“书淫”，是当时有名的学问家。

刘孝标《广绝交论》为推演东汉朱穆的《绝交论》之作。写作的契机，是因任昉生前喜奖掖人士，死后其诸子穷困潦倒，无一人相助。他的《广绝交论》即由此而发，文章历数现实社会中人与人均以利相交的丑恶现象，以铺排见长，有战国纵横家遗风，又使用南朝骈俪句式，深于刻画，读来音调铿锵，气势凌厉，辞采精工，情致淋漓。文中将世间所谓“交谊”不可信赖的情状进行分类，认为世上的交谊共有五种：“势交”（依附有权势的人）；“贿交”（趋奉有钱人）；“谈交”（结交有名的人希求称誉）；“穷交”（彼此不得志，互相利用，一旦得志便忘了交情）；“量交”（考虑和对方结交，可以得到好处）。他认为这五种结交的动机都是由私利出发，“谋而后动，芒毫寡忒”，不是什么真正的友谊。他对这虚伪的“五交”分别做了绘声绘色的形容。例如他写到“量交”时，就形容那些热衷势利的人，对有道德的好人反而“视若游尘，遇同土梗”；而对于品质恶劣的坏人，只要对自己有利，也可以“匍匐逶迤，折枝舐痔，金膏翠羽将其意，脂韦便辟导其诚”。文章对当时世态的揭露，显然已经不纯粹局限于任昉生前的某些友人，而是涉及了整个封建士大夫阶层的心理状态和道德面貌，从而使该文章成为南朝骈文中不可多得的杰作。

272. 王僧孺有什么文学才华?

王僧孺，字僧孺，东海郯（今山东郯城）人，是南朝齐梁时著名诗人、骈文家。他出身于没落士族家庭，早年贫苦，但自幼聪慧，七岁便能读十万言，且十分迷恋古籍，常常“佣书以养母”。王僧孺现存诗三十多首，另还写有不少骈体应用文如书信等，在南朝诸文人中其作品较为有特色。

王僧孺的诗歌不少是写妇女的，除了一些描述弃妇哀怨之作外，一般价值不高。但他的一些乐府诗，吐露早年报国立功的抱负，如

《古意》中的“人生会有死，得处如鸿毛；宁能偶鸡鹜，寂寞隐蓬蒿”，写得颇为豪壮。这与齐梁时某些诗人的咏从军之作往往归结为眷恋家室的情调是不一样的。他的《落日登高》，对“争利亦争名，驱车复驱马”的时尚有所讥讽；《伤乞人》则表示了对贫贱者的同情；《中川长望》、《至牛渚忆魏少英》等诗中，也有一些写景佳句。上述内容的诗歌在梁中叶以后，是比较难得的。

其骈体应用文如《与何炯书》、《答江琰书》等，抒发了失意的悲愤和隐遁的愿望，富有真情实感。特别是《与何炯书》，悲愤之情溢于言表，很有感染力，像“严秋杀气，万物多悲，长夜辗转，百忧俱至。况复霜销草色，风摇树影”等句，抒情意味较浓，在南朝骈文中是一篇优秀的作品。

王僧孺一生著述甚丰，其著作有《十八州谱》、《百家谱》、《东宫新记》等。均已散佚。明代张溥辑有《王左丞集》，收入《汉魏六朝百三家集》。

273. 南朝手工业与商业的发展情况如何?

南朝时期手工业和商业均有较大的发展。

南方手工业原本具有较好的基础，至南朝时则有更大的发展。手工业代表性的部门有冶炼、纺织、制瓷、造纸、造船等行业。

冶炼业方面，南北朝时“灌钢”技术的发明使冶炼水平大大提高。南朝冶铁主要为官营形式，江南出现了著名的梅根冶（今安徽贵池东）和冶塘冶（今湖北武昌东南）。

纺织业上，不但麻织布品种有较多增加，有越布、香葛、细葛、南布等，而且高级织品极为精巧。丝织业方面也有很大发展，刘裕灭后秦，将关中锦工迁往江南，带动了南方丝织业的快速发展。南方还培育出了一年四熟、五熟以至八熟的蚕。

东晋南朝是青瓷发展的成熟阶段，青瓷烧制成为专业。当时的越窑规模最大，质量也最好，产品遍布南朝上流社会。此时瓷器已逐渐取代漆、木、竹、陶、金属制品，显示其优越的性能。

因江南水道纵横，给南朝的造船业带来得天独厚的优势。建安郡侯官（今福建闽侯）、番禺（今广州）成为造船业的中心。湘州（今湖南）七郡也是当时主要造船据点之一。

造纸业方面，南方出现了质地优良的“藤角纸”，品种上，除白纸外，还能制造青、赤、绿等色纸。南朝之时，纸张完全取代了竹简和绢帛，对科学文化的发展具有重要的促进意义。

农业和手工业的发展，又促进了城市和商业的发展。六朝之都建康成为江南的政治、经济和文化的中心。建康全城拥有四个大市，是长江南北上下的交通枢纽和货物的主要集散地。山阴（今浙江绍兴）也是商业发达的大都会，寿春（今安徽寿县）则是淮河南北的贸易中心，襄阳（今湖北襄樊）为南北往来必经之地，番禺不但是南方经济中心，也是国际贸易口岸。南北朝时，私人经商者很多，“人竞商贩，不为田业。”（《隋书·食货志》）交易品种除日用生活品外，还有明珠、翡翠等奢侈品，商税则成为政府的重要收入。随着商品交换的活跃，货币需求量也大大增加。

南朝农、工、商的快速发展，便利的交通和相对稳定的社会环境，使得江南经济逐渐赶超了黄河流域。这种经济中心的转移，使南北更加互融，也为我国古代经济的更大繁荣奠定了坚实的基础。

274. 南朝的农业有何重要发展?

东晋南朝时期，江南农业得到较快的发展，使地广人稀的南方逐渐变得繁荣富饶。由于北方人口大量南迁，南方少数民族纷纷出山，较少的战争破坏以及南朝统治者的一些有利政策，促进了南方经济特别是农业的发展。

首先是农业生产技术的提高。魏晋之前，南方基本还是火耕水耨，至南朝时，江南已普遍实行精耕细作。牛耕的推广，北方区种法（一种园艺式的精耕细作法）的传入，都大大提高了作物产量。水稻栽培技术也有较大提高，岭南出现了一年三熟。

南方河道纵横，降水充沛，使得劳动人民十分注意兴修水利。南朝时较大的水利工程有乌程（今浙江吴兴）的吴兴塘、句容（今属江苏）的赤山塘、寿县（今属安徽）的芍陂等。另外，南方豪族庄园也普遍修筑水利工程。

南朝时期南方荒地也得以大面积开垦。山区多被开发种植果木等经济作物；湖泊沼泽周围多被围湖造田。

对南方农业经济的较快发展，《宋书·孔季恭传》评论说：“江南之为国盛矣，……地广野丰，民勤本业（即农业），一岁或稔（rěn，庄稼成熟），则数郡忘饥。会土（会稽）带海傍湖，良畴亦数十万顷，膏腴土地，亩值一金。荆城跨南楚之富，扬部（扬州）有全吴之沃，鱼盐杞梓之利，充仞八方；丝绵布帛之饶，覆衣天下。”

275. 南朝采取了什么货币政策？

南朝时期的货币制度仍然是谷帛与钱币并用，而且钱币又很滥恶与混乱，体现了当时自然经济占统治地位的特点。

南朝时用谷帛为货币进行交换还是常见之事，《隋书·食货志》记载：“梁初唯京师及三吴、荆、江、湘、梁、益用钱，其余州郡，杂以谷帛交易。”陈朝时，“岭南诸州，多以盐、米、布交易，俱不用钱。”而商业的发展，客观上促进了钱币需求的增加。

东晋之时，曾有废钱之议，虽未实行，但货币缺乏问题却一直延续到刘宋时期。直至宋文帝元嘉七年（430）政府才设立钱署，开铸四铢钱，但用费大而利少。至废帝永光元年（465），钱币越来越劣，刘宋政府又开铸二铢钱，形制更小而质量更差，盗铸更多，币制更加混乱。明帝于泰始二年（466）下令“断新钱，专用古钱”。虽然杜绝了钱币恶劣混乱的现象，但钱币缺乏的问题又突出出来。

南齐高帝准备铸钱，未行成而身死。至齐武帝永明八年（490），“遣使入蜀铸钱，得千余万，功费多，乃止”。（《南齐书·刘悛传》）南齐钱币依然缺乏，导致布价持续低落。

至梁武帝时再行铸钱，有两种五铢钱并行于世，但民间多用古钱。政府虽一再禁用古钱，而“私用转盛”。（《隋书·食货志》）武帝普通四年（523），又开始改铸铁钱，以取代铜钱，致使铁钱堆积如山，物价腾飞，奸商牟利。

陈朝初年，沿用梁末的两铢钱和鹅眼钱。至文帝天嘉五年（564），改铸五铢钱；宣帝太建十一年（579），又铸六铢钱，但因使用不便，即行废止，复用五铢钱。

276. 南朝时期我国国学教育情况如何?

南北朝时期统治者对传统教育都比较重视。在南朝刘宋初建时，刘裕就亲自“策试诸州郡秀才、孝廉”，后又下诏称：“古者建国，教学为先，弘风训世，莫尚于此。”建议设立国学。但因刘裕病卒而搁浅。至文帝刘义隆之时，国学仍难以复兴，而此时私学风气很浓，名士硕儒纷纷聚徒讲学。元嘉十六年（439），文帝立“四学馆”。它将儒、玄、文、史分科设立，突破过去单纯儒学的藩篱。这种类似单科太学性质的教育，为隋唐专科教育制度开了先河。元嘉十九年，宋文帝又下诏重建国学，并一度亲临国子学，“策试诸生，答问凡五十九人。”《南史·宋文帝纪》称：“江左风俗，于斯为美，后言政化，称元嘉焉。”齐高帝萧道成建国后，于建元四年（482）下诏置国学立国子祭酒、博士、助教等人，置太学生一百五十人。齐武帝永明三年（485）复立国学，以尚书令王俭任祭酒，开学士馆监试诸生。梁朝初建，因武帝萧衍本人“博学多通，好筹略，有文武才干”，所以对于教育事业格外留意。天监四年（505），梁武帝下诏：“今九流常选，年未三十，不通一经，不得解褐。若有才同甘、颜，勿限年次。”并设五经馆，对学有所成者立即授官。《南史·儒林传序》称：“武帝亲屈舆驾，释奠于先师先圣，申之以宴语，劳之以束帛，济济焉，洋洋焉。”盛赞梁武帝在文化教育事业方面的贡献。南朝国学在梁武帝时达到鼎盛，以后成绩基本平平。陈武帝霸先曾“诏依前代置两省学士，兼以伎术者预焉”，但陈霸先不久病卒。只是在陈文帝期间，国学教育稍有振兴。

277. 南朝的选举制度变革情况如何?

南朝宋、齐以来，选举多由舍人、刀笔吏操纵，此种情况表明九品中正制已经发生动摇。但因旧制尚存，且积重难返，士族仍然可以“依流平进”。至梁朝时，选举制度发生了较大变化，这就是九品中正制的改革，科举制的初步产生。

史载，“梁初无中正制，年二十五方得入仕。天监中，又制九流常选，年未满三十，不通一经者，不得为官。若有才同甘、颜，勿限年次。至七年，州置州重（即州望）、郡置郡崇（即郡宗）、乡置乡豪各一人，专典搜荐，无复膏粱、寒素之隔”。（马端临《文献通考》卷二十八《选举一》）九品中正制在梁初被废除，代之而起的是“九流常选”制度，选举取消了门第阻隔，即便高门望族，不通一经，也不得为官。梁武帝萧衍明确反对中正制下的“乡里选举”，曾称“良由乡举里选，不师古始，称肉度骨，遗之管库”。视中正制下的选举为“称肉度骨”，那些士族旧业已废，何况冒充士族之人极多，因此如再依据谱牒上所谓“世胄”选举，则必然成为笑柄。梁武帝提出“设官分职，唯才是务”，后来进而改革学校制度，“诏开五馆，建立国学，总以五经教授，置五经博士各一人”。梁时五馆学生多是寒门俊才，且不受人数限制。梁朝的“明经”科考试，要求真正的明经书，已与唐代科举所设“明经”相似。

陈朝建立，“依梁制，年未满三十者不得入仕，惟经学生策试得第”，表明陈朝继承了梁朝的明经之科。

南朝选举制度的变革，科举制度的出现，从制度上保证了寒门的兴起，也使门阀制度最终退出历史舞台。

278. 南朝时期佛教的发展情况如何?

晚唐诗人杜牧《江南春》绝句曰：“南朝四百八十寺，多少楼台烟雨中。”事实上，从两晋到南北朝都是我国佛教大发展的时期。

佛教自两汉之交初次传入中国，起初影响并不显著。但魏晋以后，由于社会动荡不安，现实人生的苦难滋养了佛教的成长。自两晋至南北朝，无论社会下层还是上层，都纷纷接受佛教的影响。

南朝时期，总体来看，佛教的繁盛程度可谓既空前，又绝后。据不完全统计，南朝刘宋时佛寺为一千九百多个，僧尼约三万六千人。萧齐时佛寺为两千有余，僧尼约三万三千人。而萧梁时仅都城内就有佛寺七百所，全国达二千八百多所，僧尼多至近八万三千人。陈朝时，全境佛寺一千二百余所，僧尼约三万二千人。

传入中国的佛教大致有两大系统，一为小乘（早期佛教），注重戒律和禅定；一为大乘（后期佛教），是以《般若经》为中心的大乘空宗学说。当时传统的儒学思想已退居其次，而学术主流则是老庄玄学，佛教的《般若经》也被玄学化。许多佛学家都借老庄学说阐释佛教理论，使玄学和佛教逐渐融合，出现了更加精致的思想体系。因对《般若经》的不同解释，导致出现了不同的佛学流派，而其中影响最大的则是道安、慧远所代表的“本无宗”。后秦高僧鸠摩罗什对般若学的发展同样贡献很大。

佛教在南朝时期的发展也不是绝对一帆风顺的。曾出现过著名的反对佛教的无神论者范缜。更因为他曾引发统治阶层内部的冲突，在南朝主要表现为儒佛之争等思想上的矛盾。

279. 魏晋以来后妃制度有何变化?

我国古代后妃的基本制度，自汉代以来，皇帝祖母称太皇太后，皇帝之母称皇太后，皇帝正妃称皇后，其余内宫又分十四等，又可统称夫人。以后历代母后之号多无变化，而自夫人以下则变化较多。东汉末，曹操称魏王，立王后，其下又设五等，即夫人、昭仪、婕妤、容华、美人。曹丕代汉后，增设贵嫔、淑媛、修容、顺成、良人。魏明帝曹叡又增设淑妃、昭华、修仪，而除去顺成。西晋武帝时，置贵嫔、夫人、贵人，称为三夫人。另置淑妃、淑媛、淑仪、修华、修容、修仪、婕妤、容华、充华，称为九嫔。其余还有美人、才人、中才人等。刘裕代晋后，除去才人与中才人，其余沿用晋制。宋武帝建孝三年（456），又除去夫人、修华、修容，另置贵妃，与贵嫔、贵人合称三夫人，并置昭仪、昭容、昭华，取代修华、修仪、修容，另外还设置中才人、充衣等。宋明帝泰始元年（465），除去淑妃、昭华、中才人、充衣，恢复修华、修仪、修容、才人、良人。泰始三年，又去贵人，置贵姬，与贵妃、贵嫔合称三夫人。以后后妃名号等级仍屡有变化。

280. “世兵制”是怎么衰落的?

“世兵制”是魏晋南北朝时期所实行的一种兵役制度。它的特点是兵民分离、兵家子弟世代为兵。它起源于东汉末年，当时由于战乱及对军队需求量的增加，“征兵制”已遭破坏，将帅多自行招兵，或强括民户为兵，兵士于是成为将帅私属，被征者的户籍则改为兵籍，或称作士籍。此后，兵籍户口便世代为兵，家属也同时编入，士兵逃亡则连累家属。士兵和他们的家属被编入军户，身份比郡县所属的编户居民要低一等级。而领兵将帅死后，所属兵士又会由其子弟继领，形成世袭制度。三国时吴国宗族大姓多有部曲，即是由此而产生。

两晋承袭曹魏制度，实行“世兵制”，“世兵制”盛行于此时。但由于西晋灭亡时，中军已被歼灭，仅靠原来江南的部分外军和南迁流民的少量军户，已经无法组建和扩充国家军队，而仅有的部分世兵因身份低贱，役龄过长，士气与素质普遍很低，因此为维护统治，必须增编一部分军户。然而当时江南人口较为稀少，门阀地主又控制着大量的人口不服兵役。鉴于此，东晋政权不得不采取三种办法扩充军户：一是搜检逃户和隐户，二是将奴客放免用以充军，三是使用罪犯为兵。这三种方式虽然能补充部分军户，但军队不仅数量不足，而且质量低劣，根本不能满足国家的需要。形势的变化，使得“募兵制”又回到了历史的舞台。东晋以后，“募兵制”不但实际已逐渐成为重要的兵源之一，而且国家的精锐之师多由招募士兵组成。在淝水之战中大败前秦的著名的北府兵即是由招募组成的一支劲旅。到南朝之时，已是“世兵制”、“募兵制”和“征兵制”并行，而以“募兵制”为主体。同时，统帅将领往往需要允诺战后解除士兵的军籍，世兵才愿意积极参战。例如刘劭弑其父宋文帝时，就先将一部分士兵“免军户，属南彭城薛县”，后又“焚京都军籍，置立郡县，悉属司隶为民”。如此，导致“世兵制”日趋衰落。只是“百足之虫，死而不僵”，出于维护等级森严的制度的需要等原因，世兵制一直到陈朝仍不绝如缕。隋文帝统一中国后，才最终取消“世兵制”，以“征兵制”完全取而代之。

281.“寒人掌机要”说的是怎么回事?

我国的魏晋南北朝总体来说是一个门阀制度等级森严、豪门士族把持大权的历史时期。但是，从宋、齐、梁、陈各朝实际状况来看，同前期相比，情况又有相当大的变化。

东晋时期无疑是门阀大族发展的顶峰。司马氏南渡以后，依靠大士族王导等建立政权，一时有“王与马，共天下”之说。此后，庾氏、桓氏、谢氏等望族纷纷登台，不但控制了政权，同时也掌握着兵权。但是豪门大族的权力在刘裕崛起之后开始受到挫折，而寒门素族在政治上逐渐扮演起重要的角色。

刘裕集团之中，从文到武大多出自寒门，其本人原来也是谢氏门下的一名老卒。刘裕的心腹之一刘穆之“家本贫贱，赡生多阙”（《宋书·刘穆之传》）；得力功臣徐羡之只是“中才寒士”；权要傅亮则出身于“布衣诸生”。到宋、齐相继建立时期，寒门庶族更是逐渐取代了门阀士族而掌握了朝廷大权。宋文帝时，总揽中书省大权的中书通事舍人秋当和周纠都出身寒门而并管要务；孝武帝时，寒士巢尚之、戴法兴参与机要，“凡诏敕施为，悉决于法兴之手，尚书中事无大小，专断之。”（《宋书·戴法兴传》）宋明帝时，同样任用寒士职掌机要。南齐时任中书通事舍人的多数或门户低微，或起自小吏，却“既总权重”，“势倾天下”（《南史·吕文显传》）。

南朝时所以出现门阀势力衰微，寒人职掌机要的局面，一方面因为南朝皇室为加强君权而乐于指挥寒人，另一方面则是因为门阀士族轻视俗务，脱离实际，逐渐丧失了政治军事能力。当然，南朝士族虽在政治舞台上逐渐失势，但经济和社会地位方面仍然享有特权，特别是所谓“士庶之分，本自天隔”的门第意识在整个南朝都可谓影响至深。

282. 什么叫土断?

土断为两晋、南朝时期所实行的一项重要措施，即以土为断。指以现居地点为准，将人户著之于籍。土断的旨意和方法因时代不同而有一定的差异。

西晋武帝太康五年（284），汝南王司马亮、司空卫瓘上疏，建议使用土断，使得举荐贤能，能各由乡论，以纠正九品中正制的流弊，这是我国历史上土断的开始。晋政权南迁以后，北方侨人也大量迁徙，南方流民则来去纷杂。政府为了明确考课、确定税收，先后于成帝咸和年间（326～334）、咸康七年（341）以及哀帝兴宁二年（364）和安帝义熙九年（413）多次实行土断。其中后两次分别由大司马桓温和太傅刘裕主持，史称“庚戌土断”及“义熙土断”。这两次土断收效显著，使得一时“财阜国丰”，“豪强肃然”。南朝刘宋孝武帝大明元年（457）、宋后废帝元徽元年（473）、萧齐高帝建元三年（481）、萧梁武帝天监元年（502）以及陈文帝天嘉元年（560），都曾实行过土断，但在执行中巧伪很多，成效不佳。

283. 什么叫检籍？

检籍又称校籍，指检校核实户籍。户籍本为国家区分人口出身贵贱、地位尊卑和赋役课免的依据。东晋南朝时期，由于社会动荡，人口大量迁移或逃散，导致在户籍者日益减少，并进而加重了在籍户口的负担。因此，整理户籍成为南朝政府的一件大事。

南朝时期户籍登记方面的诈伪失实的表现，诸如假注爵位、改换年龄、身强而称疾、人在而托死等等，严重影响了赋役的征收。针对以上情况，宋、齐两朝都整理过户籍。

宋文帝元嘉年间曾整理过一次，元嘉二十七年（450），规定以“八条取人”，光禄大夫傅隆亲自校核笔录。

齐高祖建元二年（480），虞玩之遵照高祖旨意，上表请求整理户籍。齐高祖于是特设检籍官，限定每人每天必须查处数例巧伪者，结果出现了用财物贿赂检户官的行为，而有的户籍正确却被强定为诈伪以完成规定的指标。百姓怨恨，以致出现叛乱。齐武帝初年，继续执行高帝的政策，强力整顿户籍。

据《南齐书·沈文季传》载：“是时，连年检籍，百姓怨望。富阳人唐寓之侨居桐庐，父祖相传图墓为业。……三年（485）冬，寓之聚党四百人于新城，水断商旅，党羽分布近县。”唐寓之反检籍斗争虽然失败，但南齐检籍最终因为措施不当而不能彻底，效果也不理想。

284. 什么叫侨州郡县？

侨州郡县是一种以流亡百姓原籍的州郡县旧名设置他们现在所寄居之地的州郡县的制度。这种做法汉、魏已有记载，而到东晋、南朝时规模变大。

自西晋末年，北方出现接连的战乱，人口大量南迁，总数约有百万之多。因此，东晋专设侨州郡县，以统率北来的流民。当时，在京口境内侨立南徐州和南兖州，广陵界内侨立南青州和南豫州，襄阳境内侨立南秦州和南雍州，而幽、冀等州因南迁侨民较少，不专立侨州，只在长江南北侨立幽、冀各州的郡县。

据《宋书·州郡志》载，刘宋时秦岭、江淮以南遍立侨州郡县，仅长江下游今江苏北部地界，就侨置三十七郡、七十五县。侨人不列入当地户籍册，以区别于土著。在实行土断政策以前，侨人不负担赋役。侨州郡县的设置，一是为了较好地安置流民，二是为了保持北方门阀士族的地望。换言之，即是为了社会政治、经济的稳定与发展，为了统治的巩固。因此，特别是东晋之时，侨州郡县的官吏，都以北方门阀士族充任。

285. 南朝士族为什么重视门阀、郡望?

三国魏晋南北朝时期，是我国门阀士族活跃于政治舞台的时期。门阀士族在东汉中叶实际已经把持垄断了仕途，曹魏时期创行的九品中正制则从制度上保证了门阀士族的政治特权，有助于门阀势力的进一步强大。东晋王朝统治时期，门阀士族及其统治达到了鼎盛。南朝前期，士族势力虽然有所削弱，但只是到了南朝后期，门阀制度才渐趋衰落。隋唐时期，门阀势力在新兴选官取士制度下无可奈何地退出历史舞台。

纵观南朝历史，虽然低级士族以至寒士逐渐占据要职，挤夺了名门望族的力量，皇权的强化本身也形成对门阀士族的重大威压，但是名门士族仍然享有特殊的社会地位，经济上也拥有特权，自前朝形成的“士庶之际,本自天隔”的阀阅意识依然浓不可化。再者,任何顽固势力都不但不会自行退出历史舞台,而且越是衰微越要极力挽回颓势。

南朝的高门士族也正是如此，他们在自感地位开始动摇之时，愈加注重自己的门第、郡望，严格区别士、庶等级，企图以深沟高垒来保护其尊贵的地位。诸如极重修订族谱，上溯家世源流，严格选择通婚对象，严格区别官职的清浊，生活方式上处处强调士庶区别等等。可惜门阀士族的种种努力，已无法阻挡前进的历史脚步。

286. 南朝兵士的身份为什么持续低下？

南朝的兵制一方面延续了魏晋以来的“世兵制”，一方面又实行“征兵制”和“募兵制”。世兵制度使得一人身在兵籍，不但要终身为兵，而且还要子子孙孙世代为兵。士兵的妻子儿女均隶属于军队，与士兵一道编入军户。军户身份要比郡县所属的齐民户低一等级。士兵只有在立功以后，政府才有可能免除其兵籍，使其获得自由民身份。政府把士兵家属作为人质，士兵如果逃亡或叛变，其家小会受到重处。本来，按照规定，男子十六以上，六十以下为服兵役年龄，但实际情况往往并不如此。就在“元嘉之治”期间，沈亮上书宋文帝称：“伏见西府兵士，或年几八十，而犹伏隶；或年始七岁，而已从役。衰耗之体，气用湮微；儿弱之躯，肌肤未实。而使伏勤昏稚，骛若倾晚，于理既薄，为益实轻。”可见南朝士兵处境之凄惨，地位之低下。

而在“世兵制”渐趋衰微之时，南朝出现了新的集兵方式，即征兵和募兵，其中又以募兵为主。募兵虽然不是终身兵制，但募兵的来源，大多是无力承受赋役的逃亡户。据史载，当时募兵多为“收合无赖”、“招纳不逞”或“格取亡叛”，因而招募之兵的身份地位也就可想而知。

287. 部曲指什么人？其社会地位如何？

部曲本为汉代军队编制的名称，汉大将军营有五部，部下有曲，合称则泛指某人统率的军队。而发展至魏晋南北朝时期，部曲则演变成豪门大族的私家军队的代称。此时的部曲主要职责是作战，同时也从事农业劳动以及其他劳役，往往带有人身依附性质。部曲所以成为大族的私属，主要由私人招募而来。而私属地位的合法化则是由于政府将军队分割给私人。三国东吴即实行世袭领兵制，十六国时，成汉李雄特准范长生部曲可以不经国家调遣。因为私属的性质，部曲的社会地位一般很低。南北朝前期，部曲更被主人视为贱口，只是未得到法律认可。北周武帝时，曾下令释放西魏平江陵以及周齐对立期间掠夺的战俘奴婢，“良人没为奴婢者并宜放免，所在附籍，一同民伍。若旧主人犹须共居，听留为部曲及客女”。当然，这类部曲实际已与军事组织没有多大关系。

288.《宋书·州郡志》所记户口有何意义?

《宋书·州郡志》记载晋、宋年间州郡分合、户口消长以及侨州郡县的分布情况，极具史料价值。

沈约面对东晋以来侨置州郡“名号骤易，境土屡分，千回百改，巧历不算”的复杂情况，正确运用《晋书·地理志》等前代史料，参考晋太康地志、元康户口簿记、地理杂书等众多文献，“互相考覆”，“寻校推求”，得出数据可信度高。而所据史料，现今已百不存一，本志因此弥足珍贵。

《宋书·州郡志》所记刘宋各州户数及人口（取整数）：扬州户十四万三千，口一百四十五万六千；南徐州户七万二千，口四十二万；徐州户二万三千五百，口十七万六千；南兖州户三万一千，口十五万九千；兖州户二万九千，口十四万五千六百；南豫州三万七千六百，口二十一万九千五百；豫州户二万二千九百，口十五万零八百；江州户五万二千，口三十万七千；青州户四万零五百，口四十万三千；冀州户三万八千八百，口十八万一千；荆州户六万五千六百；郢州户二万九千五百，口十五万九千；湘州户四万五千，口三十五万八千；雍州户三万九千，口十六万七千；秦州户八千七百，口四万九千；益州户五万三千，口二十四万八千；广州户四万九千八百，口二十万六千七百。

289. 典签是什么职官?

南齐永明年间（483～493），齐武帝第四子巴东王萧子响于忍无可忍之中将密告其隐私的典签吴修之杀死，并于荆州江陵举兵造反。其造反之由，很大一部分在于不堪忍受典签的压制。典签何以有如此权力?

典签也称典签帅或签帅，本为州府处理文书的小吏，南朝刘宋初年改为士职。当时，幼小的皇子出任方镇，皇帝以左右亲近之人为典签，以监护皇子。典签之权也因此日重一日。典签官品虽然不高，只属七品，但权力却非一般人可比，一年之中，要往返数次奏事于朝廷，刺史行为与政绩，往往决于典签之口。典签因此威行于州郡，成为人人畏惧与巴结的对象。宋明帝刘彧之时，典签职权有所减轻。而南齐高帝和武帝之时，同样为诸王置典签，委之以一方之任，典签之权力甚至超过刘宋。王公奏事，均须经过其手，一有风吹草动，典签则立即向皇帝密报。以致王公言语行动往往失去自由，甚者一衣一食，都需典签批准。齐明帝萧鸾诛除异己，诸王被害，全为典签所杀，诸王竟无一人抵抗。因此史称典签“威行州郡，权重蕃君”，并非虚言。梁朝以后，典签之权又逐渐削弱。

当时，北朝各官府也多置有典签，为处理文书之小吏。只是北齐州郡所置典签，官品虽然更低（一般为八、九品），却颇有监察之权。

290. 相国一职的渊源及发展情况如何？

相国之官，最初见于西汉建国不久。汉高祖刘邦十一年，以萧何为相国，史称萧相国。萧何卒后，曹参继任。曹参卒后，则罢相国之位，以丞相代之。东汉建安二十一年（216），魏王曹操置相国为属官，类似于诸侯王之相。三国曹魏黄初元年（220），改相国为司徒。齐王曹芳时，废除丞相，再置相国，司马师父子相继任相国。西晋代魏后，不置相国。但晋惠帝司马衷时，又以赵王司马伦为相国；晋愍帝司马邺则以南阳王司马保为相国；东晋安帝司马德宗时以刘裕为相国；后宋顺帝刘准时则以萧道成为相国。可见，自魏晋以来，凡置相国皆为权要。换言之，此时相国已非一般人臣之职。南朝陈时，相国之位尊于丞相，但多是赠官或荣衔，不掌中枢实权。另外，后世也有将相国作为丞相的别称。

291. 魏晋以来公府都置有什么职官？

公府为三公之官府的简称。秦汉至魏晋南北朝时期，三公制度的演变主要有两种模式：一是丞相、御史大夫和太尉，为秦与西汉模式；二是司徒、司空和太尉（或大司马），为东汉模式。东汉模式之三公也称三司，魏晋南北朝时各朝基本沿袭此模式，而杂置相国、大将军等官。唯有北周以太师、太傅、太保为三公。

关于曹魏初年公府置官情况，史料缺载。齐王曹芳时，司马师为大将军，置有公府掾十人，西曹、东曹、户曹、仓曹、贼曹、金曹、水曹、兵曹、骑兵各一人。魏元帝曹奂咸熙年间（264～265），司马昭为相国，相国府中置有中卫将军、骁骑将军、左右长史、司马、从事中郎四人、主簿四人、舍人及参军各若干，另有东曹、西曹、户曹、贼曹、金曹、骑兵、水曹、法曹、奏曹、仓曹、戎曹、马曹等掾属各一至二人。

晋初，凡位从公以上，均置长史、西阁、东阁祭酒、西曹、东曹掾等各一人。后又有所增减。东晋至刘宋，公府一般置有长史、仓曹掾、户曹属、东西阁祭酒、主簿、舍人等等属僚。

292．太常一职的演变情况如何？

太常之官主管礼乐、郊庙、社稷事宜，列为九卿之首。

相传虞舜在位时，任命伯夷作秩宗，掌管三礼，主持郊庙。秩宗即是太常的前身。周朝时执掌三礼之官又称宗伯。至秦时，更名为奉常，继续掌管宗庙礼仪。汉代初建，因袭秦制。汉景帝中元六年（前144），正式改名为太常。太常之名，据应劭《风俗通义》称："欲令国家盛大常存，故称太常。"太常之下，设有属官太乐、太祝、太史、太卜、太医六令丞等。以后东汉、魏、蜀、吴、两晋、南朝均设，除掌邦国礼乐、郊庙祭祀外，兼管选试博士。官秩三品。北魏设有太常卿，北齐则称太常寺卿，有卿与少卿各一人。

293．国子祭酒是什么职官？

国子祭酒为执掌学政之官。

我国古代教育，长期以太学、国子学或国子监为国家教育管理机构和最高学府。据载我国夏朝已有正式学校，《汉书·儒林传》称："三代之道，乡里有教，夏曰校，殷曰庠，周曰序。"周朝并设有师氏之职，主管学政。汉朝时，国家设立太学，置经师、博士。至晋朝则立国子学，设祭酒等职。北齐时称为国子寺。隋炀帝时，始正式改为国子监。

作为国学长官的国子祭酒初名祭酒，在东汉时，太学一般以国学博士中聪明而且有威重之人担任祭酒。三国时曹魏因袭之，东吴则称都讲祭酒。西晋武帝咸宁四年（278），正式设立国子学，置有国子祭酒一人，掌管学政，兼教授生徒，官秩六品。十六国前赵刘曜时亦设立太学，置国子祭酒总领其事。南朝刘宋泰始六年（470），宋明帝鉴于国学久废而设置总明观，开馆授徒，置有总明观祭酒（也称东观祭酒）主持之。南朝齐、梁、陈时又恢复国子祭酒之名（或称国师）。北魏道武帝时期，先置太学，后改置国子学，明元帝时期曾改国子学为中书学，国子祭酒则改称博士祭酒。北齐立国子寺，设祭酒，并同样配置博士、太学博士、四门博士及助教等属官。

294. 廷尉一职的历史演变如何?

廷尉作为掌管刑狱之官，可谓由来已久。

据称虞舜即位，以皋陶（也作咎繇）为士（士师之官），主管刑狱。周朝时以大司寇执掌刑法。秦始皇时，正式设立廷尉之官，列为九卿之一有廷尉正与左、右廷尉监。汉承秦制，以廷尉为中二千石。汉景帝中元六年（前144），更名为大理，汉武帝建元四年（前137）恢复为廷尉，汉哀帝元寿二年（前1）再改为大理。王莽时，效仿古制，改称作士。东汉初年，重新恢复廷尉之名。三国曹魏时，廷尉官秩三品，属官设有廷尉正、监、评，合称为廷尉三官。另设有律博士、主簿以及各狱丞等。两晋及南朝宋、齐均续称廷尉，梁朝改称廷尉卿。北魏也置有廷尉，为六卿之一。北齐则改廷尉为大理寺卿。

295. 尚书及尚书令的渊源如何?

尚书为掌管奏章、出纳王命之官，其渊源也可追至三代以上。

据载，虞舜曾以龙作纳言之官，《周官》记有司会之官，均相当于后世尚书之职。至秦时，在少府设立遣吏四人，因其职责为主管殿内文书，故名尚书。此时尚书地位低微。汉初设有尚冠、尚衣、尚食、尚浴、尚席、尚书，合称六尚。汉成帝时设置尚书员，其官署称尚书台。负责出入王命，敷奏万机，群臣奏章都须经过尚书，因而此时尚书之位虽仍不高却颇具权力。三国曹魏置吏部、左民、客曹、五兵、度支五尚书。晋初则设吏部、三公、客曹、驾部、屯田、度支六曹尚书。东晋置祀部、吏部等五曹尚书。南朝刘宋沿袭东晋而加都官尚书，又合称尚书寺、尚书省或内台。齐、梁、陈各朝因袭刘宋。北朝初设八部大夫，不久改置吏部、殿中、祀部、七兵、都官、度支等六尚书。北齐、北周也均置尚书。

作为尚书台或尚书省的最高官员，尚书令在东汉初置时，总管政务，权力甚重。三国时期，尚书令不再隶属于少府，而执掌文书、奏事、纲纪等，但权力逐渐为中书官所分减。晋至南朝宋齐，尚书令多不掌奏事。其所居，东汉、三国、西晋时称尚书台，东晋至南朝称尚书寺或尚书省。

296. 中书令和中书监是什么职官?

汉武帝时，以宦官负责尚书事，称为中书谒者，并置中书令与中书仆射之官。西汉元帝时，中书令弘恭、中书仆射石显权倾内外。成帝时罢去仆射之官。东汉时，置有中官谒者令，但与中书令不同。东汉末年，魏王曹操设秘书令掌管尚书奏事，职任与中书令同。三国魏黄初年间（220~226）改秘书为中书，并置中书监和中书令各一人。不久，刘放为中书监，孙资为中书令，二人用事，中书权力日重。曹魏时，中书监高于中书令。密诏下达州郡或边将，均由中书而不由尚书。西晋时，中书监与中书令并为三品，掌管诏命撰写、记录时事等，尚书奏诏之权由此归于中书。东晋时，中书之职多由诸公担任，权力更重。南朝宋、齐也都置有中书监、中书令。梁、陈时又有所增秩。北魏中书监、中书令权位也高，并为北齐因袭。北周设置内史中大夫二人，掌管王言，相当于中书监和中书令之任。

297. 奉朝请是什么意思?

奉朝请原先并非职官，也无固定人员。其本意即指诸侯与达官显贵奉命定期朝见帝王。我国古代称诸侯春季朝见为朝，秋季朝见为请，因此得名。汉代时，对退职大臣、将军以及皇室、外戚，多给以奉朝请的名义，使得参加朝会。西晋时，以皇室、外戚为奉车、驸马、骑三都尉享有奉朝请。东晋初年则以参军为奉车都尉，其掾属为驸马都尉，行参军舍人为骑都尉，皆可奉朝请。后唯有驸马都尉可奉朝请。南朝刘宋初年沿用奉朝请制度，后停止。萧齐时，奉朝请与驸马都尉成为专门的职官。后为安置闲散官员，至永明年间（483～493），奉朝请一度多达六百多人。梁、陈均继续设置。北魏孝文帝时，也设朝请员二百人，北齐沿袭此项制度。隋朝建立，罢奉朝请之职，而立朝请大夫、朝请郎，为文职散官。

298. 御史中丞的渊源与发展如何?

御史中丞为掌管奏劾及监察之职官，其渊源可追溯到秦代。秦时所立御史大夫有二丞，一为御史丞，一为御史中丞。此时御史中丞分管图书秘籍，兼受公卿奏事及举劾之事。汉承秦制，以御史中丞为御史大夫之佐官，也称御史中执法。因受理公卿奏事并举劾案章，权力颇重。汉成帝绥和元年（前8），改御史大夫为大司空，而仍设御史中丞。后改置御史台，御史台主官名御史长史，即前御史中丞。御史台主与尚书令、司隶校尉合称为“三独坐”，地位尊显。三国继续设置，魏文帝曾改名为宫正，后又改称御史中丞。两晋及南朝时沿置，北魏则改为御史中尉，北齐恢复御史中丞之名。北周设有司宪中大夫二人，掌管司寇之法，官职相当于御史中丞。

御史中丞一职，自东汉至南北朝权力逐渐加重，至于纠察皇太子以下百官。但东晋、南朝门阀大族将其视作浊官，而不愿担任。

299.《宋书》记述刺史一职的变化情况如何?

刺史之职为秦时正式设立，职责为监督各郡。“刺”为检举不法之意，“史”即皇帝所使。而据《宋书》记载，黄帝时即设四监以治万国，唐尧、虞舜之时则立十二牧，监、牧即后世之刺史。周朝又改称典。

秦朝设置刺史之后，汉代武帝时又设部（州）刺史，督察郡国，官阶低于郡守。汉成帝时改称州牧，东汉初年又恢复刺史之名。汉灵帝时，又更名为州牧，位居郡守之上，执掌一州的军政大权。三国曹魏初年，废州牧之名，改置刺史，掌管民政，为一州之行政长官，形成州、郡、县三级地方制度。魏末晋初时，各重要之州或以都督领刺史之职，或以刺史加将军称号领兵，即所谓兵刺史，兼掌一州内军政大权。另有非皇族为刺史而无将军称号者则不领兵，称单车（或轻州）刺史，权力较轻。西晋武帝太康三年（282），实行军民分治，刺史罢去将军名号，不再领兵，刺史职责仅为监司。晋惠帝时，刺史又加将军称号，实行军民兼治。此时，握有军权的都督多兼领一州刺史，集军、民、刑、政大权于一身，并控制治所之外的属州，属州刺史则要受其指挥、督察，其权力之重，可想而知。东晋以后，刺史多自领治所之郡太守职务。南北朝时期，新设州郡日渐增多，州郡所辖之地日益缩小，致使刺史与郡守之间已难分伯仲。

300. 太宰为何官？其历史渊源如何？

太宰或称冢宰，又简称宰。据传殷商时即已设置。周朝初立，武王以周公旦为太宰。《周礼·天官》称："太宰之职，掌建邦之六典，以佐王治邦国。"作为六卿之首的太宰，负责管理天下政务，辅佐君王治理万邦。

太宰之职，秦、汉、魏基本不设。西晋初年，依据《周礼》设立三公。三公之职，即太师、太傅、太保。而为避司马师之名讳，以太宰之名代太师，且其执掌也不同于周朝时的太宰。至于太师一职，也源自周初。当年，周武王曾以太公吕望为太师，周成王时又以周公旦为太师。西汉初年不设，至汉平帝时，以孔光为太师。东汉又废置，汉末献帝时，董卓曾任此职。曹魏不设太师。西晋设太师而改名太宰，以安平王司马孚居此职。南朝时沿置太宰，而齐、陈均以太宰为赠官。北魏唯有孝庄帝元子攸时设置。北周时，又依照《周礼》建置六官，设大宰冢卿一职。

301. 总明观的机构设置如何？

总明观又称东观，为南朝学府之一。刘宋明帝泰始六年（470），因未立国学，明帝设置总明观，立祭酒、访举各一人，而以祭酒统理众事。总明观分设儒、玄、史、文四科，每科设置学士各十人。一说分为儒、道、史、文、阴阳五个学部，每部学士各二十人。其机构大体为宋文帝元嘉四学之旧。齐高帝建元年间（479～482），仍置总明观，兼掌五礼。齐武帝永明三年（485），因重置国学而代之。

总明观祭酒为总明观职官之首，统领众事，官秩为三品。总明观下设各科又置学士、正令史、书令史、干、门吏、典观吏等属官。齐永明三年，总明观及祭酒为国学及国子祭酒所代。

302. 南齐太子东宫设官情况如何?

据《南齐书·百官志》记载，南齐太子东宫系统的职官设有：

太子太傅与太子少傅各一人，合称太子二傅。中二千石，官秩三品。二傅职责均为辅导太子，但太傅于太子前不称臣，少傅于太子前称臣。府设丞、功曹、五官、主簿。

太子詹事一人，二千石，秩三品。为负责宫中供给之官。

太子率更令，与太子家令、太子仆合称为太子三卿。率更令本在家令之上，宋、齐时位在家令之下。

太子门大夫，掌管远近笺表、宫门禁防。

太子中庶子，简称中庶子。与太子中舍人共掌禁令、纠正违阙、侍从左右、规谏讽议、奏事文书等事。

太子洗马，职责如谒者，太子出行则当值者在前导威仪，兼行规谏之责。

另有太子舍人、太子左右卫率、太子殿中将军、太子仓官令等。

303. 裴松之注《三国志》为何意义重大?

陈寿所著的《三国志》与《史记》、《汉书》、《后汉书》(刘宋范晔著)一道被称为“前四史”，地位极高。《三国志》取材谨严，叙事简洁为人称道。但同时，因记载过简，许多史事语焉不详，甚至遗漏。

鉴于《三国志》“失在于略，时有所脱漏”的不足，南朝时，宋文帝刘义隆命裴松之为之作注，以补其不足。

裴松之(372~451)，字世期，曾被刘裕赞为有“廊庙之才”。他以三年时间完成了对《三国志》的注释，注文字数超过原文数倍，足见其学识与才能非同一般。书成之后，宋文帝当即称赞：“裴世期为不朽矣。”在《上三国志注表》中，裴松之把注书内容列为四个方面，简言之，即补缺、备异、矫妄、论辩。除论辩外，都是补充的史料。补缺方面，裴注大量补充原书简略与缺漏之处，如曹操屯田制等。备异即广引诸家之说，以备读者判断取舍。矫妄之处，凡原文明显错误，裴注都加以订正。另外，裴松之还对陈寿记载的得失与引注资料的得失加以评判，以见其严谨求是的态度。总之，裴注已大大超过一般意义上的注释，注中征引典籍近二百种，而其中绝大部分早已失传，因此裴注的史料意义也就更加突出。裴注一出，实际就作为《三国志》的补编，与之融为一体，不可分离，且相得益彰。裴松之因此而作为一名杰出的历史家名垂后世。

304.《宋书·乐志》记载了哪些古代乐舞与词章?

《宋书·乐志》中记载了众多古代音乐的乐章歌词，并有关于乐器以及舞蹈杂技等内容的描述。

根据《乐志》，“秦焚典籍，《乐经》用亡。”六代音乐，至秦唯有《韶》、《武》。汉高祖改《韶舞》为《文始》，又造《武德舞》。汉惠帝改周代《房中之乐》为《安世房中歌》。汉初又有叔孙通所作宗庙迎神之乐《嘉至乐》，汉文帝则自造《四时舞》，汉景帝又采《武德舞》作《昭德舞》，荐于太庙。汉代诸帝奏《文始》、《四时》、《五行》之舞。汉武帝时，河间献王与毛生采《周官》等，作《乐记》，献八佾之舞。东汉明帝时，又制舞歌一章，荐于光武之庙。

至曹操平荆州时，获杜夔，精通音律，曾使总领乐官，制定雅乐。魏文帝曹丕时，又改宗庙《安世乐》为《正世乐》、《嘉至乐》为《迎灵乐》等。魏明帝曹叡时，曾制作歌颂鸿业的大型乐章《章斌之乐》。

晋武帝司马炎时，曾造《正德》、《大豫》之舞等。东晋初期，音乐未修，至太武帝司马曜太元年间（376~396）始大造乐章。

南朝刘宋之时，朝廷又改《正德舞》为《前舞》，《大豫舞》为《后舞》。魏晋至南朝的乐舞还有《夏育扛鼎》、《巨象行乳》、《神龟抃舞》、《背负灵岳》、《桂树白雪》、《画地成川》等。

《宋书·乐志》所录乐章古词，汉代有《江南可采莲》、《乌生》、《十五》、《白头吟》等。晋、宋以来，则有《子夜歌》、《凤将雏歌》（旧曲）、《前溪歌》、《阿子》、《欢闻歌》、《团扇歌》、《督护歌》、《懊侬歌》、《六变》等。

总之，《宋书·乐志》所载乐舞词章非常丰富，许多音乐史料正是因此而留传后世，其历史价值可谓重要而独特。

305.《宋书·礼志》记载的礼仪制度如何?

南朝梁沈约（441～513）所作的《宋书》含有律历、礼、乐等八志共三十卷，其中又以《礼志》和《五行志》为最多，各五卷。

《宋书》各志的内容一般都上溯到魏晋，可以说正好弥补了《三国志》无典志的不足。其《礼志》内容叙述始自魏文帝曹丕代汉建魏，详细记录历代礼仪制度的各项内容及其变迁，不但涉及婚丧祭祀仪注，而且包括旗章、服饰、器物等等。

礼仪制度历来作为封建政权的首要大事，极为统治者所重视。《宋书·礼志》序言说：“夫有国有家者，礼仪之用尚矣。然而历代损益，每有不同，非务相改，随时之宜故也。”并称：“任己而不师古，秦氏以之致亡；师古而不适用，王莽所以身灭。然则汉、魏以来，各揆古今之中，以通一代之仪。”颇能以历史发展的眼光辩证地看待礼制的变化。《礼志》记述曹丕建魏之时，就下诏自称上承尧舜，所以定正朔、变徽号、异器械，制礼乐、易服色，用牲币，一律随土德之数。古时历代帝王登基，往往首先就要重定正朔（即一年的首日），以示新朝乃是“奉天承运”，其他礼制也多相应有所变动。至汉武帝改以建寅之月为岁首后，历代沿用，直至清末。《宋书·礼志》对帝王及皇室婚礼等制度多有记载，如有关公主居第成婚，皇帝宴会行酒等等，颇具史料价值。《礼志》又对朝廷仪注（礼节制度）及丧礼专节记述。“国之大事，在祀与戎。”《宋书·礼志》对历代祭祀与军礼同样十分重视。另如车驾服色、文书简牍等等都有记载。

《宋书·礼志》不但记载翔实，而且史料来源较早，因而历来为人所重。

306. 萧子显及其所撰《南齐书》情况如何?

列为二十四史之一的《南齐书》为南朝齐梁时萧子显所撰。

萧子显（489～537），字景阳，为齐高帝萧道成之孙，豫章文献王萧嶷之子。子显幼时聪慧，为萧嶷所偏爱。七岁被封宁都县侯，齐亡，入梁后降为子。萧子显勤勉好学，工于属文。曾著《鸿序赋》，受到文坛领袖、尚书令沈约称赏。又采诸家《后汉书》，考正异同，撰成一百卷。萧子显在梁朝时，梁武帝萧衍深爱其才，屡次延请。中大通三年（531），萧子显以本官领国子博士，迁国子祭酒，累迁至吏部尚书。萧子显为人风神潇洒，雍容闲雅，待客简易，不畏鬼神。又喜爱山水，饮酒负气，九流宾客，多不与交言，为当时名流所嫉恨。

萧子显最重要的著述即《南齐书》。该书为萧子显参考江淹、沈约、王逸、熊襄等人的有关著述，编纂而成。初名《齐书》，至北宋时加“南”字而成今名。《南齐书》原为六十卷，唐代遗失《自序》一卷，今存五十九卷。以纪传体记录南朝齐代二十三年的历史。本书取材丰富，内容可靠，文字简练。尤其是礼、乐、天文、舆服等八志堪称精华。《魏虏传》等有关北朝史料，也很有价值。因江淹等人史书早已亡佚，萧子显的著作成为现存记载南齐历史的最早、最可靠的材料。

307. 姚思廉及其《梁书》撰述情况如何?

姚思廉所撰的《梁书》也是二十四史之一。

姚思廉（557～637），字简之，唐代雍州万年（今西安西北）人。隋朝时已入仕，入唐任著作郎、弘文馆学士。父亲姚察在南朝陈时修纂《梁书》及《陈书》，未能完成而卒。姚思廉继承父业，采摘谢炅等诸家《梁史》，并推究陈朝史事，删益傅综、顾野王所修旧史，于贞观十年（636）撰成《梁书》及《陈书》。

《梁书》原作五十卷，今本五十六卷。本书约有一半内容为姚察所撰，书中收录了较多的诏策表疏，颇具史料价值。但也有重复雷同甚至自相龃龉的史料。其中关于诸夷、海南诸国以及西北诸戎等的记载，涉及国内外三十余个少数民族，较宋、齐两史为多，也反映了梁朝的声教影响。《梁书》中《文学传》占两卷，共录二十四人，充分反映萧梁一代文学之盛。但由于姚察父子身历数朝，而本书又多沿袭梁代旧史，因而行文时有回护。如不载临川王萧宏北伐失败及贪财聚敛之事，漏载萧颖胄、王琳等人。本书文笔较为简练，论赞一改宋、齐史论赞的四六骈文，代之以散文，亦是特色。

308.《梁书》、《陈书》为什么没有《恩幸传》与《佞幸传》?

我国正史自司马迁《史记》开始，即专门设有《佞幸传》。以后从《汉书》到南北朝各史，尤其是南北朝的《宋书》、《南齐书》、《魏书》、《周书》、《北齐书》、《南史》、《北史》等，大多设立《佞幸传》或《佞臣传》或《恩幸传》。而姚思廉所撰的《梁书》和《陈书》均不立《佞幸传》或《恩幸传》。究其原因，可能是姚思廉（557～637）和其父亲姚察（533～606）都曾出仕于陈朝（姚察还曾仕于梁末），距离著史时间较近，旧朝人物及其子孙多数尚存，作史时难免产生种种顾虑。因此，《梁书》与《陈书》（尤其是后者）内容偏于简略，而二书均没有设《恩幸传》或《佞幸传》，以避免触发时人之忌讳。

309.《陈书》编撰有何得失?

姚思廉撰作的《陈书》，原本三十卷，今本三十六卷。记录陈朝一代三十三年的历史。《陈书》中，姚察撰述的部分为高祖、世祖二纪。全书卷帙为二十四史中最小，叙述也颇为简略。或许因为姚思廉父子都曾任职于陈朝，时世较近，旧朝之人存者尚多，所以难免有种种顾虑，因而著述时宁肯从简，以免引起不必要的纠缠。因为《陈书》过简，所以李延寿编《南史》时，对《宋书》、《南齐书》都有较多增删，而对《陈书》则删略很少，可惜增添史料也微乎其微。

《陈书》在沿用前代旧史的基础上，因袭多而变革少，虽适应统一之势，却缺乏蓬勃生机，因此受到后世批评。《陈书》为后世诟病的另一方面则是存在较多的隐讳曲笔。因多袭用旧史，加之存在上述顾虑，所以书中确有不少溢美虚词、文过饰非。如记载陈武帝篡梁，毫无逼夺的痕迹；对文帝夺嫡、谋杀衡阳王之事也隐瞒真相。再如对虞荔、虞寄等人的着意褒扬等等。当然，《陈书》这些缺陷都是有其时代因素特别是政治原因的。而作为二十四史之一的《陈书》，也还具有明显的可取之处。《四库全书总目提要》称其“体例秩然，出于一手，不似《梁书》之参差，亦以此也。”《陈书》仍是我们了解陈朝历史的最主要依据。

310. 如何评价《南史》的优缺点?

唐初史家李延寿在继承父亲李大师撰述的基础上，独立著作了《南史》和《北史》，两书又合称为《南·北史》。

《南史》一书纪、传合计八十卷，是作者根据沈约《宋书》、萧子显《南齐书》以及姚思廉的《梁书》和《陈书》四部史书改写而成的，总体难度并不高。李延寿一是做了较多的“连缀改定”工作，如按朝代顺序将诸帝本纪集中于一处。列传的连缀，打破了朝代界限，或以事，或以类，或以家族联贯编排。四史之中，人物分合变动较大。另外，李延寿对《宋书》等四史也有一定的增删，所谓“鸠聚遗逸，以广异闻”、“除其冗长，捃其菁华”。总体而言，删削多于增补，且删除的多是文章，增补的多是史实。《宋书》被删最多，《南齐书》增补最大，而《陈书》被改最少。

《南史》成书之后，立即受到重视。唐高宗为之作序，宋欧阳修赞其删削颇有条理。司马光更称《南史》为近世佳作，“叙事简径，比于南北正史，无繁冗芜秽之辞，窃谓陈寿之后，唯延寿可以亚之也”。(《司马文正公传家集》卷六三) 当然，也有批评其对四史删削不当者。今天看来，《南史》成就主要有：能以较公正的态度贯通南北史，体现了思想上倾向统一的进步性；叙述史事较少忌讳，更加客观完整；事件与人物处理更具有系统性与时代特点；行文总体较四史简洁清晰。而《南史》的不足，一是存在增删不当之处，有蛇足之增与削足适履的情况。二是《南史》与《北史》有数人传记重合，体例显得不纯。三是因作者对南朝官制生疏而出现一些讹误。简言之，《南史》有通、简之优点而又存在增删不纯的缺陷。

311.《南史·循吏传序》反映了作者的什么思想?

李延寿于《南史》中专立《循吏》一传，列举南朝宋、齐、梁、陈四代循吏三十余人。

《南史·循吏传序》称：“昔汉宣帝以为‘政平讼理，其惟良二千石乎。’前史亦云，今之郡守，古之诸侯也。故长吏之职，号曰亲人。至于道德齐礼，移风易俗，未有不由之矣。”可见作者对吏制与道德乃至整个社会风习的关系极为看重，认为吏制的好坏，直接关乎教化大事。

作者于序中又概述南朝四代君王与吏制的关系，称："宋武（刘裕）起自匹庶，知人事艰难，及登庸作宰，留心吏职。……黜己屏欲，以俭御身。"宋文帝也能使"费由府实，事无外扰自此方内晏然，氓庶蕃息，奉上供徭，止于岁赋"。因此使南朝经济盛极一时。但自文帝元嘉末年开始，天下骚动，皇室奢靡之风日盛，致使教化大坏，终于亡国。齐高帝萧道成"思振人瘼，风移百城。……乃损华反朴，恭己南面，导人以躬，意存勿扰"。但齐代后期同样因兵事连连，军国糜耗，吏制昏乱不堪，百姓备受其苦。及至梁武帝萧衍，"知人疾苦，及定乱之始，仍下宽书。……及践皇极，躬览庶事，日昃听政，求瘼恤隐"。使其统治期间，出现一些吏制清明现象，南朝也再度达到粗安的局面。通过作者的评品，我们可以看到，作者不但重视吏制本身，而且更重视最高统治者的政策优劣，所谓"政自上出"、"德化万民"。作者专立《循吏传》，正是希望给当时统治者以一定的借鉴。

312. 何谓天子六玺？

封建时代被历代帝王视为镇国宝物之一的就是传国玺。《汉书·元后传》载，王莽欲行篡位之时，派人向太皇太后王政君索要传国玺。王政君知大势已去，大骂王莽，并将传国玺掷于地上。王莽得玺后，欣喜若狂。传国玺所以如此重要，乃是因为印玺上刻有"受命于天"之文，而被帝王视为符瑞。

而据《宋书·礼志》载，天子有六玺，这是沿袭秦时制度。《礼志》引《汉旧仪》曰："皇帝行玺，皇帝之玺，皇帝信玺，天子行玺，天子之玺，天子信玺。"以上即所谓天子六玺。关于传国玺，《礼志》记载，汉高祖刘邦初入关，得到秦始皇蓝田玉玺，螭虎钮（即印鼻刻为螭虎形），玺文为"受天之命，皇帝寿昌"。刘邦佩此印玺，后代即称之为传国玺。或认为传国玺在天子六玺之外，则天子共有七玺。汉高祖所得的传国玺，自两汉传至魏晋，西晋末年怀帝司马炽时，为刘聪所夺，后又归于后赵石勒。石勒之弟石虎死后，后赵大乱，传国玺方重归晋朝穆帝司马聃。后又传至南朝帝王之手。

印玺之名，本为通用，自秦始皇规定皇帝之印独称玺，此后玺即为帝王之印的专称。

313.《宋书》是如何记载指南车的渊源的?

指南车是我国科技史上的重要发明。神话传说中就有所谓黄帝大战蚩尤于涿鹿之野时，蚩尤作大雾，将士迷失四方，黄帝造指南车以指明方向的记载。而据《宋书》所记，指南车的发明者为周公旦。西周初年，越裳氏来朝。当时地广人稀，极易迷失方向，周公因此制造指南车，使使者能辨认南北。秦汉之时，指南车逐渐失传。而东汉著名科学家张衡又重新制造此车。汉末战乱，指南车又失传。三国魏明帝青龙年间（233～237），博士马钧再次制造出指南车，其车驾四马，车上置木人，举手指南，车厢回转时，指向仅有微小差异。西晋末年动乱时又亡失。而后赵石虎又使解飞、令狐生制造此车。东晋义熙十三年（417），刘裕北伐后秦，平长安时，得此车并修复之。但后秦所制，机数不精，多不能精确指南。刘宋顺帝升明（477～479）末年，萧道成为相时，再次使祖冲之改造铜机，其制甚为精巧，即使千回百转，所指方向也不改变。萧齐王朝时，对指南车仍有修饰改进。

314.《荆楚岁时记》记载了哪些时令习俗?

南朝梁宗懔所撰《荆楚岁时记》一书，按时序记述了古代荆州、江南地区诸多的节令风俗，保存了大量珍贵的民俗资料，因而颇受后人重视。

据本书记载，正月元日这一天，作为四时之首，有放鞭炮、造桃符、贴门神的习惯。“庭前爆竹，以辟山臊恶鬼也”。“造桃板著户，谓之仙木。绘二神贴户左右，左神荼右郁垒，俗谓之门神。于是长幼悉正衣冠，以次拜贺”。放鞭炮、贴门神及拜年的习俗流传至今。从元日至月晦（阴历月终），民间出食为酺，相聚宴饮，为博射之戏。又，“立春之日，悉剪彩为燕以戴之，贴宜春二字”。“正月十五，作豆糜，加油膏其上，以祀门户”。

寒食节“禁火三日，造饧大麦粥”。三月三日，“士民并出江渚池沼间，为流杯曲水之饮。是日取黍曲菜汁作羹，以蜜和粉谓之龙舌羹，以厌时气”。

五月五日，江南民间谓之浴兰节，“四民并蹋百草之戏，采艾以为人，悬门户上以禳毒气。以菖蒲或镂或屑以泛酒。是日竞渡，采杂药”。门户插艾与龙舟竞渡的习俗可谓代代流行。

七月七日相传为牛郎织女聚会之日，“是夕，人家妇女结彩缕穿七孔针或以金银鍮石为针。陈几筵酒脯珍果于庭中以乞巧”。

九月九日重阳之节，“四民并藉野饮宴。”

十二月八日为腊日，俗谚有“腊鼓鸣，春草生”之说，“村人并击细腰鼓，戴胡公头及作金刚力士以逐疫，沐浴转除罪障。其日并以豚酒祭灶神”。腊月祭灶至今仍在部分地区流传不绝。

315. 麈尾是什么东西？什么人才有资格执麈尾？

麈（zhǔ）尾是两晋南朝清谈名士以及王公贵人显示身份以助谈锋之物。麈是驼鹿的别称，相传其常常摇尾以指挥鹿群。麈尾形状如树叶，过去有人误认为麈尾是拂尘一类的东西，实际是一种误解。据《南齐书·张融传》载：“融年弱冠，道士同郡陆静修以白鹭羽麈尾扇遗融，曰：‘此既异物，以奉异人。’”又，《南齐书·陈显达传》：“麈尾扇是王、谢家物，汝不须捉此自逐。”因此麈尾当为一种扇名。

两晋、南朝名士每每手持饰有麈尾之扇以助清谈并显示身份高贵。如西晋清谈领袖王衍，常常手持玉柄麈尾，与手色同。东晋孙盛与殷浩辩论良久，无暇进食，屡屡挥动麈尾，尾毛全都脱落饭中。当时，一般只有王公贵人和清谈名士才有资格执麈尾，而麈尾也就成为名士贵人的“发烧友”。他们纷纷以得之为快，以执之为雅，竞相仿效，习而成风。有的甚至好之成癖，到了宁可食无鱼肉，不可手无麈尾的地步。麈尾既为贵人名士的宠物与身份的象征，因而当时不但清谈用它，而且指挥三军用它，招魂殉葬用它，以至馈赠赏赐、巴结逢迎均用它。

316.《世说新语》是一部什么书？

《世说新语》一名《世说》、《世说新书》，是我国古代著名的笔记小说集。其编撰者为刘宋时临川王刘义庆（403～444），义庆为刘裕之侄，崇尚儒学，晚年又好佛学。刘义庆召集了大批的文学之士集聚于身边，《世说新语》可能有文学之士参与编写。

《世说新语》的内容记述了自汉末到魏晋时期社会名士的玄虚清谈和各种逸闻趣事，堪称一部魏晋风流的故事集，是我们了解魏晋社会特别是当时所谓名士风流的最全面、最生动的“教科书”，同时也是研究当时学术文艺思想的重要资料。全书共分三卷，含德行、言语、政事、文学、方正、雅量、识鉴、品藻、容止、自新、任诞、俭啬等三十六门。书中涉及人物多达五六百，对汉末魏晋以来社会风俗、习尚，以及人们的行为、语言风貌都有极为生动的展示。编撰者虽然是以当时士族的审美标准来衡量书中人物，但基本态度仍比较客观宽容。所记人物言行往往虽为片言只语，但却能简练而传神，艺术成就颇高。鲁迅先生曾称赞其“记言则玄远冷隽，记行则高简瑰奇”（《中国小说史略》）。《世说新语》一书对后世影响极为广泛，成为古代笔记小说的范本。

317. 梁昭明太子萧统所编的《文选》是一部什么书?

《文选》是我国现存最早的一部诗文选集，因为梁昭明太子萧统所主编，又称《昭明文选》。

萧统（501～531），字德施，为梁武帝萧衍的长子，天监元年（502）立为太子，未继任而卒，谥号昭明，世称昭明太子。萧统博览群书，并在东宫招集众多文人学士，共同编定了一部大型的文章选集《文选》。

《文选》总共三十卷，选录自先秦至梁朝初年一百三十多家诗文达七百余篇，内分赋、诗、表、启、赞、论、碑文、墓志、行状、祭文等三十八类，每类又分多个子目。萧统在序文中称，他的选文目的是在通过对过去文章的审定，遴选其中优秀的作品，编辑成册以方便读者。又称所选作品都是符合“事出于沉思，义归乎翰藻”的标准，因而明确划定了文学与非文学的界限。另外，《文选》还体现了略古详今的原则和重视辞采的时代风尚。

《文选》的编纂，意义重大，它大体集中了先秦至梁以来的重要诗文，成了研究梁代以前文学作品和文学思想的极重要参考资料，历代研究者众多，以至早已形成一门专门的学问——“文选学”（简称“选学”）。唐代有著名的李善注本和吕向等五臣注本风行于世，宋代有所谓“《文选》烂，秀才半”之说。《文选》对后世影响之深远，于此可见一斑。

318.《文心雕龙》为何堪称不朽?

《文心雕龙》为南朝齐梁时期刘勰所撰的一部文学理论著作。刘勰（约465～约532），字彦和，祖籍东莞莒县（今属山东），世居京口（今江苏镇江）。年幼好学，曾入于佛门多年，博览典籍。

《文心雕龙》一书共五十篇，一般认为为刘勰三十多岁时所作。全书理论体系完整严密，结构宏大，从总论文章枢纽到分论各种文体源流特点及其创造之道再到论述文学批评之原则方法，可谓体大思精，既包罗前贤，又多有创新。同时，《文心雕龙》还能将理论性与实践性相结合，对文学创作具有极大的指导作用。《文心雕龙》一书体现了作者儒家思想为主导同时又“弥纶群言”，兼收并蓄的特点，它是先秦两汉的儒家文论思想和魏晋南北朝文学自觉的时代思想相结合的产物。书中反对追求形式之风，强调艺术真实，为情而造文，要自然成对，而不以繁缛为巧，不以深隐为奇。但是，作者又十分重视辞采与文思之美，其文章本身就是用精美流畅的骈文写成，可以视作其创作理论的极好实践。《文心雕龙》因其对我国上古至中古文学创作及理论的全面高度的总结，而受到中外学者的极大重视，堪称我国传统文化的瑰宝之一，诚如鲁迅先生在《诗论题记》中所说：“东则有刘彦和之《文心》，西则有亚里士多德之《诗学》，解析神质，包举洪纤，开源发流，为世楷式。”

319. 新体诗和永明诗人是怎么回事?

新体诗是指诞生于南朝齐武帝永明年间，做诗讲求四声（平、上、去、入）和对偶，格律较严的一种诗，是与古体诗相对而言，一般又被称为“永明体”。

南朝的齐、梁时代，传统音韵学有了较大发展，诗赋创作中声调音韵运用也积累了丰富经验，与此同时，佛教的传入和佛经翻译的逐渐繁荣，促进了对四声的发现，当时的大文豪沈约积极尝试把四声运用到诗歌创作之中，而使之成为一种人为规定的声韵，于是永明体产生了。四声是根据汉字发声的高低、长短而定的，就好像音乐中按宫商角徵羽的组合变化，可以演奏出各种优秀动听的乐曲，诗歌则可以根据字声调的组合变化，使声调按照一定的规则排列起来，以达到铿锵、和谐，富有音乐美的效果。四声的发现和永明体的产生，使诗人具有了掌握和运用声律的自觉意识，它对于增加诗歌艺术形式的美感、增强诗歌的艺术效果，具有积极意义。

当时积极从事这种新体诗创作的诗人被称为永明诗人，最著名的有沈约、谢朓及王融，另外，在南朝作家中，如范云、江淹、何逊、吴均、阴铿等人，也都深受永明体的影响，创作了许多讲求声韵、格律的新体诗，对诗歌的艺术形式和技巧等方面做了有益探索。永明体的产生，是中国古典诗歌的一大进步。经过许多诗人的不断探索，诗歌创作在格律声韵、对仗排偶、遣词用句以及构思、意境等方面，都较古体诗更为工巧华美、严整精练。但是，由于过分追求形式的华美，再加上声病的限制，有时未免产生形式主义之弊，但永明诗人以他们的才华和学力创作的一大批优秀诗作，毕竟为当时的诗坛注入了新的气息，树立了新的美学风范，他们所积累的丰富的艺术经验，也为后来律诗的成熟及唐诗的繁荣奠定了基础。

320. 所谓“宫体诗”是怎么回事?

宫体诗，是指我国南朝齐梁时代在帝王宫廷及其周围狭小的圈子里形成的一股颓靡的诗风。《梁书·简文帝本纪》中记载：“（简文帝）雅好题诗，其序云：‘余七岁有诗癖，长而不倦。’然伤于轻艳，当时号曰‘宫体’。”

齐梁时代，南朝比北朝相对安定的社会环境，促进了经济的繁荣，相对富足的物质产品为南朝君臣荒诞腐朽、沉湎酒色的生活提供了基础，而荒淫放荡的宫廷生活则为宫体诗的出现提供了土壤。与此同时，声律论和文笔说的产生，使文学和诗歌的形式趋于独立，文学和诗歌创作进入到了一个更为自觉和解放的时期，一些歌唱男女恋情的民歌经南朝乐府机构传入宫廷，迎合了统治者的生活情调，统治者及宫廷文人对之进行润色修改、拟作和进一步进行创作，于是宣扬艳情、表现庸俗情调的宫体艳情诗大量出现了。梁武帝萧衍、梁简文帝萧纲、梁元帝萧绎及徐陵、庾信父子、陈后主等人，都是突出的代表。

宫体诗的内容主要是以宫廷生活为描写对象，对女性和宫廷器物进行歌咏，情调上伤于轻艳，风格上比较柔靡缓弱。在描写女性的诗歌当中，绝大部分是将目光停留在女性的生活圈内，包括她们的容貌、体态、服饰及器物等方面，甚至有些作品露骨地表现宫中淫荡的生活，内容贫乏，单纯咏物而毫无寄托，前者如萧纲《咏舞二首》、庾肩吾《南苑看人还》、陈叔宝《玉树后庭花》等，后者如萧纲的《咏内人昼眠》、《和徐录事见内人作卧具》、《率而为咏》等。宫体诗在艺术上的特点，是注重词藻、对偶与声律，琐屑而无生气。但是宫体诗对诗歌的发展并非毫无贡献，最突出的一点，就是宫体诗发展了吴歌西曲的艺术形式，并继续了永明体的艺术探索而更趋格律化，同时宫体以风华流丽的语言、工稳精巧的对仗以及用典隶事等方面的艺术探索和积累，与永明体一样为唐代诗人提供了足资借鉴的艺术经验。

321. 南朝时期在艺术上有什么成就?

南北朝时期，与佛教、道教等宗教哲学兴盛相适应，艺术上也取得了很大成就，尤其是绘画、雕塑、书法艺术等大放光彩。

这个时期，南方画家人才辈出。宋代的陆探微，是继东晋顾恺之以后较有成就的画家，据说他的画惟妙惟肖，非常传神，“笔迹劲利，如锥刀焉，秀骨清像，似觉生动”。梁代画家张僧繇则以寺院壁画创作为主，相传他作安乐寺四白龙壁画，其中二龙点睛后即飞去，这就是“画龙点睛”这一典故的由来。南京出土的晋宋间墓葬中，保存了一套砖刻竹林七贤画，画上人物比例匀称，神态各异。河南邓县南朝墓中出有画像砖“出行图”，有乐舞、鼓吹等场面，画面生动传神，从而成为这一时期重要的艺术品和历史资料。这一时期，绘画理论也达到了较高水平，南齐谢赫在其《古画品录》中，对作画六法进行了精辟论述，受到了后代画家的推崇。

这一时期，书法作为汉族文化所独有的艺术，也占有非常重要的地位。东晋南朝时期，士族文人很多都工于书法。东晋王羲之、王献之父子，是中国书法艺术史上的重要人物。王羲之更是被称为“书圣”，王献之则被称为“小圣”，父子俩的书法深受后人的推崇。

322. 唐以前中国对师子国有过什么认识和交往?

师子国（今斯里兰卡）和天竺国相邻，气候温和，一年四季没有冬夏的差别，人们在那可以随便种植五谷，不须遵守时令。这个国家原来无人居住，传说只住有鬼神和龙，其他许多国家的商人来此与鬼神做生意，鬼神不出来，只是在珍宝上标明自己所需的价格，商人按价买取即可。因有利可图，大家于是争先恐后赶来，师子国就成了一个大国。

东晋时，师子国始与中国通使。《梁书》卷五十四记载：“晋义熙（402～418）初，（师子国）始献玉像，经十载乃至。”玉像高四尺二寸，光洁剔透，形制特殊，堪称鬼斧神工。此后两国通使不断，晋宋西行求法僧侣多途经此地，增加两国之间的了解和交流。正史中《宋书·东蛮列传》最早设立师子国传，但是未记其地理情况。义熙七年至八年（411～412），法显在赴天竺取经回国途中，曾留居此岛两年。法显在归国后所写的旅行记《佛国记》中，首次记载了师子国的地理情况，他说师子国东西五十里，南北三十里，左右有几百个小洲，这些小洲之间或相距十里，或相距二十里不等，出产珍宝、珠玑等。此后，《梁书·师子国传》在正史中首次记载了其国的地理情况，其文字与《佛国记》大同小异。

323. 唐以前对扶南国有什么认识和交往?

汉魏以来，我国在与东南亚各国的交往过程中，与扶南国的交往也逐渐多起来。扶南，又作跋南、夫南，古国名。故地在今柬埔寨、越南南部一带，七世纪中叶为北方属国真腊所灭。

据《太平御览》卷七九〇记载，汉代杨孚的《异物志》中已有“扶南”之名。扶南国与我国通使始于三国时的东吴。孙权黄武五年至黄龙三年（226～231），交州刺史吕岱派遣时任宣化从事的朱应和中郎康泰出使东南亚，曾居扶南国多年。后来，根据域外见闻，康泰撰写《吴时外国传》，朱应撰写《扶南异物志》，对扶南国多有记述，可惜两书现已散佚。《三国志》是我国正史中最早记载扶南国的史书。《三国志·吴书·吴主传》记载：赤乌“六年（243）十二月，扶南国王范旃遣使献乐人及方物。”同书《吕岱传》也记载：“（吕）岱既定交州（今越南北宁附近），复进讨九真（在今越南清化、义静一带），……又遣从事南宣国化，暨徼外扶南、林邑、堂明（故地不详）诸王，各遣使奉贡。”至晋代和南北朝时期，两国往来已较为频繁。《梁书·诸夷列传·扶南国》首次比较系统地介绍该国及其周边国家的地理情况，说扶南国在日南郡（今越南中部）的南部，海西大湾之中，“去日南可七千里，在林邑西南三千余里。城去海五百里。有大江（即湄公河）广十里，西北流，东入于海。”并记载扶南国出产金、银、铜、锡、沉木香、象牙、孔翠、五色鹦鹉。西晋武帝泰始四年（268），太康六年（285）、七年，东晋穆帝升平元年（357），孝武帝太元十四年（389），南朝宋文帝元嘉十一年（434）、十二年、十五年，梁武帝天监二年（503）、十一年、十三年、十六年、十八年，普通元年（520），陈武帝中大通三年（559）等时间，扶南国王先后二十多次派遣使节来建康访问，并赠送象牙佛像、珊瑚佛像、犀牛、火齐珠、琉璃器、郁金、苏合香、古贝等物，南朝朝廷也回赠丝织品等珍贵的物品。

324.《南史》是如何记载扶桑国的？

南朝齐永元元年（499），扶桑国有一个叫慧深的和尚来到荆州，通过该和尚的叙述，《南史》较详实地记载了扶桑国的一些情况。

扶桑国在中国的东面，其地盛产扶桑木，故得名为扶桑。扶桑木的叶子像梧桐叶，刚刚长出时像竹笋，人们以之为食；扶桑木结的果实像梨，但是红色的，用扶桑的皮可以织成布；扶桑国已有文字，用扶桑皮作纸来书写；该国不修城墙，也没有兵甲，不兴兵打仗。国家有南北两个监狱，罪轻的犯人投入南狱，罪重的犯人投入北狱。有赦免的机会，则释放南狱的犯人，北狱的不释放，到死为止。并且把北狱的男女犯人相配，生下后代如果是男的，则八岁为奴，是女的，则九岁为婢。他们称国王为乙祁，国王出行时，有鼓角开道。扶桑国人多养鹿，就像中国人养牛一样，他们把鹿乳做成奶酪；国中有一种牛的角很长，扶桑人往往用它来承载东西，有时一个牛角最多可挂二十斛的重量。该国还产一种红色的梨子，放很长时间都不坏，还盛产葡萄。只产铜没有铁，不以金银为贵。男女相亲时，先是男方到女方家门外筑一屋子，早晚洒扫，过段时间如果女方没看中男方，就把男方驱走，如果两情相悦就结婚，接下来的婚礼仪式和中国大致一样。如果父母双亲死了，则七日不食，祖父母死了则五日不食，兄弟伯叔姑姊妹死了则三日不食。

325. 新罗、倭国的社会风俗情况怎样?

新罗在百济东南方五千余里的地方，东面临大海。南朝梁普通二年（521），其王募泰，首次派遣使节跟随百济使节来到南朝奉献方物。

新罗的语言与当时中国不同，他们称呼城为“健牟罗”，里面的城邑称为“啄评”，外面的城邑称为“邑勒”，相当于中国说郡县之别。新罗的田地肥沃，水陆都适合种植，他们种植的五谷、果菜和山上的鸟兽大致与中国相同。该国出产铁，集市上做买卖都通过铁进行，相当于中国使用钱。老百姓喜欢唱歌、跳舞、喝酒，并且已有能弹出音曲的瑟，但还没有文字，通过刻木来记事。衣服喜欢穿白色的，妇女把头发结成辫子缠绕在脖子上，用五彩的东西或者珠玉作装饰。结婚时盛行办酒食，丰盛与否随贫富的条件决定。

倭国，是百济、新罗东南方的一个国家，在大海中的山岛（今日本岛）上。此处气候温暖，人们靠种植禾、稻、麻、桑等供给衣食之需。另外，还种植姜、桂、橘、椒等作物。这里有一种兽叫山鼠，长得像牛，但又有一种很大的蛇能吞吃它。百姓生性淳朴，男女都把发髻露在外面，只有富贵之家才用锦绣做成帽子戴。人们都爱喝酒，大多寿命很长，有的活到八九十岁，有的活到一百岁，人死之后埋藏时用内棺不用外棺。女多男少是这里又一大特征，因而富贵之人可娶四至五个妻子，而贫贱之人也可娶三个妻子。女人不嫉妒，人们很少盗窃，因而很少打官司。一旦有犯法之事，轻者没其妻子儿女为奴，重者灭其宗族。